技术交易实务

夏春阳　刘光顺　关维希　章　立　主编

东南大学出版社
·南京·

图书在版编目(CIP)数据

技术交易实务/夏春阳等主编. —南京:东南大学出版社,2015.7

ISBN 978-7-5641-5933-7

Ⅰ.①技… Ⅱ.①夏… Ⅲ.①技术贸易—教材 Ⅳ.①F746.17

中国版本图书馆 CIP 数据核字(2015)第 167779 号

出版发行:东南大学出版社
社　　址:南京市四牌楼 2 号　邮编:210096
出 版 人:江建中
责任编辑:刘庆楚
网　　址:http://www.seupress.com
经　　销:全国各地新华书店
排　　版:南京星光测绘科技有限公司
印　　刷:江苏兴化印刷有限责任公司
开　　本:700mm×1000mm　1/16
印　　张:15.75
字　　数:300 千字
版　　次:2015 年 7 月第 1 版
印　　次:2015 年 7 月第 1 次印刷
书　　号:ISBN 978-7-5641-5933-7
定　　价:42.00 元

本社图书若有印装质量问题,请直接与营销部联系。电话:025-83791830

《技术交易实务》编委会

主　　编　夏春阳　刘光顺　关维希　章　立

副 主 编　谢秀红　张　怡　席芙蓉　佘子佳

编写委员　（按姓氏笔画排列）

马玉平　王　兵　尤琛辉　成晓建

毕朝晖　朱永猛　李　为　宋小燕

张　程　陈思英　郑　宁　胡海洋

袁　程　郭晓琳　常海星　葛章志

前　言

技术转移是商品经济发展到一定阶段的产物，是伴随着现代经济社会高度发展而日益增长的新型服务业态。在现代社会，技术转移又是发达国家的强势公司进行扩张的一种经济手段。

新一轮科技革命，促进产业加快转型升级。掌握新技术的企业，会加快次新技术向其他国家或地区扩散。在知识产权制度的保护下，只要该技术还有最后一块市场，技术转移的价值就能得到体现。我国技术发展的水平呈现跨越式提升的趋势，但受到产业结构、管理体制、社会基础等多种因素制约，与发达国家仍有较大差距，加强技术转移工作，对推进创新驱动战略实施具有重要意义。

众所周知，市场在优化配置科技资源中起到决定性作用，而推进自主创新成果转移是技术市场的一项主要职能。因此，在当前我国经济发展进入新常态之际，需要采取更加有力的措施加快发展和完善技术市场，充分发挥技术市场的主渠道作用，促进企业和科研院所之间的知识流动和技术转移，建立以企业为主体、市场为导向、产学研相结合的技术转移体系。

从长三角技术市场发展需求出发，以提高技术经纪人综合素质和实践能力、促进技术转移为目标，在积累长三角地区开展技术经纪人培养与管理工作成功经验的基础上，我们组织编写《技术交易实务》一书，融合新形势下的技术经纪发展的新模式、新做法与新特点，注重理论与实际结合，内容上突出科学性、系统性、实用性等特点。这是一本适用于长三角地区技术经纪人执业资格培训、与《技术经纪实训教程》相配套的辅导教材。

本书共分为五章。第一章，长三角技术交易发展报告；第二章，长三角技术交易机构；第三章，长三角地区技术交易案例；第四章，技术经纪相关科技政策；第五章，技术经纪知识题库。其中，刘光顺、席芙蓉、成晓建、郭晓琳等负责收集整理与编制上海地区技术交易实务内容，以及第四章第二节的编写；张怡、关维希、袁程、王兵、李为、马玉平、毕朝晖、陈思英等负责收集整理与编制安徽地区技术交易实务内容；章立、谢秀红、郑宁、常海星、佘子佳、张程等负责收集整理与编制江苏地区和浙江地区技术交易实务内容，以及第四章其余部分的编写。第五章的内容由三家共同编写。夏春阳主要负责书稿章节策划及最终统稿任务，并做了大量的修订工作。

由于水平有限，该辅导教材难免有疏漏之处，恳请各位专家、同仁、读者指正。

编者

2015 年 4 月

目　录

第一章　长三角技术交易发展报告

第一节　上海市技术交易发展报告

一、上海市技术市场发展概况

（一）技术市场健康平稳发展

“十一五”以来，上海市技术合同交易一直保持良好的增长态势。2006年，全市技术合同成交金额344.43亿元，成交项数28 191项，合同平均成交金额122.18万元；2013年，全市技术合同成交金额为620.87亿元，较2006年增长80.26%；成交项数26 297项，较2006年下降6.7%；合同平均成交金额236.10万元，较2006年增长93.24%（见图1-1）。

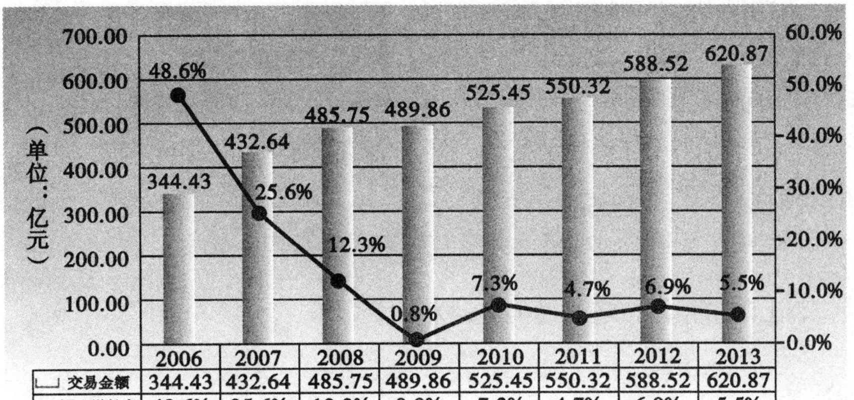

图1-1　上海市2006—2013年技术交易及增长率

（二）技术市场服务经济建设

“十一五”以来，上海经认定登记的技术合同成交金额占上海GDP的比重连续多年稳定在3%左右(见图1-2)。

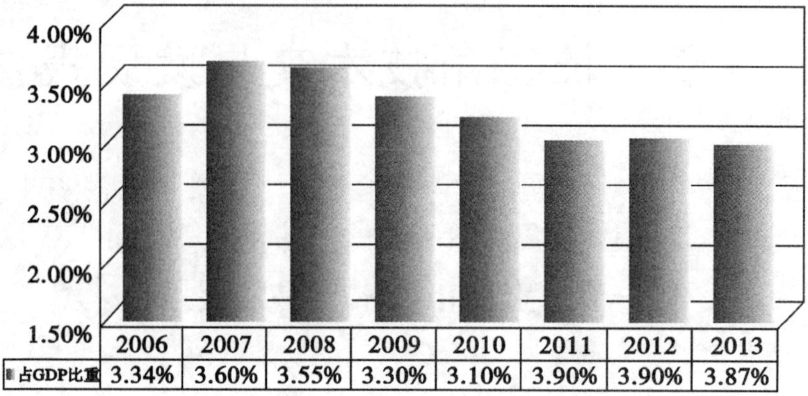

图1-2　上海市2006—2013年技术交易贡献率

破解技术难题,驱动新兴产业发展。近年来,随着上海经济结构战略性调整和产业结构的优化升级,以电子信息、民用航空制造业、新能源汽车、生物医药、新能源、新材料和环境保护等为代表的战略性新兴产业发展迅速,这些产业也逐渐成为上海市技术交易较为活跃的领域。

面向国内国际两大市场,技术的流通能力不断增强。近年来,上海的研发实力逐渐增强,向海内外输出技术合同成交项数和金额逐年增长,2006年,上海输出至国内其他地区的技术合同6 015项,成交额66.7亿元,2013年增长到7 795项,193.96亿元。2006年,上海向国外出口技术合同1 410项,成交额88.94亿元,2013年上海出口技术合同800项,成交金额124.91亿元。2006年,上海吸纳国内其他地区的技术合同4 234项,成交金额32.67亿元,2013年增长到8 265项,成交金额131.21亿元。2006年,上海从国外引进技术合同87项,成交金额34.07亿元,2013年增长到343项,成交金额88.14亿元。

二、上海市技术市场发展的经验总结

(一)依法行政,做好技术市场管理工作

积极推动行政审批标准化建设。2009年,上海市审改办将技术合同认定登记纳入行政审批事项。2013年,上海市技术市场办制订了《上海市技术合同认定登记办事指南》和《上海市技术合同认定登记业务手册》。与此同时,上海市技术市场管理办公室编制了《上海市技术市场行政执法行为规范手册》。

认真落实技术合同认定登记制度。在落实技术合同认定登记制度方面，上海市做了许多工作，如一些技术合同认定指导意见相继出台，经常性地开展疑难合同专家评审，制定《上海市技术合同示范文》等。

不断规范技术市场管理队伍。上海市技术市场办在全市设立31个技术合同登记处，培育一支近百人的技术合同认定登记员队伍；先后制定《上海市技术合同登记处资质认定规范》、《上海市技术合同登记处管理办法》等；建立一支30多人的技术市场行政执法队伍，开展执法检查工作。

高度重视统计分析与理论研究。每月定时采集技术合同数据信息，编写《科技工作动态与指标》，同时还完成了《上海市技术市场政策效应研究》等课题；并借助各种平台组织了多场旨在促进技术市场发展的研讨会，广泛征求意见。

（二）积极主动，做好企业服务

广泛开展政策宣传与实务培训。采取网站宣传、业务培训、深入企业等方式，开展一系列技术合同认定登记政策宣传。

及时采取各种措施，回应企业诉求。上海市技术市场办经常深入技术合同认定登记单位调研，帮助他们完善技术合同管理工作。同时，还设立咨询服务与投诉热线。

表彰奖励技术合同管理先进单位和先进个人。上海市技术市场办承担了每一届“中国技术市场协会金桥奖”的组织推荐工作、“三农科技服务金桥奖”的推荐申报工作。从2011年起，对于重视技术合同管理，依法认定登记，为上海市技术市场的规范繁荣作出贡献的单位和技术合同管理人员，每年予以表彰和奖励。

（三）创新拓展各类技术交易服务机构

率先成立技术交易所，建立和完善区域性技术转移网络。上海技术交易所于1993年12月正式成立。2007年初，该所在借鉴国外先进经验的基础上，逐步建设上海创新驿站。2008年12月该所牵头，组织上海的国家技术转移示范机构共同建立了上海技术转移服务联盟。此外，“十一五”以来，该所先后与全球五大洲40多个国家和地区开展过跨境技术转移。

推进上海技术经纪人队伍建设。上海率先于1993年10月设立上海技术经纪人事务所。2005年前后，上海科学技术开发交流中心联合上海市执业经纪人协会重新开展了技术经纪人执业资格培训与考试。2006年，上海市科委划拨200万资金，专门用于扶持、促进技术经纪人发展，并召开“上海市技术经纪工作推进会”，出台《上海市技术经纪发展促进资金管理办法(试行)》。2012 年，上海市科委和上海市财政局联合制定《上海市促进技术经纪发展实施办法(试行)》。

成立上海联合产权交易所，构建统一规范的产权交易平台。上海联合产权交易所在成立之初建成了上海技术转移服务平台；2009 年 10 月成立“上海知识产权交易中心”，并建立“中国科技企业并购市场”，该市场通过提供专业化的并购服务，促进了科技资源与金融资源的有效对接。

建立首家高校技术市场，推进高校技术成果转化。上海高校技术市场于 2010 年 1 月成立，多策并举促进高校技术成果转化，如大力拓展社会需求网络、建高校知识服务团队、高度重视培育和发展高校技术经纪人队伍等。

成立上海市技术市场协会。上海市技术市场协会成立之初从加强自身建设抓起，更加注重发展高质量、示范性的会员加入。其次，协会还扮演着上海市技术市场管理职能部门助手的角色。此外，协会每年组织各类旨在服务企业会员的活动，充分发挥协会资源平台的作用。

三、2013 年上海市技术市场统计年报(部分)

(一) 上海技术交易的特点

2013 年，上海市技术市场管理办公室按照国家提出的关于深化科技体制改革、加快国家创新体系建设的意见要求，以“培育、引导、规范、提高”八字方针为指导，贯彻落实《上海市技术市场条例》，严格依法行政，稳步推进技术合同登记工作，促进上海技术市场的蓬勃发展，为上海加快创新驱动发展、经济转型升级提供了有力的科技支撑。

综合来看，2013 年上海技术市场交易情况主要呈现出以下几个特点：

1. 技术市场平稳有序发展，成交总额突破 600 亿元

2013 年，上海经认定登记的技术合同数 26 297 项，比去年下降了 6.1%，但成交总额达到 620.87 亿元，比去年增长了 5.5%(见图 1 - 3)。单项合同平均成交额 236.10 万元，比上年增长 12.3%。2013 年，全国技术合同成交金额 7 469.13 亿元，上海占全国总额的 8.3%，连续 14 年排名第二。与北京相比较(2013 年技术合同数为 62 743 项，成交金额 2 851.2 亿元)，差距明显。总体来看，近几年来，尽管受“营改增”税收政策的影响，上海技术合同登记量略有下降，成交金额增长有所放缓，但技术市场总体仍表现出平稳发展的态势。

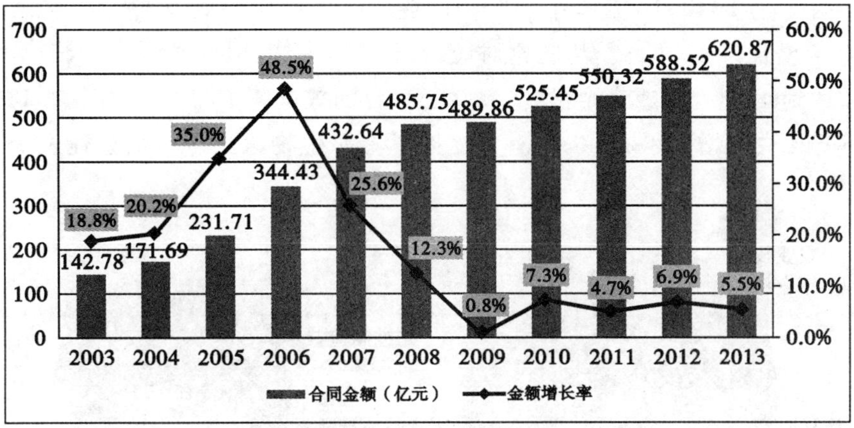

图 1－3　2003—2013 年上海技术合同成交金额及增长情况

2013 年，上海市 GDP 达到 21 602.12 亿元，上海技术合同成交金额占全市 GDP 的比重为 2.9%（见图 1－4），远高于全国 1.2%的比重。

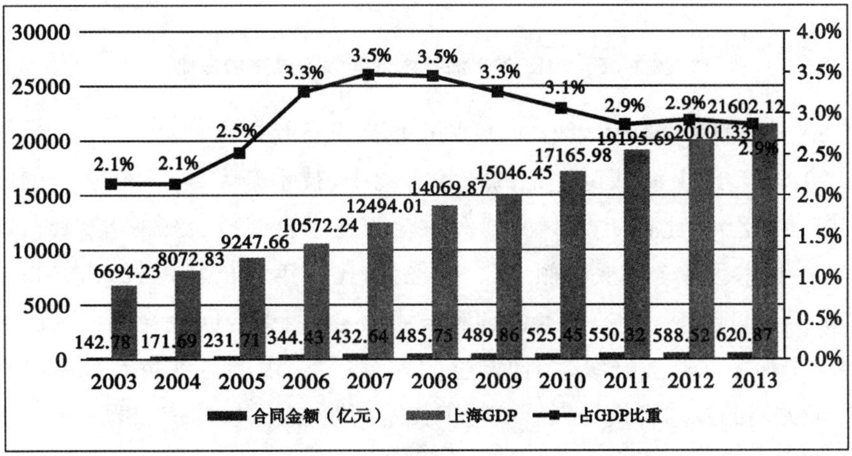

图 1－4　2003—2013 年上海技术合同成交金额占 GDP 比重

2. 新兴产业技术交易活跃，生物医药领域增长突出

2013 年，以电子信息、先进制造、生物医药、新能源、新材料、环境保护等为代表的战略性新兴产业技术合同成交额已达 550.11 亿元，占上海市技术合同成交总额的 88.6%。其中，占比最大的电子信息技术领域技术合同成交额达到 258.05 亿元，比上年增长了 12.5%。生物医药、新能源、环境保护等领域均有不同程度的增幅。其中，尤以生物医药产业表现较为突出，在合同数量和成交金额上均出现了增长。

据统计,2013 年,上海生物医药产业的经济总量达到 2 304.35 亿元,比 2012 年增长了 10.5%。与此相对应,2013 年,生物、医药和医疗器械技术合同数达到 4 000 项,成交金额 87.02 亿元,合同数量基本与 2012 年持平,交易金额却比去年增长了 28.6%,有力支撑了上海生物医药产业的快速发展(见图 1-5)。

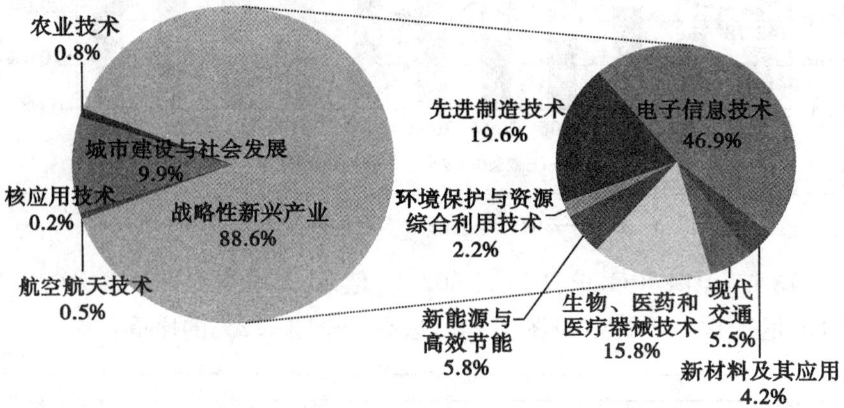

图 1-5　2013 年上海技术合同领域成交额占比

3. 咨询服务金额大幅增加,反映市场需求日趋扩大

2013 年,经上海认定登记的技术合同中,技术开发、技术转让合同成交额 497.47 亿元,比上年减少 4.4%,占全市技术合同成交额的 80.1%;而技术咨询、技术服务合同成交额 123.39 亿元,比上年增长 81.7%,占全市总额的 19.9%(见图 1-6)。技术咨询和技术服务,两类合同成交额的大幅增长表明:上海市在产业升级、结构调整的大背景下,市场对就特定技术项目提供论证评估的技术咨询和以解决特定技术问题、提供技术指导为主的技术服务的需求日趋扩大。

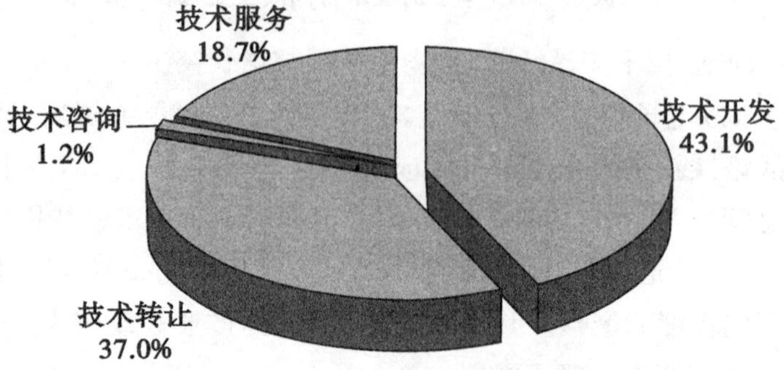

图 1-6　2013 年上海四类技术合同成交额占比

4. 企业交易主体地位稳固，内资企业占比超过半数

从买卖两方面来看，企业均占据着主导地位。2013 年，经上海认定登记的技术合同中，作为卖方机构的企业法人输出技术合同 16 438 项，成交额 558.40 亿元，成交额比上年增长 5.0%，占技术合同成交总额的 90.0%（见图 1－7）。其中，内资企业输出额 264.23 亿元，占企业总额的 47.3%；港台投资企业的成交额较上年有大幅增长，增长率达 118.4%。

作为买方机构的企业法人吸纳的技术合同 20 157 项，成交额 587.97 亿元，比上年增长 6.2%，占技术合同成交总额的 94.7%（见图 1－8）。其中内资企业吸纳额 314.09 亿元，占企业总额的 53.4%。由此可见，作为交易主体的企业对先进技术有着巨大的需求，是促进技术革新的主力军。

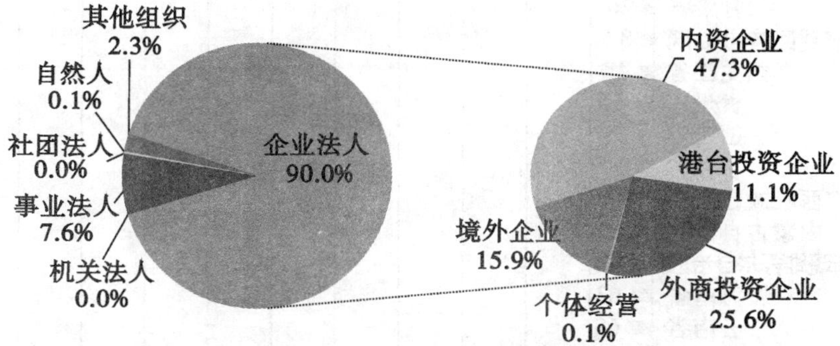

图 1－7　2013 年上海技术合同交易卖方成交金额情况

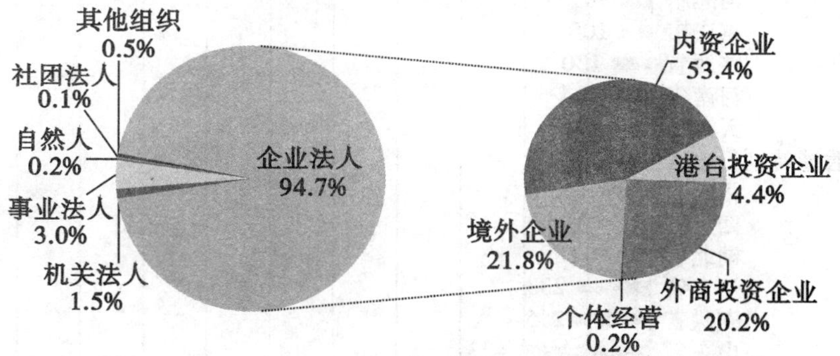

图 1－8　2013 年上海技术合同交易买方成交金额情况

5. 优势产业输出增长较快，积极踊跃吸纳先进技术

2013 年，上海输出到外省市的合同数达到 7 795 项，成交金额 193.96 亿元。与 2012 年相比，分别增长了 2.7%和 30.7%。从数量上来看，2013 年上海输出的合同主要流向地为江苏省（合同数 1 845 项）、浙江省（合同数 1 346

项)和北京市(合同数 987 项)。从成交金额来看,位列前三的依次为江苏省(成交金额 41.20 亿元)、浙江(成交金额 30.85 亿元)和北京市(成交金额 29.29 亿元)。其中,流向香港特别行政区的技术合同成交金额增长尤为显著,较去年增长了 92.3%。流向上述四个地区的合同主要集中在"电子信息技术"和"生物、医药和医疗器械技术"两大领域(见图 1-9 与图1-10)。

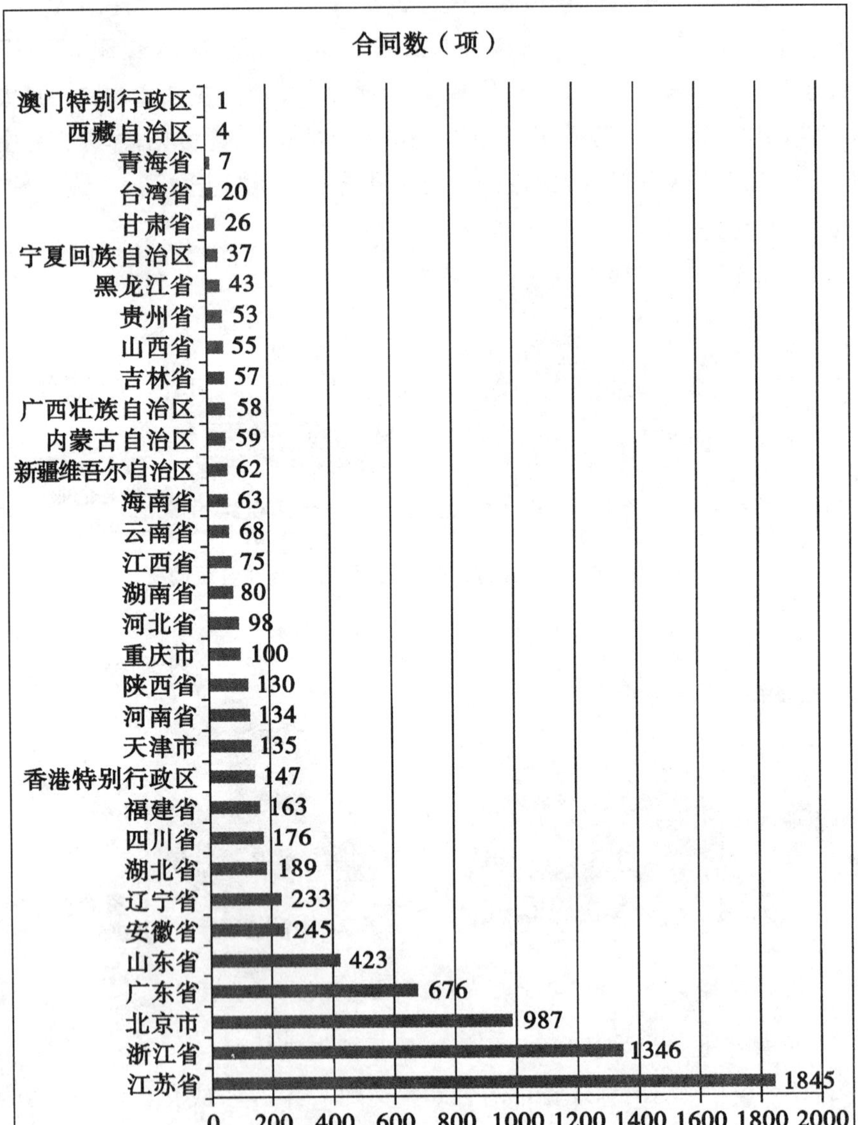

图 1-9　2013 年上海输出到外省市的技术合同数量

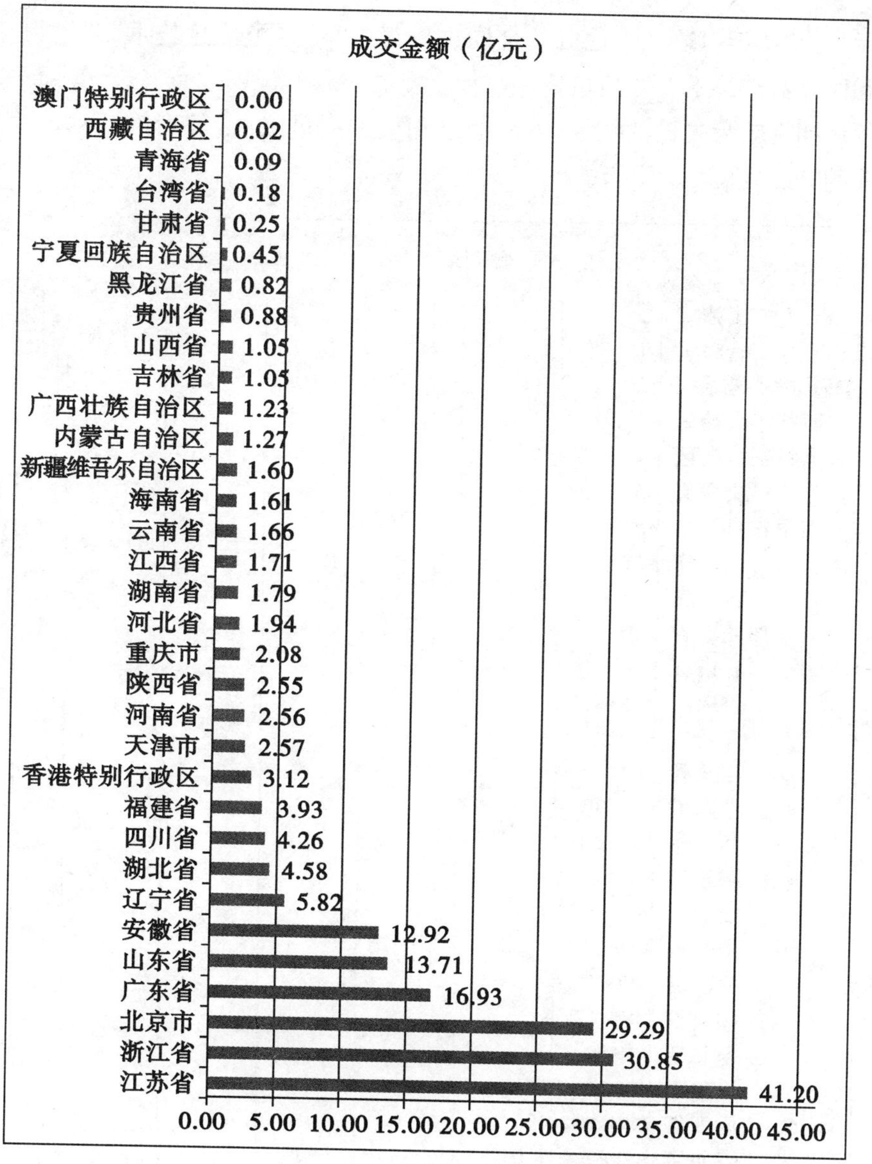

图 1－10　2013 年上海输出到外省市的技术合同成交金额

2013 年，上海吸纳外省市的合同为 8 265 项，比 2012 年减少了 3.7%，但成交金额增长了 24%，达到 131.21 亿元。从数量上来看，2013 年上海吸纳合同的主要来源地为北京市（合同数 2 784 项）、江苏省（合同数 1 284 项）和广东省（合同数 664 项）。从成交金额来看，位列前三的依次为北京市（成交金额 50.40 亿元）、江苏省（成交金额 18.87 亿元）和广东省（成交金额 11.65

亿元）。来源于上述四个地区的合同主要集中在“电子信息技术”、“生物、医药和医疗器械技术”和“城市建设与社会发展”领域，说明北京、江苏等地在这些领域拥有较为先进的技术，上海通过积极的引进吸收，努力推动本市主导产业的升级发展。

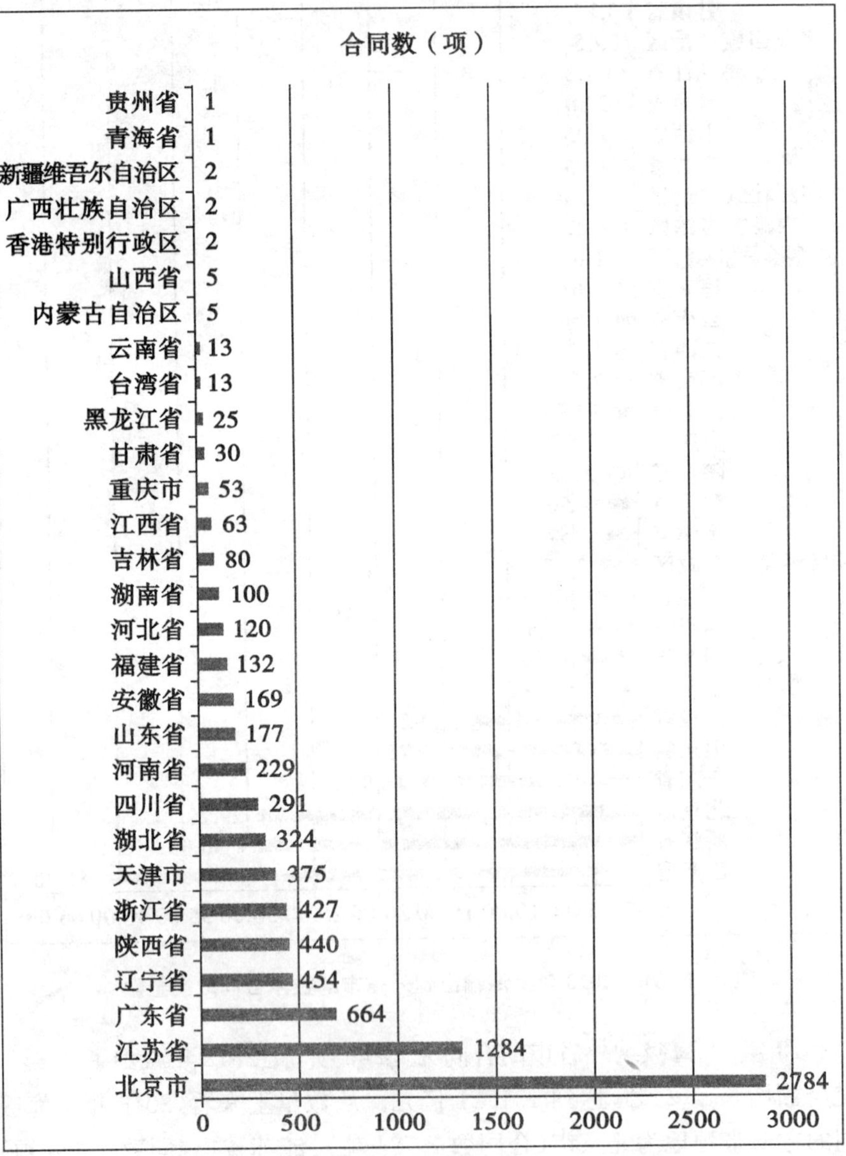

图 1－11　2013 年上海吸纳外省市的技术合同数量

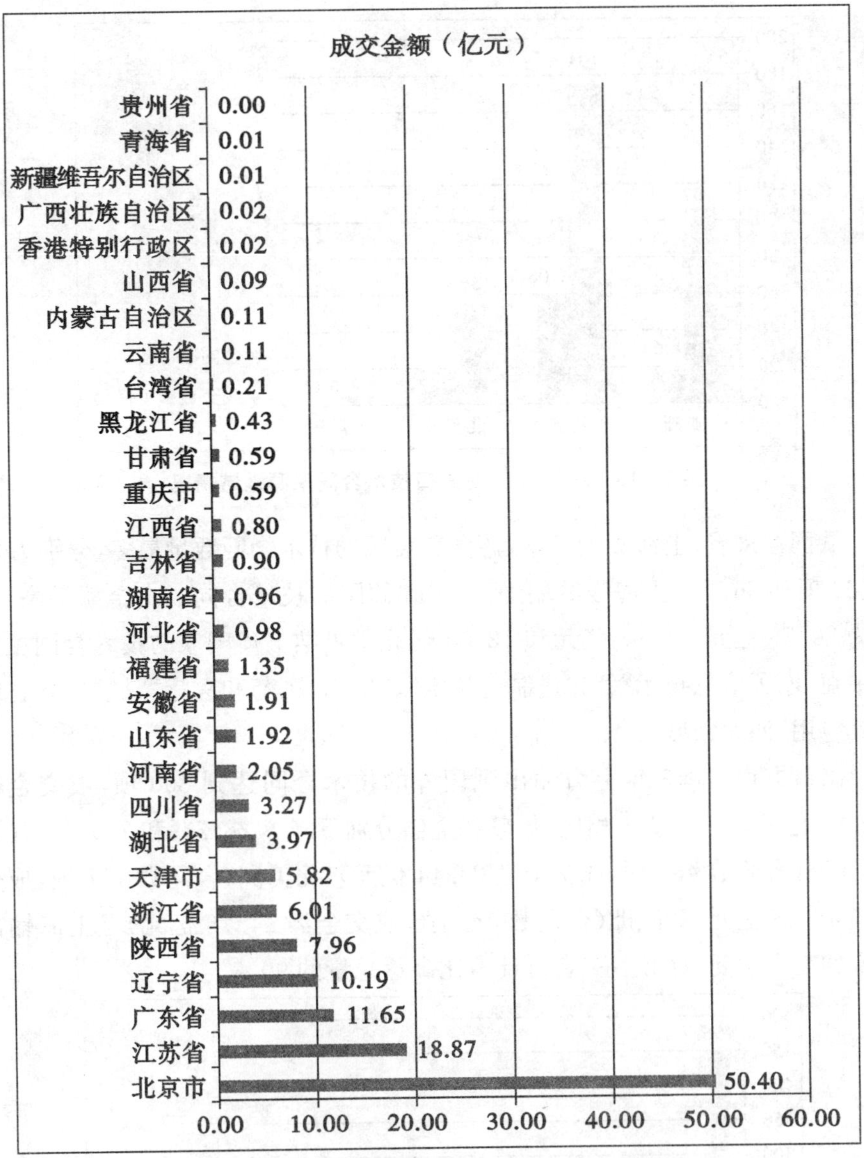

图 1－12　2013 年上海吸纳外省市的技术合同成交金额

6. 进出口规模进一步扩大，加快构建贸易中心步伐

在引进国外技术方面，2013 年，上海吸纳国外的技术合同达到 343 项，成交金额 88.14 亿元，与 2012 年相比，分别增长了 6.9%和 22.9%。2013 年，上海进口来源地主要为欧洲（合同数 175 项，成交金额 60.08 亿元）和亚洲（合同数 107 项，成交金额 18.63 亿元）两大地区。

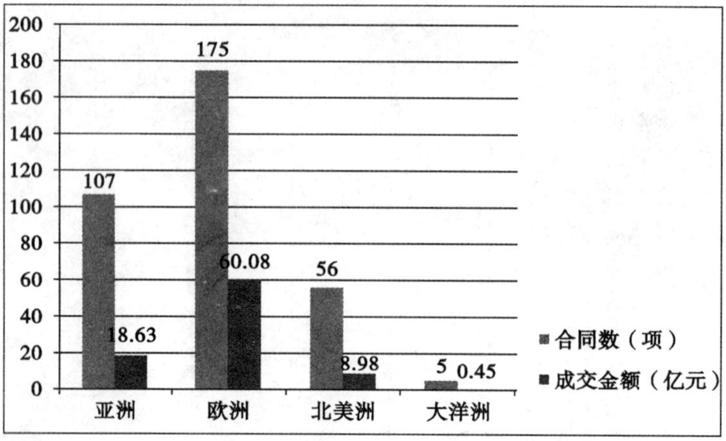

图 1－13　2013 年上海进口技术合同来源地域情况

从国家来看，上海吸纳日本、德国和美国的技术合同数量最多，分别为 83 项、69 项和 56 项。上海吸纳瑞士、日本和德国的技术合同成交金额最高，分别为 20.78 亿元、15.98 亿元和 12.04 亿元。吸纳上述国家的技术合同主要集中在“电子信息技术”、“先进制造技术”、“生物、医药和医疗器械”、“新材料及其应用”四大领域。

出口方面，2013 年上海输出到国外的技术合同达到 800 项，成交金额 124.91 亿元，与 2012 年相比，数量和金额分别下降了 28.2%和 7.9%。2013 年，亚洲（合同数 456 项，成交金额 23.44 亿元）、北美洲（合同数 157 项，成交金额 48.58 亿元）和欧洲（合同数 149 项，成交金额 44.76 亿元）是上海输出技术的三大主要目的地，三者合计占比高达总量的 90%。

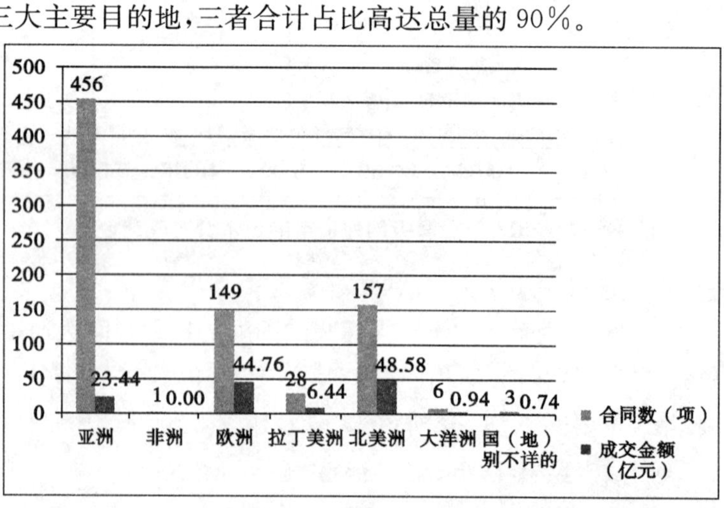

图 1－14　2013 年上海出口技术合同来源地域情况

从国家来看，上海输出到日本、美国和法国的技术合同数量最多，分别为397项、140项和50项。上海输出到美国、瑞典和日本的技术合同成交金额最高，分别为46.54亿元、12.77亿元和12.58亿元。输出到上述国家的技术合同主要集中在“电子信息技术”、“先进制造技术”、“生物、医药和医疗器械”和“现代交通”四大领域。

综合比较进出口情况可以看出，上海的技术交易市场是以出口为主的输出型市场。2013年，上海的进出口技术合同总计1 143项，成交金额总计213.05亿元，尽管数量上比2012年有所下降，成交金额却增长了4.67%。近年来，上海通过积极的技术引进、吸收以及再创造不断提高科研实力，大力推动了各产业的良好发展，尤其在先进制造业、电子信息技术等为代表的一大批战略性新兴产业领域，进出口交易的快速增长加快了上海向建设国际技术贸易中心这一目标迈进的步伐。

7. 本地技术市场稳定繁荣，徐汇浦东两区交易活跃

2013年，上海本地的技术合同交易主要集中在电子信息技术，城市建设与社会发展，生物、医药和医疗器械技术以及先进制造技术等四大领域。其中，尤以电子信息技术和城市建设与社会发展为主，合同数分别为5 134项和5 386项，成交金额分别为66.83亿元和54.45亿元。两者在数量上合计占比达到近60%，金额合计占比达到53%。上述领域的集聚效应在一定程度上反映出上海市政府对信息技术、生物医药等为代表的战略性新兴产业的积极扶持与推动，同时也反映出建筑设计、城市规划能力与技术凸显。

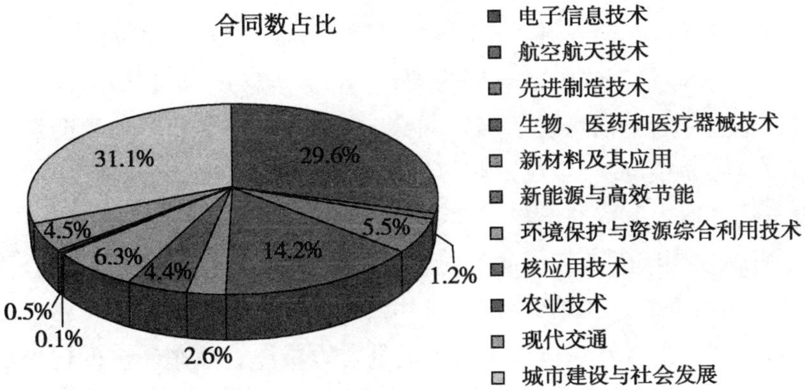

图1-15　2013年上海本地技术合同数量领域构成分布情况

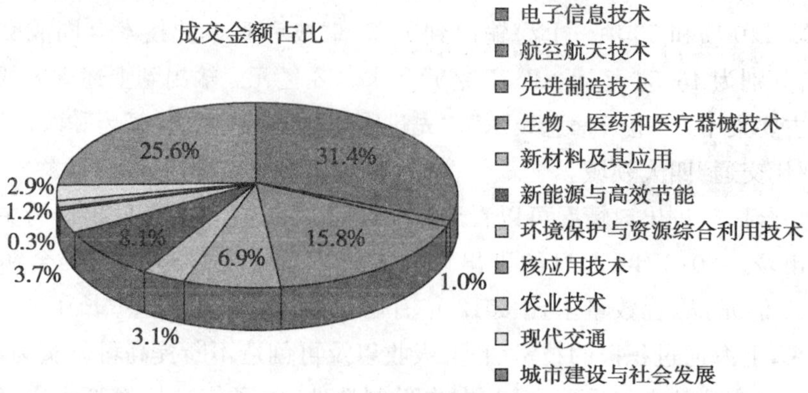

图 1－16　2013 年上海本地技术合同成交金额领域分布情况

从区县来看，2013 年，在输出技术合同中，徐汇区、浦东新区和杨浦区在数量上领先于其他区县。其中，徐汇区的合同数量最多，达到 7 717 项。成交金额方面，浦东新区的金额最高，达到 215.82 亿元。从具体领域来看，徐汇区输出多为“城市建设与社会发展”（合同数 3 431 项，成交金额 15.74 亿元）。浦东新区输出最多的合同为“电子信息技术”（合同数 2 332 项，成交金额 106.47 亿元）。

在吸纳合同方面，浦东新区（合同数 6 430 项）、黄浦区（合同数 3 128 项）和徐汇区（合同数 2 841 项）吸纳的合同数量最多。成交金额方面，浦东新区、闵行区和黄浦区分别以 140.03 亿元、39.83 亿元和 33.90 亿元位列前三。浦东新区的合同集中在“电子信息技术”（合同数 3 025 项，成交金额 51.49 亿元）、“城市建设与社会发展”（合同数 1 152 项，成交金额 48.81 亿元）两大领域。黄浦区和徐汇区吸纳的合同主要为“电子信息技术”领域。闵行区的合同在数量上以“电子信息技术”（合同数 561 项）、“城市建设与社会发展”（合同数 503 项）为主，成交金额上则以“先进制造技术”（成交金额 17.40 亿元）和“电子信息技术”（成交金额 7.58 亿元）两类为主。

结合输出和吸纳两方面的情况来看，徐汇区和浦东新区是技术合同交易中最活跃的两个区。其中，徐汇区对外输出的技术合同领域多集中在城市建设领域，体现出该区建筑设计与城市规划实力雄厚。浦东新区的输出和吸纳合同则均以电子信息技术领域为主，体现了较为明显的区域特点。此外，黄浦区较为注重电子信息产业发展，闵行区吸纳合同的领域分布则相对较广，需求呈现多元化态势。

图 1－17　2013 年上海各区县输出与吸纳技术合同成交金额(单位：亿元)

8. 张江引领示范作用显著,“药谷”发挥产业集聚效应

2013 年张江园区登记的技术合同共计 17 648 项,占全市技术合同登记总量的 67.1%,成交金额为 362.08 亿元,占全市总额的 58.3%,对上海技术交易市场贡献较大,具有显著的引领作用。

从张江园区技术合同类型构成情况来看,技术开发合同 7 696 项,继续保持交易数量第一,张江园区作为上海自主创新技术研发的核心区域,技术开发合同量持续保持领先。从技术交易领域看,张江园区的技术合同集中在电子信息技术、先进制造技术、城市建设与社会发展、生物医药和医疗器械产业等领域,对本市主导产业的发展起到显著的支撑引领作用。同时,张江园区作为本市的科技高地,凸显了技术创新的产业集聚效应。始建于 1994 年的“张江药谷”是上海生物医药科技产业基地,集聚了国内外 400 多家生命科学领域企业、科研院所及配套服务机构,形成了完善的生物医药创新体系和产业集群,2013 年本市生物医药领域 11 项超亿元技术合同中,有 9 项来自“张江药谷”的企业和科研机构。

(二)上海技术交易总体情况

1. 类型构成

2013年上海技术合同构成类型呈“两大两小”分布：数量上，技术开发和技术服务合同占多数，两者合计为22 101项，占总量的84.0%，技术转让和技术咨询仅占16.0%；成交金额上，技术开发和技术转让合同居主导地位，两者合计达到497.47亿元，占总额的80.1%，技术咨询和技术服务仅占19.9%(见表1-1)。

表1-1　2013年上海技术合同类型构成情况

合同类别	合同数(项)	占总数百分比	比上年增长	成交额(亿元)	占总数百分比	比上年增长
技术开发	10 057	38.2%	−8.4%	267.32	43.1%	−10.0%
技术转让	1 102	4.2%	−5.8%	230.15	37.0%	3.0%
技术咨询	3 094	11.8%	2.2%	7.40	1.2%	43.2%
技术服务	12 044	45.8%	−6.1%	115.99	18.7%	84.9%
总计	26 297	100.0%	−6.1%	620.87	100.0%	5.5%

2. 计划类别构成

各类计划类别的技术合同中，“计划外”技术合同的数量和金额分别达到25 078项和600.59亿元，所占比重也最高，为95.2%和96.7%(见表1-2)。除去“计划外”合同，属“部门计划”类合同无论在数量方面还是在成交金额方面，都高于“国家计划”，“省、自治区、直辖市及计划单列市计划”和“地市县计划”合同，达到488项和8.13亿元。而国家计划类合同在数量上和成交金额上则比2012年有所减少。

表1-2　2013年上海技术合同计划类别构成情况

计划类别	合同数(项)	占总数百分比	比上年增长	成交额(亿元)	占总数百分比	比上年增长
国家计划	146	0.6%	−1.4%	2.87	0.5%	−25.9%
部门计划	488	1.9%	−11.3%	8.13	1.3%	23.7%
省、自治区、直辖市及计划单列市计划	359	1.4%	37.5%	5.42	0.9%	−16.2%
地市县计划	226	0.9%	5.1%	3.86	0.6%	62.1%
计划外	25 078	95.2%	−6.5%	600.59	96.7%	5.5%
合计	26 297	100.0%	−6.1%	620.87	100.0%	5.5%

3. 技术领域构成

在合同的技术领域构成方面，数量上，上海技术交易主要集中在“电子信息技术”、“城市建设与社会发展”和“生物、医药和医疗器械技术”三大领域，三者数量合计占总数的 71.3%。成交金额上，位列前三的分别是“电子信息技术”、“先进制造技术”和“生物、医药和医疗器械技术”，三者成交额合计占总额的比例为 73.0%；综合两方面比较而言，“电子信息技术”领域的技术合同最多，合同数量和成交金额分别为 8 335 项和 258.05 亿元；“生物、医药和医疗器械技术”技术合同在数量上和成交金额都比 2012 年有所增长，增幅分别达 0.9%和 28.6%(见表 1-3)。

表 1-3　2013 年上海技术合同的技术领域构成情况

领域名称	合同数(项)	占总数百分比	比上年增长	成交额(亿元)	占总数百分比	比上年增长
电子信息技术	8 335	31.7%	−8.1%	258.05	41.6%	12.5%
航空航天技术	356	1.4%	−33.2%	3.17	0.5%	35.3%
先进制造技术	1 861	7.1%	0.5%	108.04	17.4%	−30.0%
生物、医药和医疗器械技术	4 000	15.2%	0.9%	87.02	14.1%	28.6%
新材料及其应用	931	3.5%	−6.2%	23.28	3.7%	−15.6%
新能源与高效节能	1 299	4.9%	−7.0%	31.77	5.1%	14.0%
环境保护与资源综合利用技术	1 396	5.3%	−17.5%	11.94	1.9%	101.1%
核应用技术	55	0.2%	3.8%	0.91	0.2%	22.9%
农业技术	153	0.6%	68.1%	5.11	0.8%	96.5%
现代交通	1 497	5.7%	13.8%	30.02	4.8%	12.2%
城市建设与社会发展	6 414	24.4%	−8.9%	61.56	9.9%	41.8%
总　计	26 297	100.0%	−6.1%	620.87	100.0%	5.5%

4. 知识产权构成

上海技术交易中涉及知识产权的合同有 22 294 项，成交额为 563.04 亿元，分别占总数的84.8%和90.7%。其中，“技术秘密”和“计算机软件”交易量最大，分别为16 548项和4 807项，成交金额分别为408.95亿元和87.27亿元。2013年，涉及知识产权的合同中数量和成交金额增长最快的为“动、植物新品种”，涨幅分别高达350%和52.9%。虽然，各类合同的数量比2012年都有所下降，但部分类别的成交额却增长较快，“技术秘密”类合同相比2012年增长了16.7%，“生物、医药新品种”类合同增长了23.9%（见表1－4）。

表1－4　2013年上海技术合同知识产权构成情况

知识产权类别	合同数（项）	占总数百分比	比上年增长	成交额（亿元）	占总数百分比	比上年增长
技术秘密	16 548	62.9%	−4.9%	408.95	65.9%	16.7%
专利	564	2.1%	−4.6%	40.51	6.5%	−4.4%
计算机软件	4 807	18.3%	−11.7%	87.27	14.1%	−13.8%
动、植物新品种	9	0.1%	350.0%	0.16	0.1%	52.9%
集成电路布图设计	69	0.3%	−36.1%	7.47	1.1%	−28.8%
生物、医药新品种	297	1.1%	−17.0%	18.69	3.0%	23.9%
未涉及知识产权	4 003	15.2%	−2.4%	57.83	9.3%	−15.8%

5. 社会经济目标构成

上海技术合同所服务的社会经济目标中，“促进工业的发展”类合同以146.11亿元的成交额位列第一，占成交金额的23.5%，位列第二、第三的是“社会发展和社会服务”和“卫生（不包括污染）”两类合同，其成交金额分别为89.49亿元和52.73亿元。从成交金额的增幅来看，增幅最大的是“社会发展和社会服务”类合同，达到98.4%，其次为“卫生（不包括污染）”类合同，增幅为40.0%，“环境治理与保护”类合同则以27.4%的增幅排在第三。由此可见，技术合同所服务的社会经济目标主要集中在“促进工业的发展”、“社会发展和社会服务”和“卫生（不包括污染）”等方面（见表1－5）。

表 1-5　2013 年上海技术合同的社会经济目标构成情况

知识产权类别	合同数（项）	占总数百分比	比上年增长	成交额（亿元）	占总数百分比	比上年增长
农业、林业和渔业的发展	212	0.8%	51.4%	1.53	0.2%	19.5%
促进工业的发展	3 647	13.9%	1.0%	146.11	23.5%	4.6%
能源的生产和合理利用	812	3.1%	−24.7%	14.48	2.3%	−35.3%
基础设施的发展	645	2.5%	−25.6%	10.49	1.7%	−13.1%
环境治理与保护	1 094	4.2%	−17.9%	4.89	0.8%	27.4%
卫生（不包括污染）	3 407	13.0%	175.9%	52.73	8.5%	40.0%
社会发展和社会服务	3 397	12.9%	−16.0%	89.49	14.4%	98.4%
地球和大气层的探索与利用	20	0.1%	−20.0%	0.12	0.0%	−62.2%
知识的发展	373	1.4%	−34.2%	5.34	0.9%	−29.3%
民用空间	507	1.9%	−17.4%	9.65	1.6%	−19.9%
国防	203	0.8%	12.8%	1.61	0.3%	4.6%
其他	11 980	45.4%	−16.2%	284.43	45.8%	−6.8%
总　计	26 297	100.0%	−6.1%	620.87	100.0%	5.5%

6. 机构类别

(1) 卖方机构

企业法人仍然是上海技术合同卖方的主力军，其数量和金额分别达到16 438项和558.40亿元，分别占总数的62.6%和90.0%。事业法人以9 656项合同和47.16亿元成交金额排名第二(见表1-6)。

表 1-6　2013 年上海技术合同卖方机构类别统计表

机构类别	合同数（项）	占总数百分比	比上年增长	成交额（亿元）	占总数百分比	比上年增长
机关法人	0	0.0%	—	0.00	0.0%	—
事业法人	9 656	36.7%	7.3%	47.16	7.6%	12.8%

续表

机构类别	合同数（项）	占总数百分比	比上年增长	成交额（亿元）	占总数百分比	比上年增长
社团法人	55	0.2%	−84.6%	0.09	0.0%	−27.2%
企业法人	16 438	62.6%	−10.6%	558.40	90.0%	5.0%
自然人	36	0.1%	56.5%	0.64	0.1%	3.8%
其他组织	112	0.4%	−52.1%	14.59	2.3%	2.4%
总　计	26 297	100.0%	−6.1%	620.87	100.0%	5.5%

在卖方企业中，三大主力军分别为内资企业、外商投资企业和境外企业。内资企业以 14 303 项合同数目、264.23 亿元成交金额成为卖方技术交易中的主导力量，外商投资企业则以 1 560 项合同、142.77 亿元成交金额位居第二，内资企业和外商投资企业输出技术的成交额占总额的 72.9%。此外，5 类企业中，港台投资的成交金额与 2012 年相比出现巨大的增幅，达到 118.4%（见表 1－7）。虽然内资企业输出的技术合同成交额最高，但是合同平均成交额仅为 184.74 万元，而外商投资企业的合同平均成交额 915.19 万元，是内资企业的近 5 倍，境外企业更高，达 2 495.22 万元，是内资企业的 13.5 倍。

表 1－7　2013 年上海技术合同卖方各类企业统计表

企业类别	合同数（项）	占总数百分比	比上年增长	成交额（亿元）	占总数百分比	比上年增长
内资企业	14 303	87.0%	−9.6%	264.23	47.3%	−5.4%
港台投资	192	1.2%	−22.9%	62.23	11.1%	118.4%
外商投资	1 560	9.5%	−20.0%	142.77	25.6%	−7.7%
个体经营	27	0.1%	0.0%	0.34	0.1%	0.0%
境外企业	356	2.2%	5.3%	88.83	15.9%	29.0%
企业合计	16 438	100.0%	−10.6%	558.40	100.0%	5.0%

（2）买方机构

上海技术合同的买方机构主要由企业和事业两大机构组成，两者合同数分别为 20 157 项和 4 043 项，合计占项数总量的 92.1%，成交金额分别为 587.97 亿元和 18.83 亿元，合计占总金额的 97.7%。其中，企业法人仍然以绝对数量和金额优势占据主导地位，事业法人的合同数量和成交金额都出现增长（见表 1－8）。

表 1-8 2013 年上海技术合同买方机构类别统计表

机构类别	合同数(项)	占总数百分比	比上年增长	成交额(亿元)	占总数百分比	比上年增长
机关法人	1 502	5.7%	20.0%	9.30	1.5%	24.5%
事业法人	4 043	15.4%	6.0%	18.83	3.0%	2.5%
社团法人	75	0.3%	−7.4%	0.39	0.1%	141.8%
企业法人	20 157	76.7%	−10.0%	587.97	94.7%	6.2%
自然人	115	0.4%	36.9%	0.97	0.2%	−52.0%
其他组织	405	1.5%	11.6%	3.40	0.5%	−48.8%
总　计	26 297	100.0%	−6.1%	620.87	100.0%	5.5%

在买方企业中，无论是成交量还是成交额，内资企业、外商投资企业和境外企业位列前茅。其中，内资企业的合同数目为 15 817 项，成交金额为 314.09 亿元，所占比重分别为 78.5%和 53.4%(见表 1-9)。

表 1-9 2013 年上海技术合同买方各类企业统计表

企业类别	合同数(项)	占总数百分比	比上年增长	成交额(亿元)	占总数百分比	比上年增长
内资企业	15 817	78.5%	−9.6%	314.09	53.4%	2.2%
港台投资	321	1.6%	−5.6%	26.00	4.4%	228.6%
外商投资	3 183	15.8%	−8.6%	118.76	20.2%	−0.7%
个体经营	68	0.3%	−10.5%	0.85	0.2%	65.6%
境外企业	768	3.8%	−23.9%	128.27	21.8%	8.2%
企业合计	20 157	100.0%	−10.0%	587.97	100.0%	6.2%

第二节　安徽省技术交易发展报告

一、安徽省技术市场发展取得的成效

(一) 技术交易规模稳步增长，配置科技资源能力逐渐增强，高新技术产业快速发展

“十一五”初期，安徽省技术交易额为 14 亿元，到 2013 年底，增加到 131

亿元，年平均增长率达105%。通过技术交易和科技成果的转化，安徽省高新技术产业得到了快速发展。2006年，高新技术产业产值为1 801亿元，2013年，高新技术产业产值达12 053亿元，年平均增长率为71%。

近年来，安徽省积极应用市场机制配置科技资源，推进科技体制改革和科技计划项目管理方式转变，完善科技项目及经费管理制度，坚持"四个跟着走"，即项目跟着需求走、资金跟着项目走、合同跟着资金走、督查跟着合同走，进一步提升了技术市场配置科技资源的能力。

（二）服务体系日趋完善，新型科技服务业逐步发展

目前，安徽省建有国家级技术转移示范机构11家，省级技术转移服务机构50家；中国创新驿站区域站点1家，基层站点4家；科技路路通总中心1个，分中心11个，创新服务站139个，基本覆盖了全省、市、县、区及科技园区、孵化器、产业基地等各个方面。

安徽省技术市场的各类机构将技术转移工作与为创新主体提供科技文献定题检索、研发条件资源共享和跟踪、企业创新需求挖掘、整理和对接、技术转移与科技成果转化、科技投融资、创业孵化、科技人员和高层次人才对接及外包、科技政策法规专题咨询、企业管理和特殊行业认证咨询等专业化服务有机结合，促进新型科技服务业态逐步形成。

（三）政策体系逐步形成，市场监管不断强化，技术市场得以开放、规范和有序运行

"十一五"以来，安徽省在出台《安徽省促进科技成果转化条例》、《安徽省技术市场管理条例》和《安徽省技术转移体系建设方案》基础上，进一步优化技术市场交易政策环境。2011年，国务院批准安徽省在合芜蚌自主创新综合试验区开展企业股权和分红激励等国家重大政策试点；2014年2月，安徽省发布了《安徽省支持自主创新能力建设实施细则（试行）》等6个配套政策文件。

据统计，省及合芜蚌三市共出台了110多项配套政策，加强了技术市场监管，并在财政、税收、金融、人才、政府采购等方面，保障了技术市场开放、规范和有序运行。

二、安徽省技术市场发展的经验总结

（一）推进合芜蚌试验区建设，打造技术转移战略平台

2008年，安徽省委、省政府作出了建设合芜蚌自主创新综合试验区的战

略决策。2009 年 6 月，安徽省在合肥国家科技创新型试点市示范核心区内，全面启动“一中心三基地”（科技创新公共服务中心，科研集群基地、孵化基地、产业基地）建设，完善“研发、转化、交易、服务”功能，引进和建设一批公共技术服务平台，深入开展技术转移和成果转化，服务全省自主创新战略。

（二）构建技术转移服务体系，夯实技术市场发展基础

1. 实施“科技路路通”工程

该工程按照省、市、县（区或园区）三级架构，构建起“上下一条线，全省一盘棋”的“科技路路通”工作服务体系。

2. 发展技术转移服务机构

按照《安徽省技术转移体系建设方案》，修改完善省级技术转移服务机构建设与运行管理办法、绩效考核办法，出台安徽省技术转移计划管理实施细则，加强对技术转移服务机构考核支持，提升机构服务能力和水平。

3. 构建技术交易场所及网络平台

在合肥、蚌埠、淮北分别建成了国家专利技术展示交易中心，在芜湖建成安徽高新技术产权交易中心等；先后建立了安徽省网上技术市场、安徽省科技成果网、安徽省科技文献信息资源共享服务平台、安徽省科技成果与技术需求信息发布平台和“科技路路通”服务网站群；构建了企业技术需求、科技成果、生物种质资源和投融资项目等十个数据库。

（三）加大政策激励扶持力度，优化技术市场发展环境

据统计，省及合芜蚌三市共出台了 110 多项配套政策，在财政、税收、金融、人才、政府采购等方面，初步形成了一个比较完善的政策体系。合肥市出台技术合同登记激励政策，对经合肥科技成果转化交易网登记备案，并由企业购买或高校、科研院所自行在合肥市首次实现产业化的科技成果，给予奖励支持。

（四）建设技术转移人才队伍，强化技术市场发展保障

近年来，安徽省通过项目资本对接、联合攻关、产学研用协同创新，选派科技特派员 1 000 名、科技特聘员 100 名，组建中科大先进技术研究院等产业技术研究院 20 余个、省级以上产业技术创新战略联盟 79 家。2012 年 3 月，省委省政府出台《关于建设合芜蚌自主创新综合试验区人才特区的意见》，扎实推进“611 人才行动计划”。

同时，大力扶持高层次科技人才团队来皖创新创业，每年安排 1 亿元专项资金作为省扶持资金。此外，鼓励高校、科研院所将职务发明成果转化、转

让等收益中单位留成部分，按比例划归参与研发的科技人员及其团队。

（五）加强技术转移机制创新，提升技术市场发展活力

在工作推进机制方面，整合创新资源，建立省直部门及各地市任务分解和考评制度；建立绩效评价激励制度，向作出突出贡献的服务机构和人员给予后补助经费支持。合芜蚌三市分中心建立“一站式”服务窗口，采取电话、网络和现场受理等方式接受创新创业咨询，形成快捷服务机制。

在数据信息标准统一方面，在全省范围建设统一的“科技路路通”一网十库和网络内部工作服务系统，实现对全省的服务机构、专家人才、政策法规、科技动态、机构培训等数据信息统一标准；开发出“科技路路通”内部服务工作网，实现文件传阅、合同管理、统计分析和考核管理等功能。

在全省信息报送方面，建立“省级技术转移示范机构信息报送月报制度”和“科技路路通工作服务体系信息报送月报制度”，对各服务机构开展统计监测和监督检查。

三、2013年安徽省技术市场交易统计与分析报告（部分）

2013年，随着国家和省委省政府鼓励企业自主创新政策进一步落实，在各级部门的关心和支持下，在高等院校、科研机构、高新技术企业共同努力下，安徽省技术市场交易活跃，合同数量不断攀升，技术交易额大幅增长，取得了较快发展。

（一）技术交易总体情况

2013年，全省各类技术交易项目6 951项，技术合同成交额为130.77亿元，比上年增长51.77%，创全省历史新高。技术合同总额的持续走高，表明技术合同的总体规模和水平逐年稳步提升。

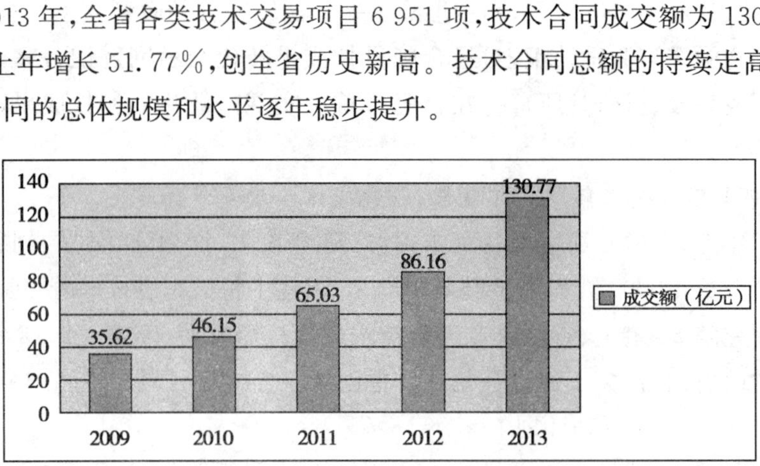

图1-18　2009—2013年全省技术交易成交金额

（二）技术合同构成

1. 合同类型构成

2013 年各类技术合同在技术交易中保持上升的态势。技术开发合同在技术交易中仍然占据主导地位，成交金额位居四类合同之首。

2013 年共签订技术开发合同 4 224 项，占总项数的 60.76％，合同成交金额为 63.89 亿元，比上年增长了 78.71％，占总金额的 48.86％，居主导地位。

2013 年共签订技术转让合同 239 项，占总项数的 3.4％，合同成交金额为 24.59 亿元，与上年相比减少 1.72 亿元，占总金额的 18.80％。

2013 年共签订技术咨询合同 744 项，占总项数的 10.70％，合同成交金额为 2.27 亿元，比上年增长了 48.37％，占总金额的 1.74％。

2013 年共签订技术服务合同 1 744 项，占总项数的 25.09％，合同成交金额为 40.03 亿元，比上年增长 77.44％，占总金额的 30.61％。

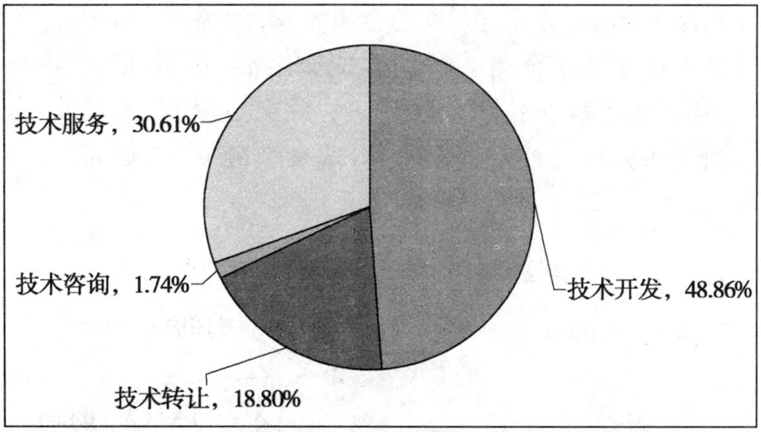

图 1－19　2013 年安徽省登记技术合同类型构成图

2. 科技计划项目构成

各级科技计划项目继续通过技术市场实现产业化。2013 年全省共有 1 257 项政府各级科技计划项目进入技术市场，技术合同成交金额 26.60 亿元，占技术合同成交总金额的 20.34％(表 1－10)。

表 1－10　2013 年安徽省技术交易中科技计划项目构成

序号	计划来源	合同数(份)	成交额(亿元)
1	国家计划	233	10.34
2	部门计划	219	5.53
3	省、自治区、直辖市及计划单列市计划	330	4.57
4	地市县计划	475	6.15
5	计划外	5 694	104.17
总　计		6 961	130.77

3. 技术卖方构成

2013 年,企业输出技术交易额仍占各类技术合同卖方之首,共输出技术 4 004 项,输出技术交易额 113.62 亿元,比 2012 年增长了 53.31%。企业输出技术交易额占全省技术合同成交总金额的 86.89%。

事业法人成交技术合同 2 983 项,成交金额 16.66 亿元,占总金额的 12.28%。社团法人成交技术合同 31 项,成交金额 0.23 亿元,占总金额 0.18%。机关法人成交技术合同 7 项,成交金额 0.16 亿元,占总金额的 0.12%。

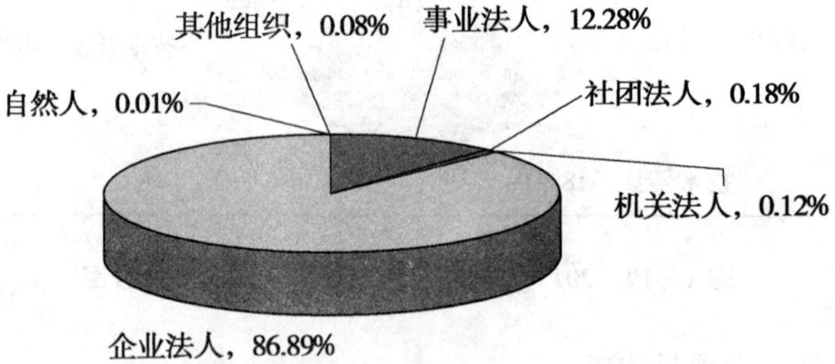

图 1－20　2013 年安徽省登记技术卖方构成图

4. 技术买方构成

在市场机制推动和国家产业政策的引导下,大量技术通过技术市场流向企业,企业已成为我省技术市场的主力军,也提升了企业的创新能力。

2013 年企业共购买技术合同 4 483 项,技术交易额 97.74 亿元,比 2012 年增长了 35.37%。企业技术交易额占全省技术合同成交总金额的

74.74%;事业法人成交技术合同 1 291 项,成交金额 10.77 亿元,占总金额的 8.24%;社团法人成交技术合同 10 项,成交金额 0.01 亿元,占总金额的 0.01%;机关法人成交技术合同 1 122 项,成交金额 21.27 亿元,占总金额的 16.27%;其他组织成交技术合同 28 项,成交金额 0.90 亿,占总金额的 0.69%;自然人成交合同 17 项,成交金额 0.08 亿,占总金额的 0.06%。

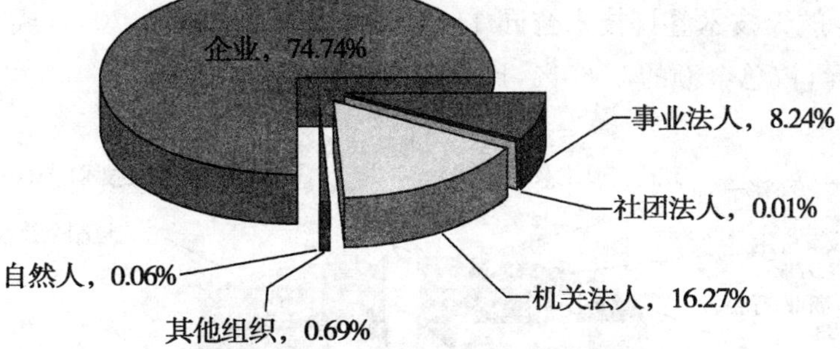

图 1-21　2013 年安徽省登记技术买方构成图

5. 技术领域构成

从技术领域分布来看,由于电子信息、先进制造是我省的主导产业,近年来发展较为迅速,其技术交易额也有较大增长。

先进制造技术签订技术合同 816 项,占总项数的 11.74%,成交金额为 36.28 亿元,占总金额的 27.74%,比上年增长了 21.70%。

电子信息技术签订技术合同 2 452 项,占总项数的 35.28%,成交金额为 27.24 亿元,占总金额的 20.83%,比上年增长了 28.37%。

新能源与高效节能技术签订技术合同 580 项,占总项数的 8.34%,成交金额为 8.49 亿元,占总金额的 6.50%,较上年有所减少。

城建与社会发展技术签订技术合同 899 项,占总项数的 12.93%,成交金额为 27.39 亿元,占总金额的 20.95%,较上年增长 558.41%。

环境保护与资源综合利用技术签订技术合同 671 项,占总项数的 8.88%,成交金额为 3.73 亿元,占总金额的 2.85%,较上年增长 130.25%。

生物、医药和医疗器械技术签订技术 385 项,占总项数的 5.54%,成交金额为 4.94 亿元,占总金额的 3.78%,比上年增长了 44.87%。

新材料及其应用技术签订技术合同 417 项,占总项数的 6.00%,成交金额为 15.65 亿元,占总金额的 11.97%,较上年度增长 242.45%。

农业技术签订技术合同 549 项，占总项数的 7.90%，成交金额为 4.81 亿元，占总金额的 3.68%，比上年增长 86.43%。

现代交通技术签订技术合同 94 项，占总项数的 1.35%，成交金额为 1.07 亿元，占总金额的 0.82%，较上年度增长 529.41%。

核应用技术签订技术合同 24 项，占总项数的 0.35%，成交金额为 0.37 亿元，占总金额的 0.28%，比上年增长 1 133.33%。

航空航天技术签订技术合同 118 项，占总项目数的 1.70%，成交金额为 0.79 亿元，占总金额的 0.60%，比上年有所减少。

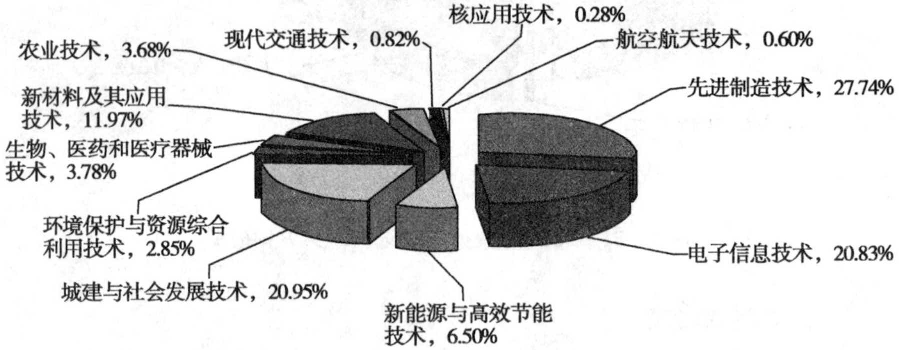

图 1-22　2013 年安徽省技术合同技术领域构成图

6. 知识产权构成

从知识产权构成分析来看，未涉及知识产权的技术项目仍占据主导地位，涉及技术秘密的技术项目位居第二位，且继续处于快速上升趋势。

未涉及知识产权的技术项目，签订技术合同 3 306 项，占总项数的 47.56%，成交金额为 45.93 亿元，占总金额的 34.71%，比 2012 年增长 65.87%。

涉及技术秘密的技术项目，签订技术合同 2 388 项，占总项数的 34.35%，成交金额为 72.76 亿元，占总金额的 55.64%，比 2012 年增长 90.72%。

涉及专利的技术项目，签订技术合同 157 项，占总项数的 2.26%，成交金额为 5.15 亿元，占总金额的 3.94%。比 2012 年有所减少。

涉及计算机软件的技术项目，签订技术合同 985 项，占总项数的 14.17%，成交金额为 5.04 亿元，占总金额的 3.85%。比 2012 年有所减少。

涉及生物、医药新品种的技术项目，签订技术合同 80 项，占总项数的

1.15%，成交金额为1.51亿元，占总金额的1.15%。比2012年有所减少。

涉及植物新品种的技术项目，签订技术合同20项，占总项数的0.29%，成交金额为0.29亿元，占总金额的0.22%，比2012年有所减少。

涉及集成电路布图设计专有权的技术项目，签订技术合同15项，占总项数的0.22%，成交金额为0.09亿元，占总金额的0.07%，比2012年增长28.57%。

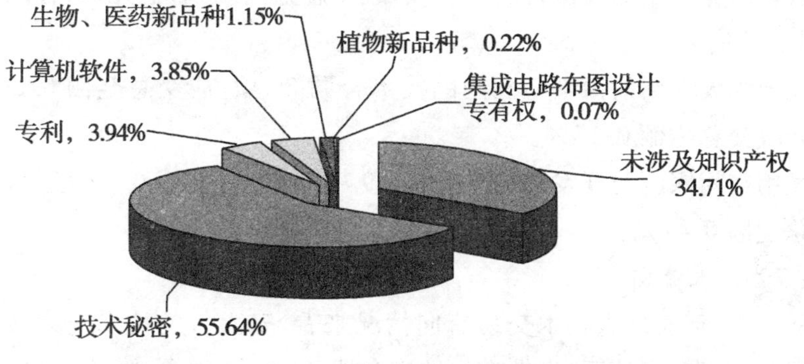

图1-23　2013年安徽省技术合同知识产权构成图

7. 社会—经济目标构成

技术合同的交易内容反映了产业重点发展的方向和趋势。

2013年，促进社会发展和社会服务的技术合同居首，技术合同1 695项，成交总金额42.66亿元，占合同成交总金额32.62%。

工商业发展的技术合同896项，成交总金额35.27亿元，占合同成交总金额26.97%。

基础设施以及城市和农村规划的技术合同389项，成交总金额13.47亿元，占合同成交总金额10.30%。

其他民用目标的技术合同1 164项，成交总金额12.91亿元，占合同成交总金额9.87%。

能源生产、分配和合理利用的技术合同669项，成交总金额8.41亿元，占合同成交总金额6.43%。

农林牧渔业发展的技术合同628项，成交总金额5.41亿元，占合同成交总金额4.14%。

国防的技术合同226项，成交总金额3.87亿元，占合同成交总金额2.96%。

环境保护、生态建设及污染防治的技术合同 573 项，成交总金额 2.69 亿元，占合同成交总金额 2.06%。

非定向研究的技术合同 206 项，成交总金额 2.51 亿元，占合同成交总金额 1.92%。

卫生事业发展的技术合同 231 项，成交总金额 2.31 亿元，占合同成交总金额 1.77%。

教育事业发展的技术合同 156 项，成交总金额 0.43 亿元，占合同成交总金额 0.33%。

地球和大气层的探索与利用的技术合同 29 项，成交总金额 0.20 亿元，占合同成交总金额 0.15%。

民用空间探测与开发的技术合同 89 项，成交总金额 0.62 亿元，占合同成交总金额 0.47%。

（三）技术流向

从 2013 年安徽省技术交易流向情况来看，安徽省的技术交易项目辐射到全国 33 个省、自治区、直辖市及港澳台地区，并有 12 个省、自治区、直辖市的技术合同成交金额超过亿元。其中输出到北京市、陕西省、内蒙古自治区的技术合同交易额居前三名。而 2013 年安徽省出口到国外的技术交易项目更是覆盖了 4 个洲，分别为非洲、欧洲、大洋洲、北美洲。

1. 流向本省

2013 年，安徽省就地转化的技术合同项目 4 563 项，合同成交额 40.91 亿元，占输出技术总项数的 65.65%，输出成交额的 31.28%。

2. 流向省外

2013 年，安徽省流向北京市的技术最多，合同成交额 17.13 亿元，占总输出额的 13.10%，其次为陕西和内蒙古，分别占总输出额的 11.88%和 9.65%。

表 1-11　2013 年安徽省技术交易项目辐射外省市前 10 名情况表

名次	地 区	项数(项)	成交额(亿元)	比例(%)
1	北京市	645	17.14	13.10
2	陕西省	79	15.54	11.88
3	内蒙古自治区	21	12.62	9.65
4	江苏省	291	10.50	8.03
5	山东省	123	7.57	5.79

续表

名次	地 区	项数(项)	成交额(亿元)	比例(%)
6	河南省	66	6.40	4.89
7	山西省	47	2.63	2.01
8	四川省	104	2.39	1.83
9	上海市	169	1.92	1.47
10	广东省	101	1.37	1.05

3. 流向国外

2013 年,国外吸纳技术交易项目 102 项,占总项数的 1.47%,合同成交额 4.84 亿元,占总金额的 3.70%。其中,流向亚洲其他国家的技术交易项目 9 项,合同成交额 2.39 亿元;流向欧洲的技术交易项目 7 项,合同成交额 0.22 亿元;流向北美洲的技术交易项目 75 项,合同成交额 0.17 亿元;流向大洋洲的技术交易项目 2 项,合同成交额 67 万元。

(四) 技术交易特点

1. 科技型企业成为技术交易的主体

在市场机制推动和产业政策引导下,大量技术通过技术市场流向企业,企业已成为安徽省技术市场的主力军,也提升了企业的创新能力。2013 年企业卖方共进入市场交易技术合同 4 004 项,占合同总数的 57.60%,成交金额 113.62 亿元,达到成交总金额的 85%以上。企业技术买方仍占各类技术合同买方之首,共吸纳技术 4 483 项,技术交易额 97.74 亿元,交易额占比为 70%以上。

2. 技术开发合同居主导位置

自主创新政策促进了企业与科研机构间的产学研合作,企事业单位加大了对技术研发的投入,使得 2014 年的技术开发合同仍居主导位置。2013 年,全省共签订技术开发合同 4 224 项,占总项数的 60.76%,成交金额为 63.89 亿元,占总金额的 48.86%。

3. 主导产业技术交易发展较快

由于先进制造、电子信息是安徽省主导产业,近年来发展较为迅速,其技术交易额也有较大增长。2013 年,先进制造领域成交金额为 36.28 亿元,电子信息领域成交金额为 27.24 亿元,两个领域占总金额的 48.57%。

4. 技术流向本省的数量和成交额在逐年增长

2013 年,全省技术交易合同 6 951 项,流向本省 4 563 项,占交易合同总项数的65.65%，合同成交额达40.91亿元，占总金额的31.28%。

5. 合芜蚌试验区仍然是技术交易主体

全省技术合同交易额前5名分别是合肥、芜湖、蚌埠、马鞍山和淮南，其中合肥市成交合同数为5 102项，成交额69.37亿元，芜湖市成交合同数为232项，成交额28.64亿元，蚌埠市成交合同数为409项，成交额12.56亿元。合芜蚌试验区的成交合同数占全省82.62%，合同成交额占全省84.55%，仍然保持着全省技术交易主体地位。

第三节 江苏省技术交易发展报告

一、江苏省技术市场发展取得的成效

（一）技术交易总量屡创新高

据全国技术市场网上统计数据显示，2013年江苏省技术交易成交量再创新高，共签订技术合同31 427项，成交金额为585.56亿元，较2012年增长10.08%，已经连续四年居全国省份第一（见表1－12）。

表1－12 2010—2013年江苏省技术合同成交情况（单位：项、亿元）

年份	2010年	2011年	2012年	2013年
合同数	20 450	25 321	29 740	31 427
成交金额	317.04	463.13	531.95	585.56

2013年四类技术合同中技术开发合同仍居第一，成交金额达到347.11亿元，占成交总额的59.28%；技术转让合同居第二位，成交金额为195.23亿元，占总金额的33.34%；技术服务合同为34.41亿元，占总金额的5.88%。技术咨询合同成交金额为8.8亿元，占总金额的1.5%。

（二）服务机构蓬勃发展

技术市场管理机构。江苏省目前设省、市、县三级技术市场管理机构近50家，行使省级权限的技术合同登记认定机构5家。

国家级技术转移示范机构。目前，江苏省已有32家机构被评为国家级技术转移示范机构。2013年，江苏省国家技术转移示范机构共有从业人员2 998人，共促进技术转移项目9 343项，成交金额达65.93亿元，组织技术推广和交易活动超过700次，技术转移培训10 000人次，服务企业16 000多家，当年获得发明专利达3 000项。

区域创新驿站。江苏驿站服务体系拥有各类站点83家，其中区域站点为江苏省高新技术创业服务中心，具体负责江苏创新驿站的组织工作，基层站点12家，服务站点70家。初步建有专家信息库、技术经纪人库、科技金融库等有效数据库。

高校技术转移中心。2009年至2013年，江苏省共立项建设25家高校技术转移中心，现各中心共有专兼职人员1 354名。高校技术转移中心共设立分支机构188个。2011年至2013年，全省25家中心共开展技术交易活动4 144场次，组织技术转移项目30 332项，合同成交额112.82亿元。

区域科技成果转化服务中心。自2008年，江苏省全面启动建设了46家区域科技成果转化服务中心，全面覆盖了苏北、苏中各市县，开发成果库、技术需求库、专家库及门户网站等20多个。2013年，江苏省通过科技成果转化服务网站发布企业技术难题信息1.45万条，累计解决技术难题507项，开展成果转化相关服务1 332项(次)，实现相关服务收入1 029万元。

二、江苏省技术市场发展的经验总结

(一) 拓展服务功能，运行模式新型化

产学研合作新模式。高等院校、科研院所通过成立技术转移中心来发挥学科优势和系统创新作用，帮助创新主体发挥各自在产业链对应环节的优势，形成具有共同研发目标、共同参与研发过程的联合体。

产业化运作新模式。目前江苏省内有些技术转移机构以科技成果产业化为导向，通过加强与各地孵化器、大学国家科技园合作，孵化出拥有自主知识产权的科技型企业，形成产业化运作的新模式。

科技综合体新模式。2013年位于苏大北校区的苏州自主创新广场开始试运行，力求打造“展示、共享、交易、合作”的一站式、全流程、高端化的科技公共服务平台。2013年，扬州打造由江苏信息服务产业基地、联创扬州软件园、清华启迪科技园、惠普软件园等科技创业专业孵化器、加速器、综合配套服务设施等组成的科技产业化综合体。

国际技术转移新模式。江苏省跨国技术转移中心现已陆续建成含有“三网”(JITTC、CITTC和政府双边计划网)“三系统”(对接系统、调研信息征集系统和客户管理系统)以及“二库”(海外专家库、江苏高科技企业地图)的技

术转移服务平台。江苏国际技术转移中心通过在海外设立的五个分中心，与国外技术转移机构和企业合作，以国际技术的引进、消化、吸收和再创新为主题，立足江苏、辐射全国，为广大中小企业提供最新国际技术成果、专业技术人才培训以及科技企业孵化等服务。

（二）日趋完善的政策支持体系

1990 年江苏省人大常委会通过了《江苏省技术市场管理条例》，至 2002 年该条例已废止；2000 年江苏省人大常委会出台了《江苏省促进科技成果转化条例》，加速了科技成果向生产力的转化，规范了科技成果转化活动等；2004 年江苏省在全国率先设立省级科技成果转化专项资金，有力带动了企业创新能力提升和产业转型升级。

此外，一些地区在促进技术市场发展上也制定了地方政策。如南京市从 2008 年起相继出台了《南京市技术市场促进条例》、《南京市科学技术普及条例》、《南京市促进技术转移条例》。苏州市在 2013 制定了《苏州市技术经纪人管理办法（试行）》及实施细则，《苏州市科技成果转化专项资金实施细则》，给苏州市的科技成果转化项目带来了普惠制的激励。

（三）注重技术经纪人队伍发展

技术经纪人从业资质获工商部门认可。自 2012 年起，江苏省科技部门开始主动与江苏省工商行政管理局、南京市工商行政管理局就技术经纪人资质确认问题洽谈合作事宜，共同分享上海、浙江、深圳以及苏州的相关创新业务模式，推动和加强与省、市经纪人协会的合作。自 2014 年起，江苏省高新技术创业中心与江苏省工商行政管理局为培训合格的技术经纪人联合发放从业资质证书。

省市联动开展专业化培训。目前江苏省广泛开展了省市两级联动、合作举办技术经纪人培训，扩大了地方技术经纪队伍的规模。同时将技术经纪人工作与江苏区域创新驿站服务体系建设相结合，每家基层站点培育和聘请技术经纪人不少于 2 人，每家服务站点培育和聘请技术经纪人不少于 1 人；各级站点从自身实际情况出发，利用网络化手段设施，实现服务资源、服务信息和服务手段的共享共建，确保服务效能的发挥。

编纂技术经纪人培训教材。江苏省以《全国技术经纪人培训大纲》为依托，在学习、借鉴 2007 版《技术经纪人培训教材》（长三角区域创新体系建设联席会议办公室编著）的基础上，编撰了新的技术经纪人培训教材，新增相关章节和内容，使之更贴近实际工作的需要。

三、2013 年江苏省技术市场统计数据分析报告(部分)

2013 年,我省技术市场深入贯彻党的十八届三中全会和省委十二届六次全会精神,落实省委省政府拓展“八项工程”的意见,大力实施创新驱动发展战略,着力推动企业为主体、市场为导向、产学研相结合的技术创新体系建设,深入开展技术转移工作,技术市场环境进一步优化,在促进科技资源优化配置,加速知识流动和技术转移,促进科技与经济结合等方面的支撑作用进一步显现。

(一) 技术交易总体情况

2013 年我省技术市场交易进一步活跃,全省技术市场共登记技术合同 31 427 项,成交金额 585.56 亿元,较 2012 年增长了 10.08%,继续稳居全国省份第一。

数据显示,我省总成交金额与北京市仍有较大差距,但与上海市差距在逐年缩小,2013 年仅相差 35.31 亿元,同时广东省、陕西省增长速度较快,与我省之间差距有所减少。

表 1 - 13　2009—2013 年江苏省技术合同成交情况　(金额:亿元)

	2009 年	2010 年	2011 年	2012 年	2013 年
合同数	14 011	20 450	25 321	29 740	31 427
成交金额	113.26	317.04	463.13	531.95	585.56

注:附表中 2009 年两年数据未包含省商务厅进出口技术合同,商务厅数据当年未纳入全国技术市场网上统计系统。

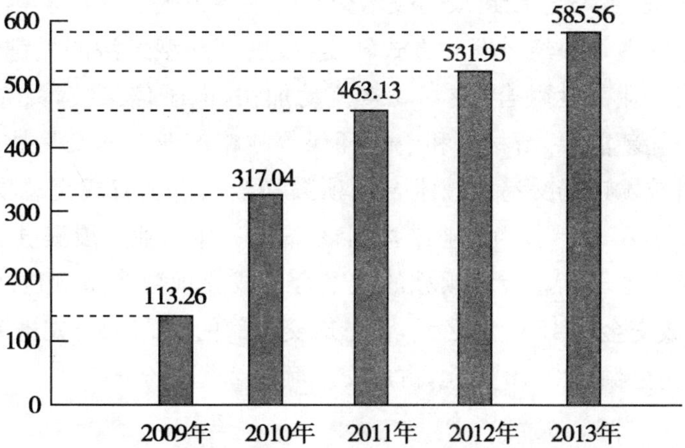

图 1 - 24　2009—2013 年江苏省技术合同成交情况(单位:亿元)

(二)技术交易特点

1. 企业集成技术创新的能力进一步增强

2013年江苏省企业法人机构输出技术交易额超过吸纳技术交易额，达到515.37亿元，占总输出技术交易额的88.01%；江苏省企业法人机构吸纳技术交易额286.51亿元，占总吸纳技术交易额的48.93%，目前我省企业已成为技术交易主体，集成技术创新的能力大幅度提高。

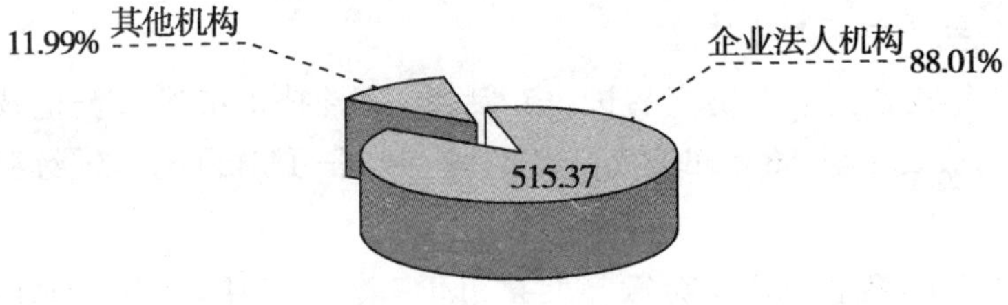

图1-25　2013年江苏省企业输出技术成交金额情况(单位：亿元)

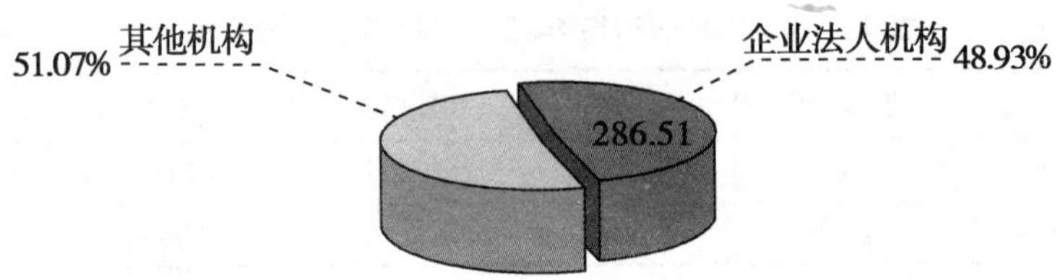

图1-26　2013年江苏省企业吸纳技术成交金额情况(单位：亿元)

2. 电子信息、先进制造成为技术交易的主要领域

江苏正处在加快经济发展方式转变、发展创新型经济的关键时期，研发创新与新兴产业高度融合，技术要素流动加快，电子信息技术、先进制造技术、生物医药、新能源、新材料和节能环保等战略产业技术交易快速发展，上述领域通过技术市场交易的技术合同项数和金额占全省成交总项数和总金额的78.22%、87.81%，为产业结构调整、高新技术产业发展提供了有力的科技支撑。其中电子信息技术领域的技术合同成交项数和金额位居各类技术领域之首，成交金额153.03亿元，占总成交金额的26.13%；先进制造技术居第二位，成交金额133.10亿元，占成交总额的22.73%。

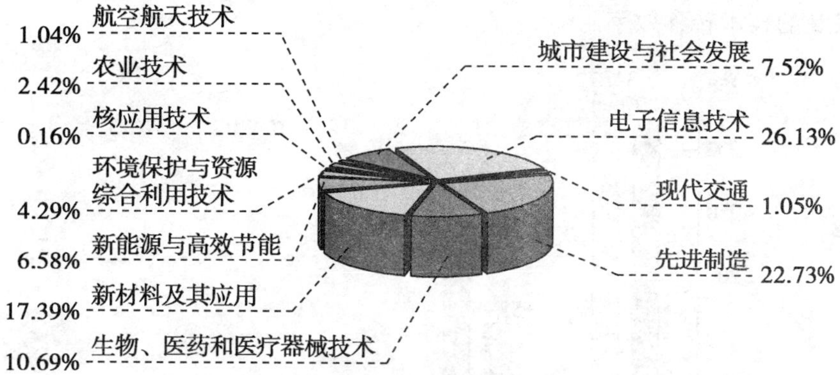

图 1－27　2013 年江苏省技术合同技术领域构成(单位：亿元)

3. 产学研合作加速技术转移进程

我省大学、科研院所技术创新源头作用明显，产学研合作进一步深化。2013 年大学、科研院所输出技术交易项数为 16 954 项，成交金额为 59.55 亿元，占全省技术市场成交项数的 53.95%，占全省技术市场成交总额的 10.17%，居全省大学技术交易前三位的分别为东南大学、南京大学、南京航空航天大学，居全省科研院所前三位的分别是南京水利科学研究院、江苏省环境科学研究院、环境保护部南京环境科学研究所。

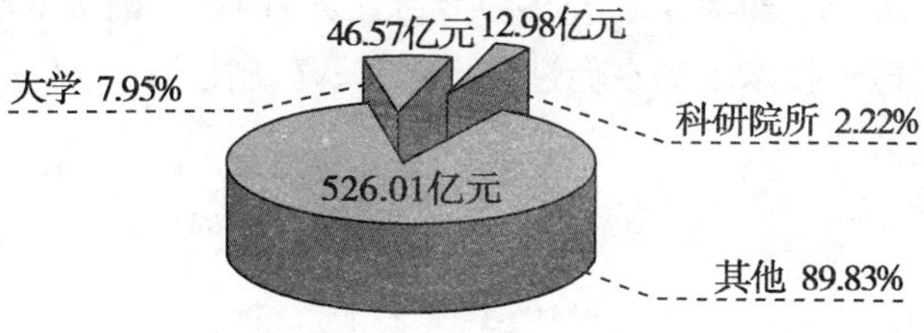

图 1－28　2013 年江苏省大学、科研院所输出技术成交金额情况

4. 技术创新和技术转移扩散能力增强

按照建立以企业为主体、市场为导向、产学研相结合的技术转移体系的要求，企业与高等院校、科研机构以产学研结合等形式合作，技术创新能力明显增强，2013 年通过技术市场登记的技术开发合同 20 528 项，成交金额为 347.12 亿元，占全省技术市场成交总额的 59.28%，位居四类合同之首。

随着国家鼓励技术转移税收优惠政策的发布实施，技术扩散能力进一步增强，技术交易日益活跃。统计数据显示，2013 年全省共签订技术转让合同 1 411 项，成交金额 195.23 亿元，占我省成交总额的 33.34%。从统计数据可以看到，2013 年我省技术转让成交金额与 2012 年相比上涨 25.19%，继续保持较高的技术转移效率。

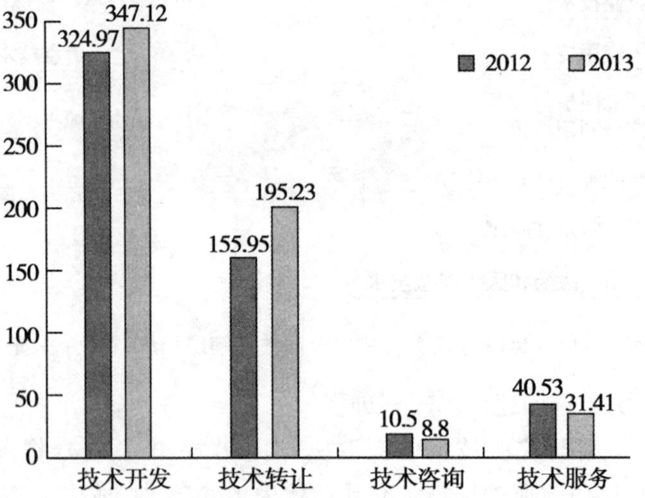

图 1-29　2012—2013 年江苏省各类技术合同构成对比(单位：亿元)

5. 技术市场配置创新资源作用显现

技术市场配置科技资源的基础性作用明显增强，促进了传统产业改造升级和高新技术的大规模应用，加快了科技成果转化和产业化进程。2013 年全省技术合同成交金额为 585.56 亿元，占江苏省 GDP 的 0.99%，较上年增长 0.01 个百分点，技术市场在促进技术转移、高新技术产业化等方面取得了一定进展。

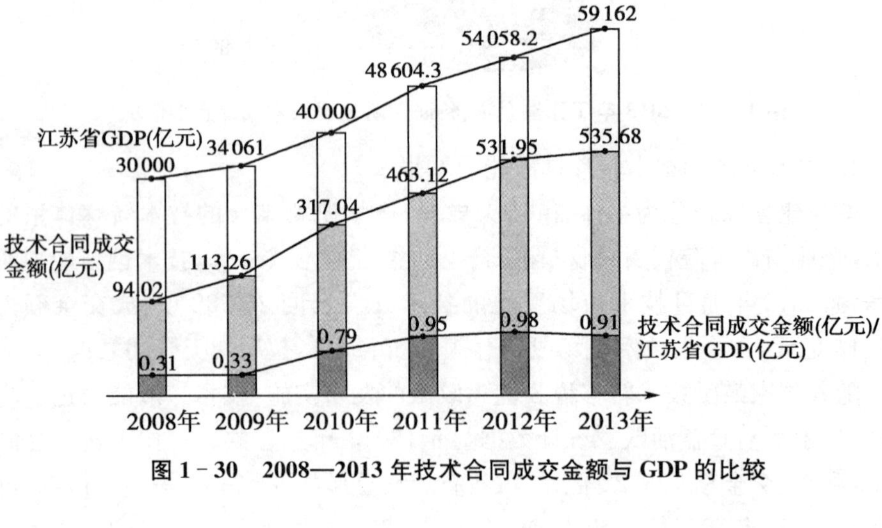

图 1-30　2008—2013 年技术合同成交金额与 GDP 的比较

（三）技术合同构成

1. 合同类别构成

技术开发、技术转让、技术咨询、技术服务四类技术合同中，技术开发、技术转让依然保持领先地位，成交金额分别居四类合同的第一、二位。2013 年全省共签订技术开发合同 20 528 项，成交金额达到 347.12 亿元，占总成交金额的 59.28%。

技术转让合同成交金额平稳增长。2013 年共签订技术转让合同 1 411 项，成交金额为 195.23 亿元，占总成交金额的 33.34%。

技术咨询合同成交金额略有下降。2013 年共签订技术咨询合同 6 647 份，成交金额 8.80 亿元，占各类合同总金额的 1.50%。

技术服务合同成交金额略有下降。2013 年共签订技术服务合同 2 841 项，成交金额 34.41 亿元，占各类合同总金额的 5.88%。

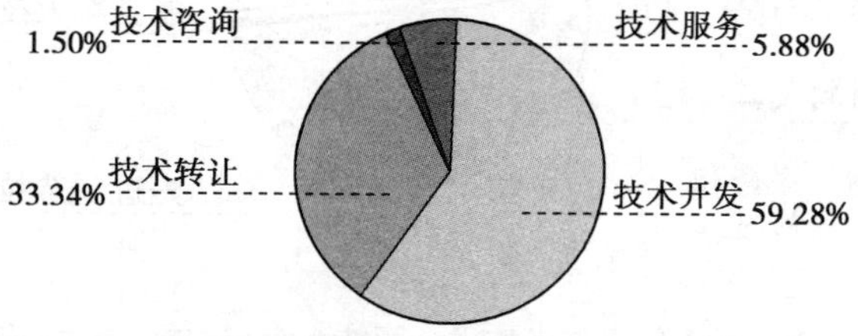

图 1－31　2013 年江苏省各类技术合同构成(单位：亿元)

2. 知识产权构成

统计数据显示，2013 年江苏涉及知识产权的技术合同 10 745 项，占成交总项数的 34.19%，成交金额 366.11 亿元，占总成交金额的 62.52%。其中，技术秘密合同 7 109 项，成交金额 306.81 亿元，占总成交金额的 52.39%；计算机软件著作权转让合同成交 2 646 项，成交金额 31.14 亿元，占总成交金额的 5.32%；涉及专利的技术合同 730 项，成交金额 20.06 亿元，占总成交金额的 3.43%。

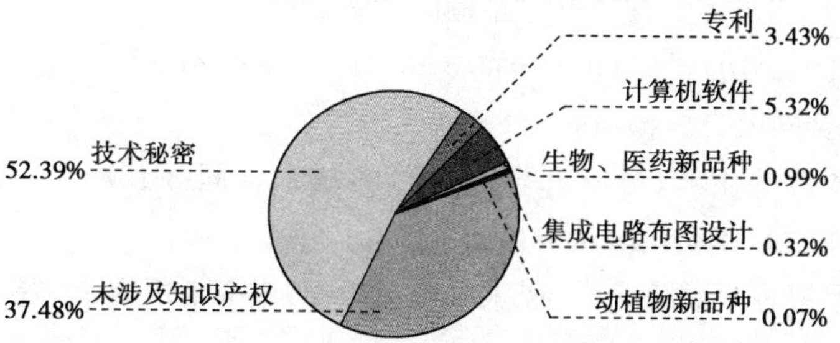

图 1－32　2013 年江苏省技术合同知识产权构成(单位：亿元)

3. 技术领域构成

统计数据显示，2013 年电子信息技术和先进制造技术成交金额继续成为我省技术交易的热点。其中电子信息技术领域的技术合同成交项数和金额位居各类技术领域之首，共达成 9 387 项，成交金额 153.03 亿元，占总成交金额的 26.13%；先进制造技术在各类技术领域中居第二位，共达成 4 937 项，成交金额 133.10 亿元，占成交总额的 22.73%。

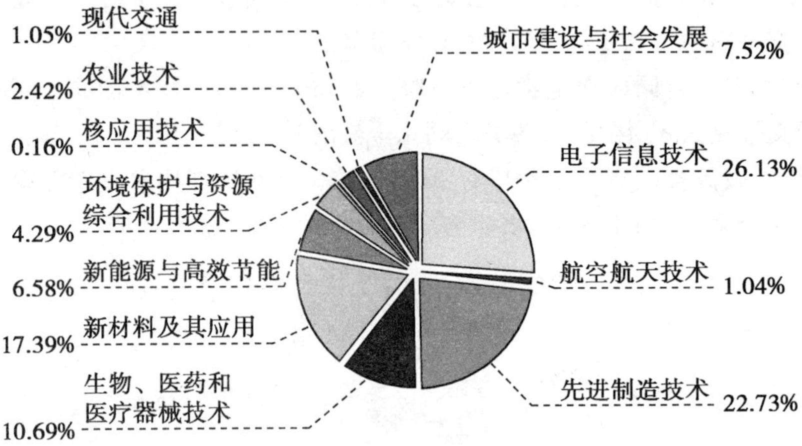

图 1-33　2013 年江苏省技术合同技术领域构成(单位：亿元)

4. 社会—经济目标构成

技术合同交易的最终目的是为了促进经济和社会的发展，因此，技术合同的交易内容也在相当大的程度上反映出产业重点发展方向和趋势。

2013 年促进工商业发展的技术合同 2 734 项，成交金额居首位，为 169.99 亿元，占技术合同成交总金额的 29.03%。

促进社会发展和社会服务的技术合同 8 008 项，成交金额居第二位，为 132.10 亿元，占技术合同成交总金额的 22.56%。

促进其他民用目标的技术合同 3 553 项，成交金额居第三位，为 57.67 亿元，占技术合同成交总金额的 9.85%。

促进能源的生产、分配和合理利用的技术合同 3 157 项，成交金额为 53.80 亿元，占技术合同成交总金额的 9.19%。

促进卫生事业发展的技术合同为 1 876 项，成交金额为 50.78 亿元，占技术合同成交总金额的 8.67%。

促进环境保护、生态建设及污染防治的技术合同为 3 355 项，成交金额为

39.15 亿元，占技术合同成交总金额的 6.69%。

促进基础设施以及城市和农村规划的技术合同为 3 292 项，成交金额为 37.14 亿元，占技术合同成交总金额的 6.34%。

促进农林牧渔业发展的技术合同为 1 849 项，成交金额为 16.34 亿元，占技术合同成交总金额的 2.79%。

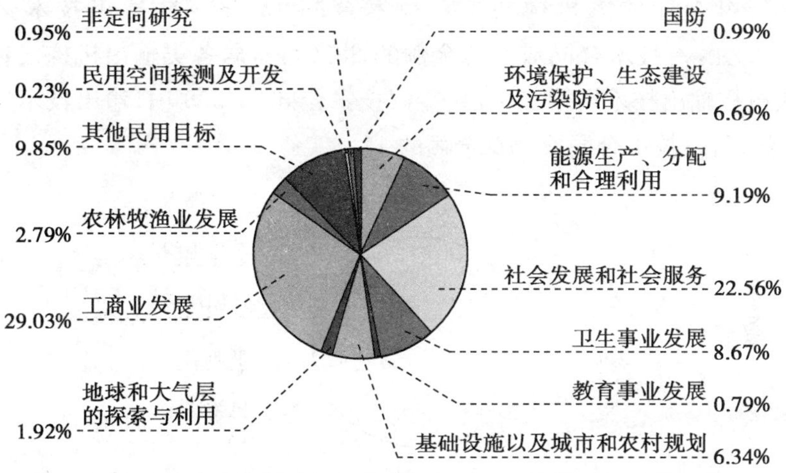

图 1-34 2013 年江苏省技术合同社会—经济目标构成(单位：亿元)

5. 科技计划项目构成

随着省、市级地方政府关于鼓励高校、科研院所将政府下达的研发项目成果进行转移、转化的地方性法规进一步得到贯彻落实，各级政府科技计划项目通过技术市场转移、转化的规模继续扩大，2013 年进入技术市场进行交易的各级科技计划成交项目 3 650 项，成交金额达 116.38 亿元。

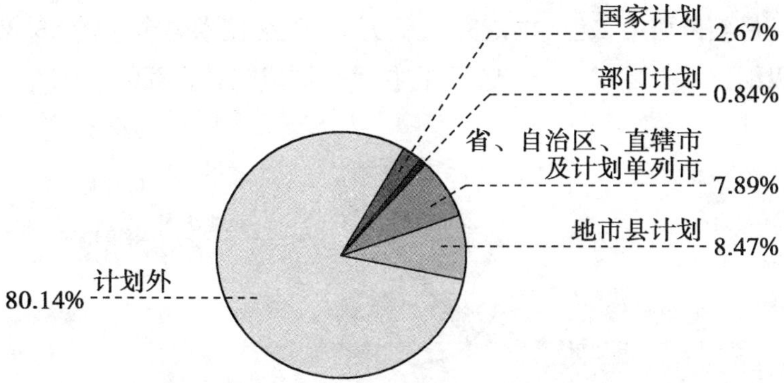

图 1-35 2013 年江苏省各级计划项目通过技术市场交易情况(单位：亿元)

6. 技术交易双方构成

(1) 技术输出机构

2013 年企业法人机构仍是最大的技术输出方,企业法人机构作为市场经济的主体,充分利用各种市场资源,通过自主创新、集成创新、引进消化吸收再创新等多种方式,积极投入到技术创新的活动中,进入技术市场进行交易。2013 年企业法人机构共签订技术合同 13 384 项,输出技术交易额 515.37 亿元,占技术合同成交总金额的 88.01%,居各类输出机构之首。事业法人机构输出技术居第二位,共签订技术合同 17 536 项,输出技术交易额 68.01 亿元,占技术合同成交总金额的 11.62%。

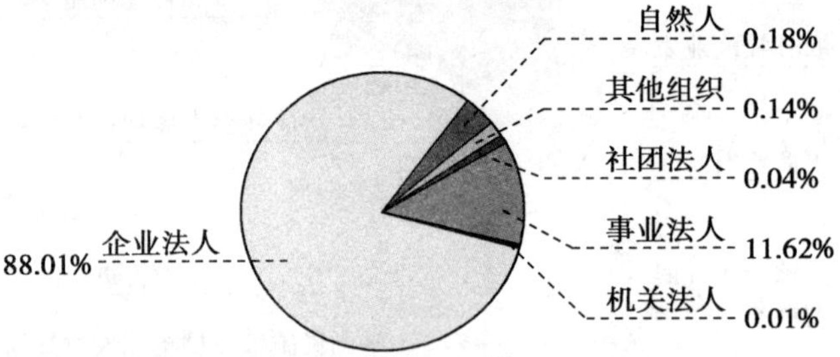

图 1-36　2013 年江苏省各级计划项目通过技术市场交易情况(单位: 亿元)

(2) 技术吸纳机构

随着全球化进程的加快,市场竞争也越来越激烈。企业为了在竞争中获得有利地位,迫切需要新的技术投放到市场中去,因此,企业法人机构对各类技术的需求持续增加,是最大的吸纳方。2013 年企业法人机构共吸纳技术交易额 286.51 亿元,占吸纳技术总金额的 48.93%,居各类技术合同买方机构之首,表明我省企业法人机构对技术的需求强烈,吸纳引进技术十分活跃。机关法人吸纳技术交易额位居第二位,共 283.34 亿元,占吸纳技术总金额的 48.39%。事业法人吸纳技术交易额 11.86 亿元,占技术合同成交总金额的 2.02%。

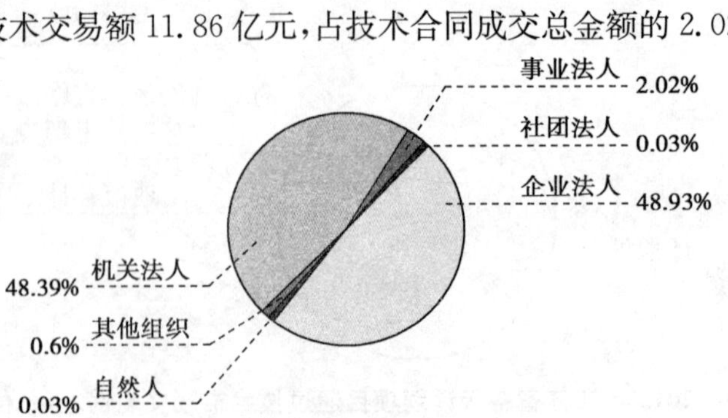

图 1-37　2013 年江苏省技术吸纳机构情况(单位: 亿元)

（四）各地技术交易情况

1. 江苏省各省辖市输出技术情况

2013年，江苏省技术合同认定登记总量继续增加，数据显示，越来越多的符合条件的技术合同进入技术市场，享受国家优惠政策，国家鼓励自主创新，促进技术转移与扩散的相关政策进一步落实。

2013年江苏省各省辖市输出技术交易额由高至低依次为南京、苏州、无锡、常州、南通、镇江、扬州、徐州、盐城、泰州、淮安、连云港、宿迁。其中南京共签订技术合同21 549项，成交额为169.83亿元，占全省总成交金额的29.00%，位居各省辖市首位。

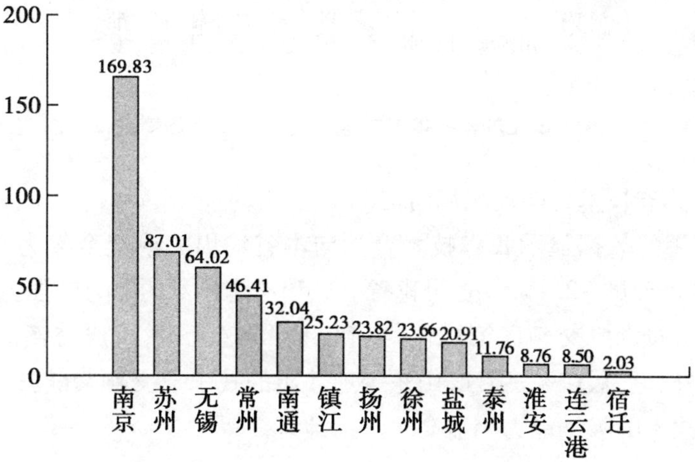

图1-38　2013年江苏省各省辖市输出技术成交金额情况(单位：亿元)

2. 江苏省各省辖市吸纳技术情况

吸纳技术交易情况可以在一定程度上反映出区域引进和消化吸收的能力，反映地方产业发展需求和发展方向，从而带动区域经济发展。统计数据显示，2013年江苏省吸纳技术32 106项，技术成交额为597.71亿元，各省辖市按吸纳技术交易额由高至低依次为南京、苏州、无锡、常州、徐州、镇江、南通、连云港、盐城、泰州、扬州、淮安、宿迁；其中南京市吸纳技术14 744项，技术成交额为340.04亿元，在全国副省级城市中名列第一。

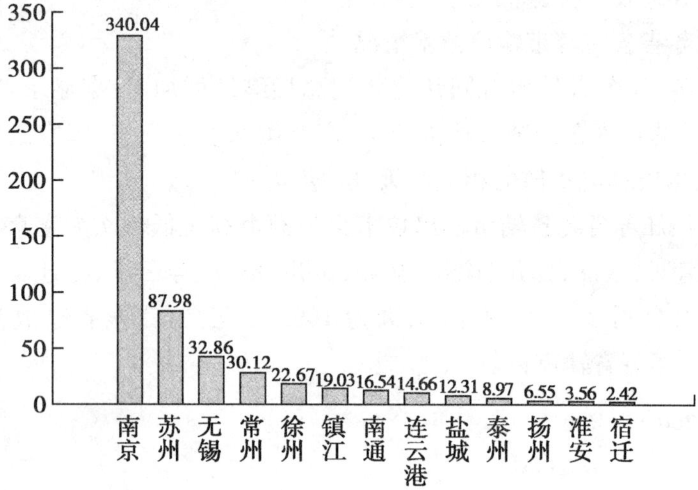

图 1－39　2013 年江苏省各省辖市吸纳技术成交金额情况(单位：亿元)

3. 江苏省技术合同地域流向情况

2013 年的数据显示我省技术合同向本省输出的成交金额为 424.26 亿元，占总成交额的 72.45%，表明我省引进和消化技术的能力较强。同时我省向北京输送技术成交额居第二位，达到 36.43 亿元，占总成交额的 6.22%。我省向境外、上海、广东、浙江、山东等地输出的技术成交额紧随其后，经济发达地区对技术的吸纳能力明显高于其他地区。

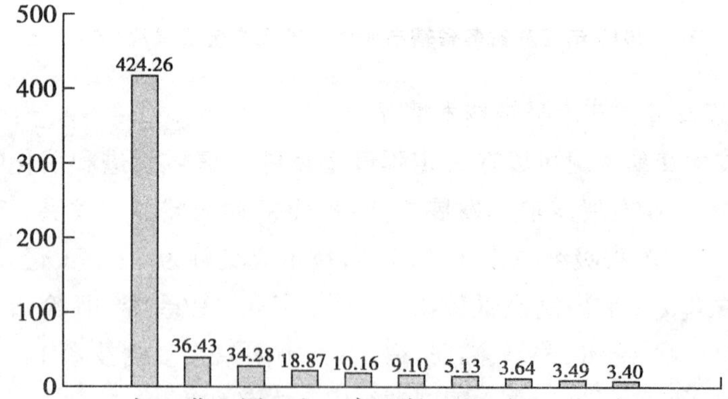

图 1－40　2013 年江苏省技术合同地域流向情况(单位：亿元)

第四节　浙江省技术交易发展报告

30 年来，浙江省技术市场建设蓬勃发展，特别是“十一五”以来，浙江省以建设中国浙江网上技术市场为主线，以完善技术市场服务体系为突破口，进一步推动了技术市场的发展。

一、浙江省技术市场发展取得的成效

10 年来，网上技术市场经历了初创阶段(2002—2003)、发展阶段(2004—2008)和稳定阶段(2009—2012)三个发展时期。初创阶段网上技术市场年均成交技术合同 2 313 项，成交金额 19.95 亿元；发展阶段年均成交技术合同 2 771 项，成交金额 24.98 亿元；稳定阶段年均成交技术合同 1 966 项，成交金额 15.7 亿元。到目前为止，网上技术市场形成了由省管理中心、11 个市级市场、94 个县(市、区)分市场和 29 个专业市场构成的体系架构，拥有上网企业会员 94 319 家；累计发布全省企业技术难题 63 944 项，科技成果 153 771 项；综合市场累计签约合同 26 880 项，成交金额 244.6 亿元；专业市场累计签约合同 2 049 项、成交金额 7.85 亿元。总体规模和各项指标保持全国第一(签约项目与合同金额见图 1-41)。

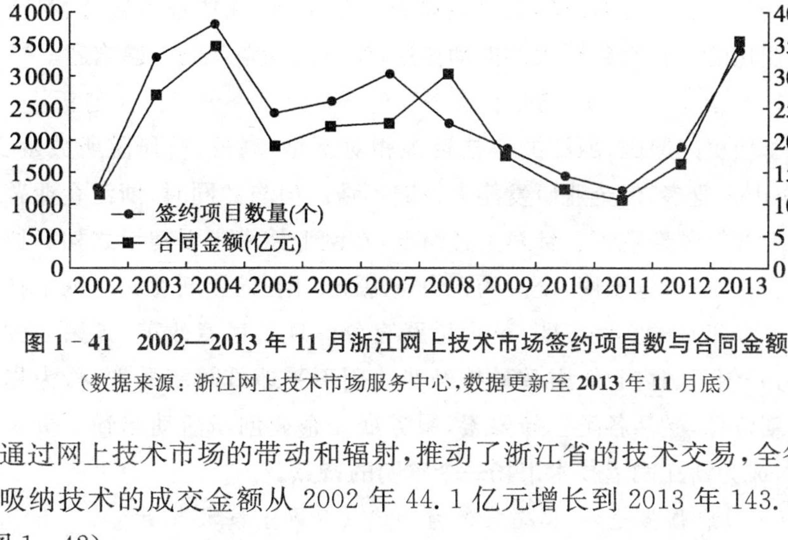

图 1-41　2002—2013 年 11 月浙江网上技术市场签约项目数与合同金额

(数据来源：浙江网上技术市场服务中心，数据更新至 **2013** 年 **11** 月底)

通过网上技术市场的带动和辐射，推动了浙江省的技术交易，全省技术市场吸纳技术的成交金额从 2002 年 44.1 亿元增长到 2013 年 143.4 亿元(见图 1-42)。

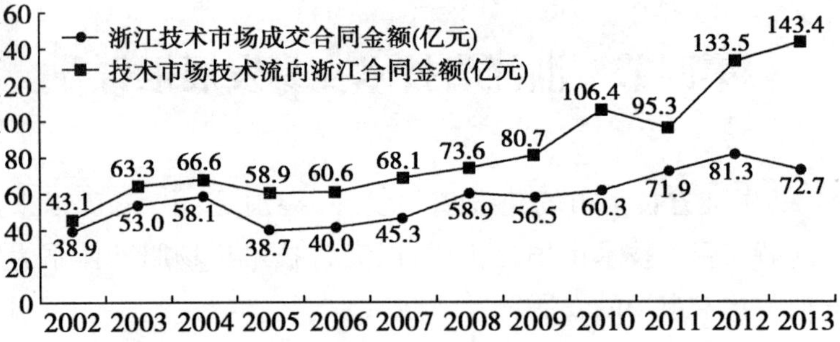

图 1-42　2001—2013 年浙江技术市场与流向技术市场成交额(亿元)

(数据来源：中国科技统计年鉴)

二、浙江省技术市场发展的经验总结

(一) 坚持理念创新,突出企业创新主体地位

网上技术市场改变了以往以卖方为主的技术市场格局,从建设伊始,就确立了“以企业技术难题需求拉动技术供给,以技术买方市场带动技术卖方市场”的创新理念。通过建立以发布企业技术难题作为需求导向,不仅有利于突出企业技术创新的主体作用,引导高校院所直接围绕企业需求开展研发活动,突破长期以来科技与经济难以有效结合的瓶颈,而且通过网上技术市场的传播,吸引了省内外高校、科研机构对企业需求的广泛关注,从而营造了技术供给开放、竞争的环境,对有效降低研发成本,加快技术转让、科技成果转化产业化的步伐起到极大的推动作用,受到浙江企业的普遍欢迎。

(二) 锐意改革开放,充分利用全国创新资源服务浙江企业创新

由于历史的原因,浙江的科技资源相对不足,高校、科研院所数量少,规模小,中小企业多,但企业研发能力普遍不强。但与此同时,浙江企业普遍具有强烈的开拓创新意识。针对上述情况,在网上技术市场建设之初就提出了“浙江的科技经费全国用,全国的智力资源浙江用”的创新思路。网上技术市场运行十余年来的实践证明,这个思路充分体现了锐意改革、开拓开放的浙江精神,开创了国内省级财政科技经费使用不受地域限制的先河,为集聚国内外创新资源,激活各类创新要素,服务浙江企业创新活动起到了极大的推动作用,成为浙江网上技术市场一个鲜明的特点。

(三) 政府强势推动,集全省之力共建共享网上技术市场

综合集成、上下联动、共建共享,是建设浙江网上技术市场的指导方针,

也是区别于国内其他网上技术市场主要特征之一。浙江网上技术市场的建设是在省政府的大力倡导和支持下，充分调动全省各市、县（市、区）政府的积极性，鼓励省内企业、省内外高校院所等各类创新主体共同参与建设，在不到一年的时间就建成了国内首个覆盖全省，包括 11 个市级市场、90 个县级（含开发区）分市场的运营服务体系，其总体规模至今仍保持全国前列。

（四）网上网下结合，促进技术与其他生产要素有效融合

对于技术、科技成果这类特殊商品而言，一是其交易、转移、转化过程更加复杂，不可能完全通过网上进行；二是技术在实际应用中往往要与人才、资本等其他创新要素进行组合，一般不会单独运用。因此，在实际工作中，始终坚持网上信息沟通与科技项目的实地考察、洽谈相结合，始终坚持技术交易与产品交易相结合，始终坚持技术要素与人才、资本等其他创新要素相结合，始终坚持每年举办网上技术市场活动周，组织各种形式的技术交易会、科技展会、科技论坛、院士专家考察活动等，不断丰富网上技术市场的内容和形式，提升网上技术市场的实效，促进网上技术市场的建设和发展。

第二章　长三角技术交易机构

第一节　上海市技术交易机构

一、上海科学技术开发交流中心

（一）单位简介

上海科学技术开发交流中心是一个具有二十多年历史的市属科技服务机构。上世纪80年代，随着改革开放的不断深入，科教兴国、科技是第一生产力的时代呼声越来越深入人心。在创新与创业的大潮中，上海科学技术开发交流中心应运而生。1982年5月市长办公会议决定成立上海科学技术开发交流中心，经由市科委下发通知明确了中心的五大任务：组织本市和外省市的科研、设计单位、大专院校和生产部门之间的科技协作交流，对科技成果和生产部门提出的技术难题，通过各种形式，组织推广应用和协作攻关；开展技术咨询和技术服务；开展人才交流服务；开展农村科技开发交流活动；开展国际先进技术向国内转移。随着社会的进步和市场经济的逐步完善，上海科学技术开发交流中心的功能不断调整，各大业务功能不断完善，整体水平不断提高，服务能力不断完善。

目前，根据上海市科技两委新一轮战略调整部署，中心牵头上海市科技合作交流板块工作，板块由上海科学技术开发交流中心、上海市技术经纪人事务所、上海市科技人才开发交流中心、上海市科学技术委员会专家招待所（上海技贸宾馆）、上海对外科学技术交流中心、上海市科技成果档案资料馆、沪杏科技图书馆等七个事业法人单位组成，从行政管理、业务合作、党群工作等多个方面逐步融合发展，集聚效能逐渐体现。

（二）主要业务开展情况

多年来，上海科学技术开发交流中心紧贴市科技两委工作要点以及本单位的实际情况，立足政府给予的合作交流功能定位，组织社会科技服务资源推进政府功能与市场要素对接，促进科技事业的发展，努力从技术资源交流、科技人力资源交流、创新环境培育以及企业服务等多个角度，围绕创新热点，开展专业化创新服务，致力于上海创新型城市建设。

1. 搭建起完善的科技合作交流网络

国内外科技合作交流是上海市科技两委下达给中心的主要业务功能之一，主要组织各级政府间及各类科研院所科技合作交流，促进国内外高新技术的转移转化。目前已与全国各地 53 个市县以及亚太、南美、欧洲等多个国家和地区建立了科技合作交流关系，努力促进上海科技合作交流面向全国、走向世界，逐步做大做强科技合作交流网络。

多年来，中心积极承担上海市科委市区联动工作。首先，与上海 18 个区县建立起广泛而深入的合作关系，对市区联动、推动创新性城市建设作出了积极贡献。其次，积极推动长三角地区三省一市政府间以及民间科技合作交流。一方面吸引长三角地区有效创新力量服务上海创新城市发展，另一方面推动上海地区的有效产能和科技服务能力与周边区域良性互动，发挥上海在长三角区域经济发展的龙头作用。另外，通过中心科技服务机构的窗口，与科技部及其下属机构建立起良好的互动合作关系，在国家科技部的支持下，先后策划组织承办了 8 届全国科技服务机构峰会。做好对口支援工作，与上海科技对口支援的 8+1 地区建立起良好的联系合作关系，从管理理念输出、项目开发、项目管理、科技金融、营销策划等各个方面做好对口支援地区服务工作。共同开发出“雪域原鸡”等特色农业项目实现造血式对口支援的长效转变，实现两地共赢。联合华东师范大学生命科学院与吉林延边长白山地区共同开发“蓝莓酒”项目，产学研销多位一体，取得良好的社会和经济效益。

做好国内科技合作交流工作的同时，积极开拓国际技术创新协同服务；充分利用国内、国外两种资源，建立起面向全球的科技合作服务工作网络。目前，与 20 多个国家和地区政府部门、科技机构、企业、协会等建立友好关系，特别与南美智利、巴西等有关国家建立了良好的合作关系。同时，在重大产业项目及特色服务领域取得良好工作成效。主办九届国际太阳光伏大会，目前，光伏大会成为全球最大的太阳能绿色能源产业高峰论坛和会展活动。

2. 推动科技创新服务体系建设

作为政府在科技创新服务方面的延伸职能，多角度、多领域推动科技创新服务体系建设是中心业务的轴心。一是致力于技术经纪人的社会推动工作，中心作为科技部认证的技术转移示范机构，积极承担起上海市科委技术经纪人推动工作。联合长三角地区兄弟省市沟通编写技术经纪人培训教材，制定科学合理的培训方案，目前已经培养技术经纪人近 4 000 人。二是构建起贯穿市区两级的科技创新服务机制，积极承接市科委市区创新互动工作任务，一方面将政府通过中心的纽带把市级政府资源有效下放，从上海市聚焦的重点产业创新领域出发，培育创新热点，积极发挥市区县各级创新服务中心的作用，建立市区联动创新纽带。另一方面，积极发掘社会化创新服务机构的服务能力，做好科技社团的管理服务工作。从以技术创新带动产业发展的角度，发挥各类科技社团对经济发展的有效促进作用。三是服务于高新园区的服务体系，承接上海张江高新区管委会一区二十二园互动平台推动工作。主要工作有：建立一区二十二园联席会议制度和联络员制度，推动面向园区的“创新学习平台计划”，完成“新三板”培训工作，对园区企业进行了系统培训。另外，承接张江园区门户网站的建设和维护工作以及综合服务保障工作。四是推动成立面向企业的创新服务联盟，从承接政府服务资源转化服务为出发点，建立面向园区企业的管理服务联盟平台，聚焦高企认定、技术先进性企业认定、创新加速计划、培育成长型科技企业政府资质认证，最大限度发挥政府资源在促进企业创新中的有效作用。另外，依托联盟开展面向成长型科技企业的体检服务。通过综合评估企业的各项指标给予切实可行的企业中长期成长及投资计划，确保企业健康发展。积极推动策划基于服务园区企业的项目管理计划，以科技合作项目为纽带，培育形成企业间的合作研发、客户管理、政府资源利用等共享机制。推动政府政策、资源的立体化运用，节约成本，发挥政府资源的最大效能。除此之外，还积极策划平台二期服务计划方案，建立推动企业成长的“常春藤”计划，涵盖战略品牌管理、营销策划、客户关系管理、科技金融服务，融合全方位政府资源给予，社会资源最优化解决方案筛选两个层面，全面推动企业成长。五是做好政府委托的科技项目管理服务，依托国内科技合作大平台，做好政府委托的科技项目管理工作。主要涉及西部合作项目、长三角联合攻关项目、东东合作项目等。

3. 提供全方位科技人力资源管理服务

科技创新服务离不开人才建设，中心多年来一直秉承多维度、全方位开展科技创新服务的理念，从科技项目到人才服务，全面推进，系统提高。中心下属上海市科技人才开发交流中心是从事科技人力资源开发与管理服务的专业机构，主要从事政府人才工作窗口工作和面向市场的人力资源服务业务。一是承接上海市引进海外高层次人才工作小组、上海市委组织部、市科技党委、市科委联合挂牌，依托科技人才中心具体实施服务的“千人计划”科技事业发展服务专窗工作，针对“千人计划”人才（中央千人、上海千人、青年千人、外专千人等）及其核心团队科技事业发展中的实际需求，提供本市科技政策咨询、计划项目申报等方面服务的平台，该工作是上海市贯彻落实中央人才战略的具体举措，也是科技两委人才工作的重要组成。二是负责科技人才项目运行管理，负责国家层面的“千人计划”、“青年千人计划”、“青年拔尖人才计划”，上海层面的“千人计划”、“领军人才”、“政府特殊津贴”等项目的申报及初步评审工作，并推荐上报市委组织部；另外，还承担工程系列科技管理中级专业技术职务任职资格评审工作、科技系统人才统计工作、市科委直属事业单位人员招聘的第三方职责履行工作、上海高级科技人才联谊会以及科技系统人才工作联络员队伍建设与管理工作。

另外，在承接政府延伸职能做好政府给予的基本任务之外，积极开拓面向市场的人力资源服务，目前人才中心可提供集户口挂靠、人才招聘、猎聘、档案保管等多位一体的人力资源服务。

4. 推动军民两用技术创新融合发展

2011 年以来，上海市科学技术委员会新赋予上海科学技术开发交流中心军民融合合作交流职能，经过四年多的探索，逐步探索出军民知识产权合作、军民两用项目转移两种业务模式。一是积极推动总装国防专利局同上海市知识产权局的合作，使军地双方在知识产权互转互用方面逐步建立起一套行之有效的合作机制。有效合作，有效融通，服务上海创新发展。二是促进军民两用的技术对接，以实用项目转化转移为手段，促进两用技术协同发展。连续举办三届大会，搭建军地对话机制，项目实时跟踪，取得了良好效果。

（三）服务愿景

在新的历史发展时期，根据市委重新调整战略布局的精神，中心继续立足自身原有“五大功能”，以“科技创新服务”为己任，将功能细分，赋予新的内涵，适应市场需求，深入开拓，从专业化服务的角度做好社会科技创新发展事业，为上海科技创新服务作出积极贡献，为经济结构和增长方式的转变作出努力，成为全国知名的科技创新服务领域的服务机构。

二、上海技术交易所

(一) 单位简介

上海技术交易所成立于1993年12月,是由国家科技部和上海市人民政府共同组建的我国首家国家级常设技术市场。2007年始,上海技术交易所致力于为中小企业技术创新和发展提供公共服务,为企业等机构技术创新需求寻找合作伙伴,提供个性化解决方案,实施技术转移,即借鉴欧盟创新驿站(IRC)做法,在全国率先探索实践以需求导向为主的创新驿站技术转移模式。至2013年底,共建创新驿站29个,其中市内创新驿站11个,兄弟省市创新驿站18个。

(二) 服务内容

1. 四种服务方式

上海创新驿站模式依托互联网平台,形成上海技术交易所与区县、科技园区以及相关科研机构相连接的技术创新工作网络,汇集企业技术创新需求,以能力点为支撑,通过个性化服务,放大为企业创新提供公共服务能级,形成了四种服务方式:门诊特诊接续式服务,配电盘集散式服务,集群公关组合式服务,全程指导顾问式服务。

2. 积极拓展国际技术转移

上海技术交易所积极开展国际技术转移,并取得卓越成效。2012年5月,上海技术交易所牵头申办的“欧洲企业服务网络华东中心(EEN-EC)”正式被欧盟批准设立。2012年5月加入美国技术经理人协会(AUTM),成为会员,同年7月同世界知识产权组织WIPO建立合作关系,共同建设WIPO GREEN数据库。目前,已与全球51个技术转移机构建立了合作伙伴关系,与39个机构保持密切联系。

(三) 所获荣誉

上海技术交易所连续六年荣获中国技术市场协会金桥奖,荣获科技部颁发的“十一五”国家科技计划执行优秀团队奖、国家技术转移示范机构称号。

(四) 服务亮点

自2007年3月上海技术交易所与青浦区科委共同组办创新驿站起,创新驿站这个最早起源于欧盟创新驿站(简称IRC),鼓励中小企业进行跨国技术创新合作的中介网络,已经在中国走了八年。多年来,上海技术交易所在市科委领导下,在全国率先探索开展上海创新驿站建设,如今创新驿站花开数朵，全国十一个省市开展中国创新驿站建设试点，上海创新驿站发挥了先行先试和示范引导作用。

上海创新驿站建设的探索，推广了一种理念，这就是“以需求为导向”，创新要以需求为导向，服务企业也应以需求为导向，以企业为主体、以市场为标准的需求导向式技术转移和科技服务，正在更广泛、深入地改变、充实着人们先有科技成果然后设法转化的传统思路。上海创新驿站建设的探索，有效地促进了产学研结合。驿站促成的一批技术开发项目，每个都是企业根据市场需求提出来的，每个都是市、区两级驿站帮助寻找到合适的研发机构，每个都是驿站人员耐心沟通协调产学研各方，最终完成了技术开发，每个成功案例都是产学研介紧密合作的结晶。上海创新驿站建设的探索，引导了社会创新资源向企业集聚。为了帮助企业难题攻关，驿站组织协调全市各有关大学、科研院所前往研发；为支持企业实施知识产权战略，驿站请来了知识产权服务机构；为协助企业进行重组并购，驿站主动联系专业机构开展无形资产评估；为解企业创新资金缺乏之急，驿站又组织银行等投融资机构前往沟通洽谈。这样众企业、广领域、多层次、不间断的服务，缺了创新驿站的组织协调恐难奏效。

至 2012 年底，上海市、区域两级驿站共走访企业 4 992 家，挖掘企业技术需求 6 971 项，促成对接 3 148 项。驿站先后为本市 3 家上市企业提供过技术创新服务，全市首批 200 家技术创新型企业中，上海创新驿站服务过的占 15.5%，上海技术交易所已与 61 所大学、科研院所，35 个评估、投资等专业机构合作，共同为 800 多个涵盖机电一体化、生物医药、新能源、新材料、化学化工、农业、节能环保、电子信息等领域企业提供了技术创新服务。

在一个个项目对接中，上海技术交易所既扎实苦干，又注重思考总结，整理归纳出包括基本理念、基本模式、体系框架、运行机制，以及门诊特诊接续式服务、集群攻关组合式服务、全程指导顾问式服务、配电盘集散式服务方式，形成了一套较完整的工作体系，2008 年上海技术交易所被科技部确定为首批国家技术转移示范机构；2010 年和 2011 年经科技部火炬中心考核，连续两次被评为国家技术转移示范机构优秀机构；2011 年被授予“十一五”国家科技计划执行优秀团队奖。

上海技术交易所除了注重抓好团队专业化建设外，技术经纪人发挥了重要作用。有人说技术经纪人的工作与房产经纪很像，只是专业不同而已，而技术经纪人则说：“两种经纪完全不同，技术经纪看不见摸不着，是高层次的智力密集型服务”。即便困难重重，技术经纪人还是在这片沃土中茁壮成长。《中国技术交易信息服务平台(中国创新驿站)签约技术经纪人管理办法》提出“要把签约技术经纪人作为一支重要力量”。青浦区科委就是这样抓的，2011年根据《青浦区促进技术经纪和技术交易资助办法(试行)》，对全区技术交易项目250项进行了认定，资助110.380 6万元，有效促进了技术经纪公司和技术经纪人开展科技交流和技术经纪活动。青浦驿站成立时只有26名技术经纪人，而至今已有81名技术经纪人，分布在各镇、街道、工业园区、专业科技服务机构等12个分站点中，这支队伍已能够较熟练地掌握各种科技政策资源和专业的技术服务力量为区内的企业进行技术难题攻关、科技兴贸、科技金融和技术转移等服务。

三、上海科技成果转化促进会

(一) 单位简介

上海科技成果转化促进会(简称科促会)成立于2003年9月，是由上海市政协发起，联合上海市教育、科技、企业、金融、技术中介及社会团体，从事服务中小企业、产学研合作互动发展、促进科技成果转化、产业化工作的非营利性、公益性的社会组织，具有社会组织特征、科技特点、政协特色。2009年，被国家科技部确认为国家技术转移示范机构。

(二) 工作特色

1. 以实施“两个计划”为主体

(1)《联盟计划》活动

《联盟计划——难题招标专项活动》通过向中小微企业征集其发展过程中的技术难题，并公开招标，组织高校和科研院所等单位用已有的技术成果为基础接标，通过产学研合作，较快地帮助企业解决难题，提升中小微企业核心竞争力，活动每年组织一次，现已举办11年。

2014年征集到企业《联盟计划》难题招标项目211项。通过组织应标、对接、评审，确定91个项目为资助项目，较上年增加11个，项目覆盖本市18个区县及江苏南通的中小微企业和16所高校、研究所。主办方投入资助资金831万元(其中，区县科委配套资金占50%以上)，带动企业投入研发资金4 436万元。

(2)《助推计划》活动

《助推计划——高校成果转化专项活动》旨在服务国家创新战略，充分发挥高校科研成果资源优势，促进产学研互动发展，加快高校科技成果转化、产业化，更好地为企业自主科技创新、转型发展服务。2014年高校新推出项目68项，加上前两年未被企业入选转化的92项，共计160项，通过多渠道发布信息、组织对接宣讲后，最终有16个项目进入《助推计划》，累计资助金额174.5万元(其中包括2013年度项目4个)，累计技术转让合同金额795万元。

2. 以组织专题活动为依托

(1) “大手牵小手”活动

主要是组织中小微企业的节能环保项目，为大企业(集团)公司配套服务，使中小微企业开拓新市场、新服务领域，找到向大企业学习先进管理经验的途径，也使大企业借助中小微企业的研发成果“拾遗补缺”，降低成本。

(2) “专家会诊”

“专家会诊”采取“请进来”和“走出去”的方式，针对企业提出的技术、法律、企业管理、市场营销、战略发展等问题，由专家们带着初步解决方案，与企业进行面对面的交流，为企业答疑解惑或提出咨询意见。

(3) “投融资合作联盟”活动

为改善中小微企业的投资环境，帮助他们解决融资难问题，实现科技与资本结合，2009年科促会与市高新成果转化中心、市国际股权投资基金协会，共同联合国内外68家投融资机构，成立“上海促进科技成果转化投资合作联盟”，定期举办科技成果项目商业计划书的路演推介活动。

(4) 举办“技术转移创新论坛”

2009年起，每年举行一次，每年选择一个主题，举办“技术转移创新论坛”。

(5) 评选“上海产学研合作优秀项目奖”

根据上海市科委颁发《关于准予“上海产学研合作优秀项目”社会力量设立科学技术奖登记的通知》(沪科[2012]141号文)，由科促会、上海市促进科技成果转化基金会、上海市教育基金会承办，以表彰、激励在产学研合作、技术转移、成果转化中作出优秀成绩和突出贡献的企业、高校、研究所及有关机构和社会组织。

(6) 共建“技术转移实践区”

2009年9月，科促会被国家科技部确认为“国家技术转移示范机构”。围绕“示范机构”的要求，2012年科促会与有关市区(单位)开展共建“实践区”。

已与上海市闵行区、长宁区政府、奉贤区光明第三工业园区、江苏省南通市崇川区签订共建协议，在更大的空间里推进产学研合作互动发展。

3. 以信息服务为基础

(1) 构建科促会专业网站(TT91)

TT91 网站是科促会对外展示以及与社会各界互动的一个重要窗口。2014 年 6 月，TT91 网在上海 6 万多家网站的评比中脱颖而出，获得“上海市优秀网站”称号。

(2) 建立科技成果展示厅

2003 年 12 月—2008 年，共展出科技成果 1 300 余项，展示内容更新了 10 次，参观者 3 万余人，其中，各省市 4 000 余人(各省、市、区、县政协代表团 121 批次)，20 多个国外代表团 400 余人。展示厅成为政协对外宣传的重要窗口，以及联系各界的平台和桥梁。

(3) 加强宣传

2014 年推出《科技前沿信息》的编撰，突出了科技的前沿性和科学的普及性，为中小型企业提供各类信息服务。

4. 以合作服务为纽带

十余年来，科促会以合作服务的形式，共同促进科技成果转化、产业化。

(1) 与政协专委会联手

如与上海市政协 4 个专委会联合举办以“建设资源节约型社会”为主题的“巡展、报告会、研讨会”等 7 次系列活动；与市政协教科文卫体委员会联合开展“对城市高层玻璃幕墙建筑安全”的调研。

(2) 与有关高校合作

联合组织了“产学研合作联盟在科技创新中的多种合作模式”、“高校科技成果转化、产业化评价指标体系研究”等课题调研，对于促进科技成果转化、产业化，有一定的指导意义。

(3) 与市有关委办合作

如与市经信委合作，开展《上海制造业创意产业发展规划研究》的课题调研，提出今后上海制造业创意产业发展的思路、目标、重点及政策保障。

(4) 与有关协会、媒体合作

如与市科协、文新报业集团等单位合作，多次联合举办“建设资源节约型社会主题沙龙”，收到了良好的效果。

5. 以发挥专家团队的作用为智力支撑

科促会专家委员会是为充分发挥各级各界政协人才优势，推动产学研合作互动发展，促进科技成果转化、产业化，为中小微企业服务，于2004年成立。主要工作：参与“联盟计划”评审和验收、项目咨询、课题调研、产学研合作优秀项目评审等。

2014年科促会对专家成员和结构进行了调整，调整后专家总数296位，院士增至21位。各级各届政协委员专家占总数比例由原来的52%上升到61%，进一步体现了政协特色。按专业划分建立12个专业组，包括新成立的“新能源与高效节能组”“法律法规组”“现代服务业组”等。从专业对口角度，能更好地服务于中小企业。

四、中国科学院上海国家技术转移中心

（一）单位简介

中国科学院上海国家技术转移中心（以下简称“中心”）系经中国科学院、教育部和商务部（原国家经贸委）批准设立的一家专门从事技术转移、成果转化的非独立法人服务机构（国经贸技术[2003]号文），于2003年4月开始正式挂牌运行。转移中心作为中国科学院上海高等研究院（以下简称“高研院”）的有机组成部分，充分利用高研院和中国科学院其他研究机构的科研、技术和人才等资源，推动高研院的科技、人才、信息等资源与重点行业、重点企业相结合。转移中心着眼于高研院的发展战略，以国家和社会需求为导向，立足长三角地区，面向全社会，挖掘和整合科技资源，促进高新技术与资本的有机结合。同时，转移中心将以高研院的技术集成能力为支撑，借助孵化器、产业化基地、产业投资基金等平台，引导各种社会资源与科技结合，组织、推进科技成果转化和技术转移工作，实现科技成果与市场经济的对接，形成科技成果持续再生、开放流动和有效转化的技术转移新机制。

（二）聚焦领域

高研院定位于开展原始创新研究，为战略新兴产业提供集成技术解决方案，聚焦先进材料、信息科学与技术、空间科技、能源与环境、生命科学与技术五大领域，具体方向如下：

1. 智慧低碳城市系统集成与示范应用

围绕智慧低碳城市建设在标准化、基础数据、核心算法、关键芯片、核心产品、系统集成、三网融合、高分GIS等方面进行关键技术布局，重点在城市

安全、便捷交通、健康医疗、低碳能源四大领域进行关键技术攻关、产品研制、系统集成、应用示范、产业化推广。

2. 绿色产业和环境工程

围绕温室气体和“三废”及 PM 2.5 减排和控制技术，开展应用基础研究、技术创新、系统集成与产业化工作，着眼于 CO_2 捕集与封存、大气污染物的追因与控制、氟氯化学品的替代与绿色合成、固体废弃物无害化、减量化与资源化处理的研究，旨在破解城镇化过程中牺牲环境求得发展的难题。

在上海市政府支持下城市固体废弃物处理与综合利用示范工程(日处理量 100 吨)成功启动。该项目利用低温热解极大减少二噁英生成，实现垃圾高效处理及其处理产物的资源化利用。

3. 可持续能源解决方案

着力于可持续能源解决方案研究，旨在为我国能源体系的长治久安提供重要的技术支撑。主要开展煤和生物质等含碳资源低碳转化利用核心技术与技术集成的研发，为发展非石油依赖型的能源化工产业提供技术支撑和可持续能源解决方案。

4. 高端医疗影像设备

高端医疗影像设备的研究围绕磁共振、X-射线、计算机断层扫描仪、分子影像、医学影像信息、放射治疗六大高端医疗设备技术领域形成核心知识产权，从而降低设备采购成本，进而减轻广大人民群众就医难、看病难和医疗成本高的难题。

5. 干细胞和纳米医学等转化医学

着力于干细胞和纳米医学等转化医学研究，旨在为提升人民健康水平作出贡献。以干细胞、再生医学、纳米医学为主线，以发展针对恶性肿瘤、心血管疾病、慢性代谢疾病、重大传染性疾病等疾病的新型早期高灵敏诊断、预警以及有效治疗的方法。

6. 先进微小卫星

先进微小卫星的研究针对我国低轨通信、空间观测监视、二代导航、空间科学试验等空间应用和空间安全的战略需求，发展高功能密度比、低成本、多用途的先进微小卫星的关键技术。重点开展微小卫星的总体设计，遵循微小卫星天地一体化的设计思路，从而实现微小卫星低成本、易组网、短周期、快速发射的特点。

(三) 合作模式

中心通过与企业、研究机构、高校、政府、金融、中介服务机构等建立长期稳定的多元化创新集群战略和组织联盟，为技术成果的转化提供便利，现已建立有效的合作方式。

1. 构建“产业化公司＋研发平台”

依托中科院上海高等研究院等院所已有研发中心或实验室，由企业方提出需求，以产业化项目为目的组建联合实验室及产业化公司，用联合实验室研发成果为产业化公司输入技术力量，产业化公司产生的利润反哺研究中心的各个环节。

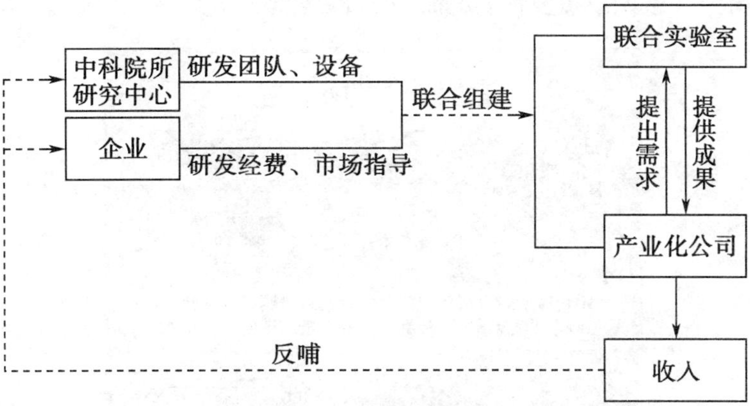

图 2－1　产业化公司与研发团队运行模式

2. 科技成果孵化

针对市场上优质的项目团队提供孵化服务，通过提供办公研发场所、引导社会资本进入、为项目团队的中试、放大等后续步骤争取所需资源，并为团队的发展提供如政府政策、行业发展、创业指导等咨询服务。

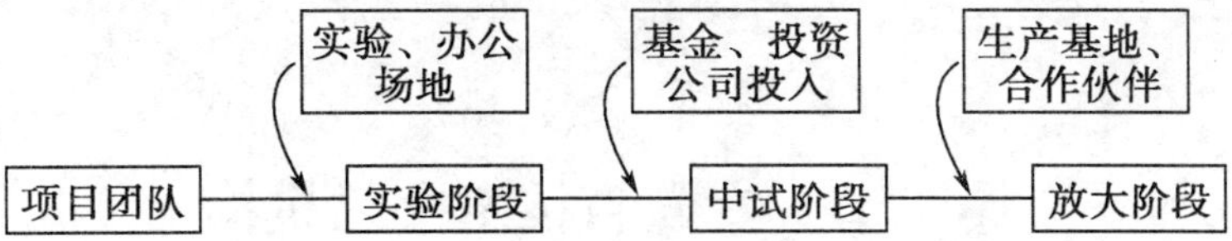

图 2－2　科技成果孵化运行模式

3. 企业专利技术联盟

中心按照张江管委会和上海知识产权局联合发文《关于开展上海张江国家自主创新示范区企业专利联盟建设试点的通知》（沪张江高新管委合［2014］5 号文）要求开展企业专利联盟建设。中心与中科院上海产业技术创新与育成中心联合上海市激光技术研究所、张江高新区管委会等10余家单位,联合成立"企业专利技术联盟",并结合"全国知识产权服务品牌机构"资质,在知识产权、成果孵化、产学研用、技术经纪、专利代理和科技金融等方面提供咨询服务。

联盟引入"共享专利"理念,一是与企业建成战略合作关系,通过专利交叉许可、战略布局和专利交易等方式使企业成员共同受益;二是将尚未完成应用转化的专利成果引入专利池,促进专利成果的结合应用和共同转化。通过建设努力探索做成可复制、可推广的特色模式。

图2-3 企业专利联盟运行模式

第二节 安徽省技术交易机构

一、安徽省科技研究开发中心

安徽省科技研究开发中心(以下简称"中心")成立于1983年,是安徽省科技厅直属单位。中心是中国创新驿站安徽区域站点、国家级和省级技术转移示范机构、安徽省科技路路通总中心，是集技术交易、技术经纪、科技成果推广、技术咨询、科技评估、创业孵化、科技会展、信息集散等多种功能为一体的科技中介服务机构。2005 年中心被科技部评为全国技术市场先进集体，获第三届、第五届、第七届中国技术市场协会金桥奖先进集体奖，是安徽省技术转移的重要基地。

中心现有专职从业人员 27 名，其中高级职称 7 人、中级职称 5 人。同时，有 20 人具备技术经纪人资格、4 人具备注册咨询工程师（投资）资格。这支复合型人才队伍专业化服务能力强，具有多年服务于科技型企业、服务于高新技术项目的工作经历与实践经验。中心拥有现代化的科研办公条件，建设了符合国家 A 类标准、"无人值守"的机房，并配备了现代化的会议室、同声翻译系统、多功能厅和洽谈室，基础设施较为完善，服务功能较为齐全。

中心于 1999 组建了安徽省常设技术市场，该技术市场已建设成为安徽省最大的常设技术市场，被列入安徽省人民政府的"一十百工程"。同年中心在全国率先开设了"企业技术需求及难题招标热线"，该热线多年来始终坚持"为合作牵线搭桥，替企业排忧解难"，对接了 1 000 余项高新技术项目。

2003 年，在省科技厅领导下，中心与全省 17 个市科技局共建了安徽省网上技术市场及重大科技成果供需库、资源库和专家库。

从 2006 年始，中心作为"长三角科技中介联盟"安徽省盟主单位，与"长三角"技术转移机构建立较为紧密合作关系。

2008 年中心被科技部认定为国家级技术转移示范机构，被省科技厅认定为省级技术转移示范机构；2009 年，安徽省政府办公厅发布的《关于合芜蚌自主创新综合配套改革试验创新平台实施意见》明确要求："建立'科技路路通'省中心及合肥、芜湖、蚌埠市分中心和一批服务站，促进创新要素和服务网络融合互通，形成上连创新源头，下接转化及产业化的服务支撑体系"。我省开始科技路路通工程建设，中心为科技路路通省中心；2010 年，被科技部火炬中心认定为中国创新驿站安徽区域站点。

目前，"中国创新驿站"安徽站点和"科技路路通"体系现已形成由 1 个总中心（区域站点），9 个市级分中心（2 个为基层站点）、2 个专业分中心和 140 个创新服务站（服务联盟）组成的工作服务体系，覆盖了我省 16 个市和 2 个直管县。同时建设"科技路路通"省中心、中国创新驿站安徽区域站点和服务总网、内部工作系统及相应数据库；建立"科技路路通"和中国创新驿站安徽站点的工作服务体系与"一站式"服务窗口，充实各站点服务功能；通过共同开展技术经纪、供需对接、技术咨询等，形成覆盖全省十六个市的技术转移和"科技路路通"服务网络体系，形成"上下一条线、全省一盘棋"运营模式，实现网上信息互动和网下专业化服务相结合，有效促进了我省技术转移、科技成果转化及产业化。

（一）建设科技路路通服务总网，实现优势科技资源共享

为贯彻实施《关于合芜蚌自主创新综合配套改革试验区创平台建设的实施意见》，中心建设了中国创新驿站安徽省区域站点、科技路路通服务总网和大型仪器设备、科技文献与标准、科技成果、企业技术需求及难题、科技人才、科技政策法规、专利技术、研究试验基地、生物物种资源以及科技投融资等10个资源共享基础数据库。

通过安徽省每年开展的地方科技基础条件资源调查，整合了全省高等院校、科研院所和省级以上（含省级）研究实验基地的各类科技资源；通过组织全省各科技路路通服务机构和技术转移示范机构走访高校院所，组织本省参加深圳高交会、北京科博会等，搜集整理了本省各类科技成果；通过组织各机构走访企业，搜集整理了企业各类技术需求及难题等，不断更新10个数据库信息资源。

截至2014年底，科技路路通服务总网收录机构信息700余家，发布技术成果6 000余条，技术需求3 000余条，各类新闻及工作动态信息10 000余条，相关数据库入库信息已达50 000条以上。通过利用"科技路路通"科技成果库、专家信息库、仪器设备信息库及研究实验基地信息库等，实现企业创新需求与科技成果、高校院所、省级以上研究实验基地研发能力等进行对接，引导企业与相关专家洽谈与交易，促进产学研合作。

中心依托科技路路通内部工作系统，积极开展与分中心和直属创新服务站网络服务平台对接工作，以实现科技路路通网站群的有机融合和信息数据的共享与利用。同时，参照"中国创新驿站"标准化文件体系，统一全省企业创新需求、成果与专利等信息数据标准，建立起全省统一的网络协同服务平台。省中心、分中心和创新服务站协同开展科技成果与企业创新需求展示、洽谈、对接与交易等活动。

（二）强化技术转移"一站式"服务窗口作用

在省科技厅的大力支持下，中心在合肥科技创新公共服务中心三楼建成"一站式"服务窗口，开展技术转移、成果转化及创新创业相关服务。厅内设置2个信息发布屏，与省内高校院所及"长三角"技术转移机构设立对接服务

台，及时发布本省最新科技成果、技术需求信息和高校院所的研发能力等信息，并开展技术合同登记、科技成果鉴定、科技成果登记、科技文献检索、大型仪器协作、高新技术企业认定、高新技术产品认定、重点新产品认定、科技政策等受理与咨询服务。

与合肥市共建的科技创新创业公共服务中心，聚集了一批科技中介机构，组织开展企业创新需求的征集、挖掘和整理工作，为企业提供专业化科技中介服务，形成与“一站式”服务窗口相对应的“前店后坊”格局。

2012—2014 年间，完成合同登记 10 000 余项，合同金额近 100 亿元。为企业在重点新产品申报、高新技术企业认定、高新技术产品认定、计划项目验收等各方面提供科技服务 3 000 余次。

（三）深化产学研对接，促进科技成果转化

中心积极组织相关科技人员、技术经纪人与专家教授共同走访科技型企业，挖掘、整理和发布企业的技术、人才、研发、检测、资金等创新需求，走访高等院所和科研院所，征集高校院所的研发能力、科技人才、研发检测条件和科技成果等信息，并通过科技路路通相关网站及途径进行发布、宣传、推介和组织对接工作。

近三年来，中心根据“科技路路通”工作体系服务规范，组织相关机构走访全省及部分省外高校院所和企业，征集并发布科技成果 1 000 多项，挖掘创新需求近 500 项，与各分中心及创新服务站协同开展日常性科技成果与创新需求对接活动，为企业提供科技咨询、管理咨询和政策咨询培训，解决了一批企业技术难题。

中心还积极组织参加全国性或区域性科技成果交易和项目对接活动。同时，中心作为科技路路通服务机构和全省技术转移示范机构的交易和服务平台，组织技术转移示范机构、科技路路通各服务机构之间业务交流和对接活动，举办科技路路通机构座谈或研讨会，赴科技路路通分中心开展培训，充分发挥专业服务机构专业优势和地方服务机构的资源优势，使各服务机构之间业务取长补短，实现优势互补，促进全省各机构间协同服务的开展。2014 年 12 月中心联合安徽省 11 家国家级技术转移示范机构发起成立了安徽省技术转移战略联盟。

为加强军民技术的合作，2012 年中心与华东五省一市科技中介服务联盟合作，签署“华东军民两用技术转移平台协议”；并于 2013 年召开“安徽省民企进军技术政策解读会”，促进安徽省“军民融合，寓军于民”的科技创新之路。

（四）积极探索技术转移和产学研合作服务模式

中心通过“科技路路通”工作服务模式，与一批技术咨询专家和技术经纪人建立较为稳定的合作关系，形成了“小核心、大网络”的技术转移服务团队，为中心技术转移等业务的开展奠定了良好的基础。协助企业与省内外高校院所进行产学研对接和技术转移；帮助企业凝练项目；为企业提供科技投融资及管理咨询等服务；及时向企业传递计划项目申报等相关信息。

中心以实施“科技路路通”工程为基础，实践“中国创新驿站”试点工作，努力在中国创新驿站安徽站点工作服务体系建设，实践优势科技创新资源的整合、共建、共享和服务模式，探索新型技术转移和技术市场工作服务模式等方面进行创新，取得了良好的社会和经济效益。

二、合肥市科技创新公共服务中心

合肥市科技创新公共服务中心（以下简称“合肥中心”）成立于 2007 年 6 月，隶属于合肥市科技局。合肥中心以“创新、服务、合作、交流”为宗旨，进一步整合分散在各载体中的科技资源，促进各类科技资源的共享、开放以及创新要素的流动，解决创新资源不足的矛盾；发挥公共服务功能的示范、带动和辐射效应，推动科技成果转化和技术转移；提升研发和产业化的能级和水平，为科技创新创业提供保障，促进合芜蚌自主创新综合试验区发展。

八年来，合肥中心努力打造科技成果展示、科技成果交易、科技创新服务、科技中介服务、专业技术服务和科技创业辅导六项功能，建成科技资源聚集中心、科技成果展示中心、科技成果交易中心和科技创新服务中心，形成涵盖创新要素集聚、科技成果交易、科技产业孵化在内的技术市场体系，为企业与高校院所的对接提供服务平台。

（一）基础设施完善，科技支撑力量雄厚的基础平台

合肥中心地处合肥高新技术开发区，与周边的动漫产业基地、中国科学技术大学先进技术研究院、高新创业园、医药产业园、国家家电检测中心等交融互通，形成科技服务体系。现有场地 3 320 平方米，设有中心服务区、中介服务区、科技成果推介区、科技展示区及科技创业苗圃等功能区域，实现科技资源共享、科技成果转化、科技中介支撑及科技行政等服务功能。其中，中心服务区提供科技政策兑现、创新基金、高新技术企业、创新型企业、创新平台等申报咨询、科技成果转化、知识产权、大型仪器设备共享和信息化网络等服

务;目前已引入科技中介机构 20 余家,提供工商代办、专利代理、人事代理、项目咨询、管理咨询、创业咨询、法律咨询、小额贷款、风险投资和科技担保等科技支撑服务,每年定期开展培训活动 30 余场。

另外,科技创业苗圃旨在为准创业者提供零成本创业办公环境和创业过程中所需的系列化服务,帮助创业团队健康快速成长,完成创业项目从构思、设想或试验室阶段转化成产品、进入市场的公司化的进程。创业苗圃面积为 1 640 平方米,划分为创业空间、创业工作室、创业培训室、创业洽谈室和创业服务区五个区域,能同时培育 20 多个创业项目。

(二) 科技资源丰富,创新要素对接活跃的交流平台

合肥中心积极优化资源配置,提高信息共享程度。以成果转化和技术转移为核心,通过服务平台建设,面向社会提供综合性和个性化的专业服务。合肥中心以现代化信息手段建设了门户网站,搭建了知识产权保护与交易平台网、科技文献服务信息服务网、成果交易转化网、专业技术服务平台网、科技成果交易平台网、科学仪器设备共享平台网、科技合作平台网等 8 个子网站;同时还建设成果库、专利库、仪器库、文献库、企业库、项目库、投融资库、专家库等 8 个专业数据库,科创服务中心已完善科技成果转化交易网相关功能。通过资源整合,更新产业数据库科技成果、备案专利以及技术需求,并通过网络、杂志等形式向企业推介。合肥中心所发布与推介的成果大部分来自高校和科研院所,也有一少部分是个人的专利,技术需求一般是通过企业自行在网上填下后经过审查无误后发布,通过网络和现场相结合的这种形式的推介,更快地、更有效地缩短了成果转化和技术转移的周期,为高校和企业的成果对接搭起了便捷的桥梁。

通过开展展示、推介、对接、交易、洽谈、交流、培训等活动,实现找项目、解难题、求人才、找政策、学技能、找资金等"一站式"服务功能,努力将自身打造成一个网络化、立体化、一体化的综合性技术转移服务平台。合肥中心通过开展各类科技活动,促进技术转移和成果转化;积极构建科技中介支撑体系,发挥聚集效应,引导中介服务更有效的支撑企业创新;积极探索金融与科技的结合,开展投融资平台服务;承接政府招商引资引智工作,依靠政府资源,积极开展对外合作。

(三) 服务能力显著,发挥示范引领作用的发展平台

合肥中心不断完善体制机制建设,积极探索市场化运作模式,建立适应市场需求的服务机制。内部制定了严格的管理运行制度、岗位责任制度和目

标考核管理制度，不断改进内部管理；对外提高服务质量和服务水平，实现服务零投诉，赢得了良好的社会信誉。合肥中心团队有着长期服务中小企业和服务高新技术项目的工作经验，每项业务制定流程规划和效果跟踪反馈机制，做到“人员专业化，服务个性化”。合肥中心注重员工能力和素质培养，通过开展学习、培训、交流、考察等方式，提高服务人员整体素质和团队服务水平。同时，依托本地显著的科教资源，建立专家委员会，为技术转移和成果转化提供智力支撑。

经过近几年的建设和发展，合肥中心已逐渐成为省市重要的科技创新公共服务平台，取得了显著成效：被国家科技部认定为“科技成果评价试点机构”；被国家知识产权局认定为“国家专利技术（合肥）展示交易中心”；被国家工信部认定为“国家软件与信息服务外包公共支撑平台合肥中心”；被省科技厅认定为“省级技术转移示范机构”；被省科技厅认定为“科技路路通合肥分中心”；2011 年、2014 年荣获中国技术市场协会“金桥奖”。

合肥中心是具有部分政府职能的公共技术服务中心，技术服务能力强、技术转移模式突出、信誉良好、行为规范，带动了全省技术转移服务能力的提升，为促进技术转移，加速高新技术产业化进程发挥了重要作用。在下一步工作中将以注重市场需求为导向、以完善产学研相结合的新型技术转移体系为目标，发挥引领示范带动作用，打造更具特色的科技创新公共服务平台，为全省乃至全国的技术转移工作作出更大贡献。

三、芜湖市科技创新服务中心

芜湖市科技创新服务中心（以下简称“芜湖中心”）是隶属芜湖市科学技术局（知识产权局）管理的社会公益类科技事业单位，是中国创新驿站芜湖基层站点暨安徽省“科技路路通”芜湖分中心。内设办公室（科技综合服务部）、科技信息咨询培训部、科技交流合作部、科技信息研究部 4 个部室。在职工作人员 18 人，其中大专以上学历 17 人（硕士研究生 2 人），高级职称 5 人，中级职称 9 人；专业涉及应用数学、物理、计算机、高分子材料、精细化工、无线电、应用电子技术、环境工程、财务管理等各专业学科；另有 1 人获得专利代理资格证书；2 人获得技术合同登记员资格；6 人获得中国科技查新员资格证书；4 人获得中国科技查新审核员资格证书。

2009 年，芜湖中心被安徽省科技厅批准为“省级技术转移示范机构”、“科技路路通”芜湖分中心；2010 年，被国家科技部火炬中心确定为“中国创新驿站”安徽芜湖基层站点；2011年，被安徽省知识产权局批准为“省专利技术（芜湖）展示交易中心”；2012年，被国家科技部批准为“国家技术转移示范机构”。2015年，芜湖中心与上海技术交易所签订协议，共建“上海技术交易所—芜湖协同创新中心”，将为芜湖市的技术转移工作带来新的发展机遇。目前，拥有知网、读秀、超星发现等大型科技文献资源，是知网应用示范单位。芜湖中心已与国内100多所高校院所建立了良好的合作关系，并在全市建立技术转移机构14个，院士工作12家；设立科技创新基层服务站点39个，聘请技术经纪人41名，为技术转移工作打下了坚实的基础。

芜湖中心按照“部市联通、县区联动、考核奖励、整合推进”的工作思路，以“创新路路通”模式，在全市范围内遴选并发展了产业集群、高校院所、孵化器、中介机构类盟员39个。形成了上链创新源头，下链转化和产业化，对接创新主体和创新载体的技术转移服务工作体系。与此同时，出台了《中国创新驿站芜湖基层站点盟员单位目标责任考核办法（暂行）》（芜科创[2011]21号）和《中国创新驿站芜湖基层站点特聘技术经纪人目标责任考核办法（暂行）》（芜科创[2011]22号），分别对服务站和技术经纪人进行年度绩效考核，并给予一定的激励。两个办法的出台，进一步规范了盟员单位的服务行为，加强了对技术经纪活动的管理，也充分调动了盟员单位和技术经纪人的工作积极性。

近年来，芜湖中心在安徽省科技厅和芜湖市科技局的指导与支持下，全面落实科学发展观，奋力抢抓发展机遇，重点围绕芜湖三大支柱产业、四大战略性新兴产业，为相关企业提供技术经纪与技术供需对接、技术信息加工与整理、技术经营与技术产权交易等服务，在促进企业的技术和产品升级、提高企业自主创新能力方面取得了明显成效。近三年，累计走访企业500多家，举办各类产学研活动和培训共50多场次，拜访高校院所360多家次，发布科技成果5 000多项，征集技术需求1 500多项，促成技术转移、技术合作800多项，技术合同交易额87亿元。

芜湖中心在推进技术转移工作中，通过对技术转移及服务模式的不断探索，在服务架构、内容和方式上形成了自己的特色。

在服务架构上，芜湖中心是中国创新驿站基层站点单位，同时又作为“科技路路通”市级分中心，上链“科技路路通”安徽省中心，下链“科技路路通”各创新服务站点。近年来，芜湖中心在全市建立了39家创新服务站作为服务节点，采取扁平化管理与信息传送机制，为企业提供创新要素供给，为研发载体提供企业技术需求等信息。创新服务站的建立可以更加有效地收集、加工一批科技成果;可以深入更多的企业,挖掘更多可信度高的技术需求,并与相关机构建立良好的产学研合作关系,提供专业化服务。与此同时,芜湖中心于 2009 年底完成了技术转移服务网络系统的建设工作,即“芜湖科技创新服务网”(www. whsnet. com)和科技成果信息、技术需求信息、专利和技术标准信息、科技文献信息、大型仪器和设备信息、科技人才和专家信息、科技政策法规信息、中介机构资源信息、投融资机构信息等十多个共享信息数据库,并单独建立芜湖市汽车产业技术转移服务信息报送平台,作为一版块嵌入在芜湖科技创新服务网中。同时整合“中国知网”、“超星读秀”等国内优秀的数据资源以及地方特色的科技信息资源,并结合芜湖市支柱产业及新兴产业的发展,企业研发能力建设等情况,遴选出 114 家汽车及关键零部件重点企业及科研单位为其建立机构(数字)图书馆,提供免费的科技文献服务。

在服务内容上,以建设芜湖科技创新公共服务平台为重要手段,把建立和完善芜湖科技创新公共服务平台纳入机构建设基本内容。平台集合展示、交易、信息、服务四大功能,包括科技成果展示转化交易、知识产权保护及专利著作权申报、科技文献检索,大型仪器设备共享、科技项目投融资、专业技术、创新基金及各类科技计划项目申报七个服务子平台。提供项目申报咨询、科技文献检索、技术合同登记、技术经纪、技术信息加工与整理、相关技术成果交易、试验检测、专利预警、技术投融资等服务。

在服务方式上,则采取“现场服务+上门服务+网络服务+声讯服务”等多种方式相结合的“贴身保姆式”服务。芜湖中心实行会员制分类管理,建立汽车产业电子档案馆,收录相关企业发展详细信息。一般在获得企业的服务意向后,芜湖中心会选派专人前往企业驻点进行现场考察,在深入了解技术难点及关键点后组织业务骨干及相关领域的专家进行分析论证,获取最佳解决方案。利用现有资源不能解决的,即刻在网上发布技术难题招标信息,或将企业技术难题发往相关院校寻求解决。对一些关键技术、具有自主知识产权、创新能力强、发展前景好的重大技术转移项目,芜湖中心会组织一对一、全方位的跟踪推进服务。正是这样一个“调研企业、了解需求”→“整合资源、专家论证”→“实地考察、落实方案”→“供需对接、优化方案”→“跟踪推进、增值服务”五对接的“贴身保姆式”服务模式,使芜湖中心的技术转移工作绩效显著。

目前,芜湖中心正按照“整合资源、创新方法、提升服务、促进发展”的原则，全力建设以提升区域自主创新能力为目标的科技创新资源共享服务平台，并将以丰富的资源、科学的精神、公正的态度面向社会各界开展多功能、社会化、综合性的技术转移、科技查新、文献检索、资料编译、项目申报、农技咨询等工作，竭诚为全市各类创新主体提供高效、及时、准确、优质的服务。

四、中国科学技术大学技术转移中心

中国科学技术大学技术转移中心（以下简称“科大中心”）于2008年被科技部批准为首批国家技术转移示范机构，依托中国科学技术大学的科技人才和科技成果等优质科教资源，与各地政府和社会企业开展产学研合作，服务国家及地方经济。通过联合研发、委托研究、技术转让、技术咨询服务、创办校企联合研发机构、成果作价入股创办企业、创办孵化园区等形式开展技术转移转化工作。在国家科技部和安徽省科技厅组织的绩效考核中连续多年获得优秀，各项工作获得了相关部门的支持和认可。

科大中心前身为中国科大产学研合作办公室，依托中科大资产经营有限责任公司和中国科学技术大学科技处共建。2008年以中科大资产经营有限责任公司为载体申报并获批成为首批国家技术转移示范机构。2012年安徽省人民政府、中国科学院、合肥市人民政府和中国科学技术大学四方共建了中国科学技术大学先进技术研究院，作为中科大主体教学和科研体系的外延，是开展高技术研发与应用和高端应用人才培养为主的实体机构，是面向国家战略和区域需要的协同创新平台，成为中国科学技术大学技术转移中心新的载体平台和转移服务前沿阵地。

科大中心充分运用了“学校＋先研院＋校资产公司”形成的技术转移协同体系，打通科技成果转化上、中、下游技术创新链，聚焦产业发展中的关键技术、行业领先技术、实用新技术，通过优势整合，促成学校上游原始创新成果再开发和技术成果的产业化。在国家创新体系和区域源头创新活动中，起到骨干和引领作用；在与国际前沿科技接轨，与区域发展战略接轨的基础上，汇聚和造就一流人才，培育和转化一流成果，催生和布局一流产业。

五、蚌埠化工技术转移中心

蚌埠化工技术转移中心（以下简称“蚌埠中心”）位于蚌埠国家级高新技术产业开发区内，由国家技术转移示范机构——安徽祥源安全环境科学技术有限公司承担建设，是2011年6月由科技部认定的专业从事技术转移、技术咨询、技术评估、人员培训、信息查询、创业辅导的国家级技术转移示范机构。中心现有专业技术人员106人，服务场所面积3 560 m^2，配备各类办公信息化及自动化仪器设备902台/套，技术服务车辆11台，具有高效快速的技术服务能力。

蚌埠中心承担单位安徽祥源安全环境科学技术有限公司现有与技术转移相关的服务资质11个，其中包括安全评价国家乙级资质、安全标准化考核资质、安全生产培训资质、环境影响评价国家乙级资质、清洁生产审核资质、职业病危害评价国家乙级资质、职业病危害检测资质、国家CMA实验室计量认证资质等，能够为服务对象提供全方位的技术服务。

蚌埠中心与多家科研机构、高校及企业建立了良好的合作关系，是安徽省化工新材料产业技术创新战略联盟理事长单位，是蚌埠市化工行业协会会长单位。此外，蚌埠中心还成立了为精细化工企业服务的技术专家库，组建了“安徽省有机硅新材料工程实验室”，共建了“安徽省绿色高分子重点实验室”，承建了“蚌埠精细化工产业技术创新服务平台”、“国家精细化工研发服务平台”、“国家中小企业公共服务示范平台”。

蚌埠中心充分发挥技术、人才、资本、市场、管理等优势，与科研院所及企业共建或共享实验室及中试基地，以建立科技成果转化基地和技术联盟等方式，实现优势互补、资源共享。蚌埠中心可以根据企业的技术需求，积极开展产学研合作，增强企业的核心竞争力，促进区域技术创新水平的提升。

蚌埠中心在技术转移服务中采用市场化运营与公益服务相结合的模式，向社会提供各类优质服务。公司用市场化运营过程中取得的服务收入支撑公益性服务，在最大限度地减轻企业负担的同时保障各项工作的可持续发展。

（一）市场运营

为企业提供的技术咨询、研究开发、技术评价、技术改造、工艺设计等服务参照行业收费标准，给予企业适度优惠，实行有偿服务。

（二）公益服务

在技术信息、产品信息、贸易信息、产业政策、行业动态等方面，蚌埠中心利用信息资源和人才资源优势，为企业提供公益性技术服务，免收企业技术咨询费。在行业规划、项目论证、信息查询、技术培训等方面，蚌埠中心利用技术资源和设备资源优势，为政府管理部门提供公益类决策咨询，免收政府决策咨询费。

蚌埠中心采用现代企业制度管理，建立了扁平式的组织管理机构，健全了岗位责任制，各级管理人员、各类技术人员均参与目标考核管理，技术市场不断拓展，技术服务合理有序。对于不同行业，蚌埠中心有专门的服务经理，做到“专业服务，量身定做”；完善技术成果的管理，加强知识产权保护，使服务行为更加规范，服务意识增强，服务质量进一步提高。

蚌埠中心建立了操作性强的绩效考核机制，突出月度工作重点，明确进度要求，形成“人人有目标，月月有考核”的目标绩效考核体系。为充分发挥每个员工的积极性、创造性，蚌埠中心制定了业务奖励制度、创新奖励制度、量化提成制度、节约奖励制度、满勤奖励制度、忠诚奖励制度等员工激励制度。通过鼓励创新、深造、晋升将个人职业生涯与中心发展有效结合，极大地调动了各部门、岗位和员工的工作积极性、主动性和创造性，形成人尽其才、才适其用、多劳多得、优质优酬的工作激励机制。

蚌埠中心采用岗位培训和业务研讨相结合的方式，坚持技术团队建设。蚌埠中心技术人员积极参加与业务相关的管理培训、职业卫生评价与检测培训、放射防护评价培训、从业单位安全标准化考评员培训、实验室管理等培训学习，参加培训达 123 人次，掌握最新业务动态及相关技术。日常每周例会各业务部门都要组织进行业务研讨，在实际工作中互相学习，快速提升了中心技术人员的专业服务水平。

蚌埠中心建立了以过程控制为主体的 ISO 9001 质量管理体系，推行《技术服务质量管理手册》、《技术服务过程控制程序》、《技术服务作业指导书》等质量控制文件，规范了项目风险分析、实施、审核、技术支撑等过程控制程序及内部管理制度。为达到全面质量管理、提升服务质量的目标，通过质量管理体系内审、外审运行，不断优化生产力促进服务的操作流程，改进内部管理、提高对外服务的质量，以保障和促进中心可持续快速发展。认证以来，实现了技术服务零投诉，赢得了良好的市场信誉。

蚌埠中心建立了一个具有开放性、国际性、联系产业与技术的中英文网站，定期发布最新的国际法规、标准，发布与地区产业相关的尖端技术信息、项目信息，发布国际营销客户资源、市场资源、渠道资源、品牌资源等信息。2014 年中心采集发布各类信息七百多条，已成为精细化工企业国际技术交流的平台。

为了充分整合国际技术、人才、信息等创新资源，引进区域内新材料、节能环保、精细化工、生物工程、新能源、高端装备制造等产业先进技术，帮助企业实现国际化发展，蚌埠中心不断拓展国际科技合作渠道，多次组织和参与双边和多边科技交流、技术洽谈，与美国、日本、德国、芬兰、比利时、泰国、以色列等国家的企业、行业协会、研发机构及创新团队建立合作关系，实现与国际技术创新系统的融合。2012 年 9 月，蚌埠中心被科技部认定为“国际技术转移中心”。

蚌埠中心致力于搭建国际间技术交流、技术合作、技术转移的桥梁，推动国际产学研合作和高新技术产业国际化发展。蚌埠中心通过帮助企业引进区域急需的国际先进技术，促进区域内产品及技术走向国际市场，深层次地发掘地区和国际技术与人才资源；通过技术转移实现国际与国内先进科技成果的双向流动；通过加强地区和国际间的科技合作，积极参与构建和完善科技服务创新体系，大力推进体制创新、发展模式创新，着力提升高新区产业化、规模化、国际化水平，充分发挥对区域经济发展的支撑、拉动和辐射作用，对区域产业结构优化、增长方式转变具有重要战略意义。

蚌埠中心还根据企业的技术需求在全球范围内寻访、识别、引进相关技术或产品，推进国际先进技术与国内高新技术项目的转移与嫁接。先后引进了美国、德国、比利时、芬兰等国先进技术，通过技术引进给企业创造了可观的效益，提高了产品质量，增强了企业的可持续性发展。

蚌埠中心帮助国内外中小企业寻找合作伙伴和技术合作项目，积极引导有潜力的企业走出国门实现国际化发展，先后将企业自主知识产权技术输出到日本、加拿大、印度、泰国、南美等国家和地区。

自成立以来，蚌埠中心充分发挥本机构的信息、渠道和专业人才服务优势，丰富了技术服务功能，拓宽了针对精细化工产业领域的技术服务市场与服务深度，围绕精细化工、节能环保、新材料等产业发展对人力资源、信息技术、试验检测、应对国际技术贸易壁垒等方面的需求，为政府多个管理部门提供决策咨询，为企业提供了大量技术服务。帮助企业解决当前面临的共性、关键性课题以及调整产业结构、延伸产品链等技术难题，提高了企业的技术创新水平，为企业创造了可观的经济效益，促进了企业的可持续发展。组织产学研对接活动 75 次，征集企业技术创新需求 196 项，发布与推介科技成果 227 项，促成交易的技术合同 255 项，项目总成交额 3 041 万元。

在服务过程中，蚌埠中心发挥技术引领作用，指导区域内企业调结构、转方式，开展产业融合，引领企业开展技术创新，推动传统产业向战略性新兴产业领域延伸；在企业发展进程中，树立清洁生产理念，实施安全、环保、节能工程，以环境友好和资源节约的发展模式驱动产业的可持续发展。蚌埠市化工行业销售收入稳步增长，蚌埠中心的技术服务支撑对区域经济的发展具有明显带动作用。

六、安徽三祥国家技术转移机构

安徽三祥技术咨询有限公司（以下简称“三祥公司”）成立于 2003 年 9 月，2011 年 12 月被认定为安徽省技术转移示范机构，2012 年 10 月被认定为科技路路通创新服务站。通过不断的努力和创新，公司于 2014 年 2 月新认定为国家技术转移示范机构、国家中小企业服务示范平台。

自成立以来，三祥公司逐步形成了以高端装备制造、节能环保领域为核心，以各类资源的高效化、集约化、无害化利用为技术转移和服务方向。同时三祥公司对电子信息、现代农业、农副产品深加工和新能源汽车等行业均有所涉及，形成了全面丰富、支撑有力的技术项目资源库和专家库。

三祥公司积极加入了安徽省检验检疫协会、安徽省软件行业协会、安徽省能源协会、安徽纳米材料及应用产业技术创新战略联盟、合肥市节能协会及合肥市集成电路产业技术创新战略联盟，并在 2012 年 11 月经安徽省科学技术厅同意加入安徽省科技路路通服务体系，成立“三祥技术创新服务站”，与科技路路通 10 多个市、县创新服务站和部分省级技术转移示范机构建立全面合作关系，在相关市县科技路路通分中心或创新站的“一站式”服务窗口设立分支机构，开展技术转移和产学研对接服务工作，具备完善的服务管理体系。同时与上海、北京、广州等地的政府、技术转移机构保持密切联系，技术资源丰富，搭建了畅通的信息网络渠道，总体协调能力和优化资源配置能力不断提升。

（一）业务定位

围绕国家政策方针大力发展中小企业，面向市场，强化自身建设，拓展渠道，联合社会力量，为科技型企业提供全方位的科技服务，促进中小企业成果转化，加快企业发展，促进技术转移，提供技术咨询，帮助企业打造科技兴企之路；立足合肥，覆盖全省，辐射全国，加速产业结构优化升级。

（二）发展目标

三祥公司的发展愿景是为中小企业的发展注入无限动力，与中小企业共同成长，成为中小企业的亲密伙伴；充分发挥科技中介服务的作用，搭建“需求—成果”对接桥梁，帮助企业实现长期、良性的发展；不断探索和创新服务模式，吸收、培训优秀人才，打造一支专业、创新、充满活力的服务团队，塑造三祥公司专业化的技术转移品牌。

（三）经营特色

"双向沟通、技术协作"是三祥公司一直倡导的服务理念。三祥公司在成立之初工作重点为强制性产品认证（CCC）和各类体系认证，与国际相关实验室、权威认证机构、北京凯新认证中心、安徽方圆认证中心及北京华夏环科技术培训中心等机构都签订了长期战略合作协议，面向企业开展各类产品认证和管理体系认证服务。

通过与企业面对面的交流，深入到企业的生产现场，在提供相应的认证、培训服务的同时，也逐渐发现挖掘到企业存在的技术难题及技术需求，利用三祥公司的人力资源优势，积极帮助企业寻求技术成果，联系对应行业的专家、技术带头人共同提供技术难题解决方案，实现"单一服务"过程向"综合服务"过程转变；同时，三祥公司技术人员在现场服务过程中，也会积极推荐三祥公司已掌握的技术成果资源，真正实现"技术需求"与"技术成果"的双向沟通、共同协作，引导企业科技创新，提高技术转化水平。

近年来，三祥公司通过发挥自身的资源优势，创新服务模式，明确服务重点，形成了以高端装备制造、节能环保、农副产品新加工等产业为重点的服务领域，并取得了丰硕的服务成果。同时三祥公司也积极开展国际技术转移，与韩国、俄罗斯、日本等国的有关技术咨询机构和高校建立了合作协议，引进国外先进技术进行转化，同时将国内的行业顶尖技术进行输出，达到技术对接的目的。采用技术代理、技术合作等方式，从项目评估、项目可行性论证、技术引进、项目洽谈到项目落户提供全过程、全方位的服务，三祥公司针对不同行业、不同项目提供技术信息、政策信息等全方位的咨询，有效提高企业参与积极性，保证项目可操作的成功性。

（四）三祥公司技术转移服务团队

三祥公司现有人数 28 人，其中本科以上 21 人，占总人数的 75%，硕士以上 8 人，高级职称 3 人，中级职称 5 人，专业从事技术转移工作的 22 人。

技术人员专业涵盖机械制造与自动化、化学工程、安全工程、环境工程、农林工程、建筑工程、机电工程等方面，并逐步形成了学科覆盖、专业互补的技术转移服务团队。

第三节　江苏省技术交易机构

一、江苏省高新技术创业服务中心

（一）单位简介

江苏省高新技术创业服务中心成立于1996年，是江苏省科技厅直属的公益性科研服务单位。1999年12月被科技部批准为国家级高新技术创业服务中心，2001年与江苏省技术市场实施整合，先后增挂“江苏省技术产权交易所”、“江苏省火炬计划管理中心”牌子。2012年获批成立“江苏省高新技术创业服务中心（江苏省科技成果转化服务中心）”。

近年来，中心围绕高新技术企业培育及科技成果转化，不断健全完善服务全省、开放互动的科技创业服务体系，建设发展成为融创业孵化服务、技术交易服务、科技金融服务、火炬综合服务、创业咨询服务于一体的非营利性、公益型、社会化省级科技创业综合服务机构。

中心是江苏省科技企业孵化器协会、江苏省民营科技企业协会、江苏省技术市场协会、江苏省药物研究与开发协会、江苏省天使投资联盟依托单位、江苏省创业投资协会副会长单位。

中心多项工作位居全国前列，是国家首批技术转移服务示范机构、国家火炬计划20周年先进服务机构、全国技术市场统计工作先进集体、江苏省首批重点科技服务机构、江苏服务业名牌、中国创新驿站江苏区域站点。

（二）主要业务及服务成效

1. 科技企业孵化服务

以培育科技型企业和企业家为己任，为初创期科技型中小企业提供孵化场地及政策、信息、技术、培训、投融资等深层次孵化服务。在省科技厅条件处指导下建设科技创业服务平台，做好精品孵化的同时，协助省科技厅高新处做好全省孵化器管理服务工作。

① 在中华路、广州路两个孵化基地，开展精品孵化服务，发挥示范引导作用。在孵企业104家，孵化场地企业入驻率接近100%，其中，新引进科技型企业32家（含大学生企业6家），科技型企业及科技型中介服务机构的比例达96%。

② 共建孵化园区，扩大孵化规模。积极推进共建园区工作，为中心江宁、雨花、句容孵化基地、J6 软件创意园等共建园区（累计 30 万平方米）运营发展提供服务。

③ 协助省科技厅高新处做好全省科技企业孵化器管理服务工作。完成全省孵化器、加速器、产业园每年各季度以及年度统计数据的组织填报及汇总分析工作，编制年度江苏科技企业孵化器发展报告。现全省共有各类孵化器 515 家，孵化场地面积 2 769 万平方米，在孵企业 2.9 万家，均居全国第一。

④ 以省孵化器协会为平台，开展与全省科技企业孵化器间交流合作。启动并开展"创业导师园区行"活动，分别与南京浦口区青年创业联盟、常州孵化器协会、泰州孵化器协会联合举办 3 场创业导师进园区点对点、面对面辅导活动。

⑤ 以省民营科技企业协会为平台，开展民营科技企业资质确认工作。一年四次受理。"十一五"期间全省累计民营科技企业达 2.5 万家，全国 500 强民营企业中，江苏占 129 家。

2. 技术成果交易服务

在省科技厅条件处、成果处支持下，建设技术交易服务平台，在做好现场交易的同时，协助成果处做好全省技术合同登记管理服务工作。

① 做好国家指定的现场交易服务工作。技术合同登记额逐年增长，2014 年共登记合同 8 358 项，成交金额达 102 亿元。努力推进技术合同登记平台建设，在全省发展技术合同登记认定工作分站点 8 个，全省已有超过 1 600 家企业、10 000 份合同通过系统完成网上申报。

② 开展全省职务成果挂牌转让与成果推介服务。不断加大项目征集力度，强化服务意识，简化高校、科研院所的工作流程，进一步加强征集项目筛选，剔除一些明显与市场脱节的项目，提高职务成果挂牌转让的成功率。2007—2014 年共征集 4 000 项，挂牌 3 210 项，共促成 567 项，合同金额约 5 亿元。

③ 加强江苏区域创新驿站服务体系建设。精心打造了江苏创新驿站专业网站，为技术供需方之间提供了专业的技术交易平台；初步构建了全省创新驿站服务体系建设，发展各类站点 99 家，站点布局基本覆盖了全省 13 个省辖市；定期举办江苏技术转移服务推介活动以及合作交流活动，并借助欧洲企业服务网（EEN）的自身特色与资源，开展技术转移服务新模式的探索，不断加强技术转移服务能力建设，为中小企业的创新需求提供集成服务。

④ 积极开展技术经纪人的培训，在常州、南通、扬州等地开展技术经纪

人培训8期，培训专业人才近900人，并发放相关从业资质证书；召开长三角技术经纪工作交流会，就统一编写新的技术经纪人培训教材、统一编制考试题库、长三角范围内技术经纪人资格互认达成了共识。

⑤ 协助做好全省技术交易统计汇总工作。明确统计范围，按国家技术统计指标的要求，及时将相关数据录入国家统计系统；进一步明确市、县科技部门负责技术市场管理工作的职能部门职责，落实统计机构及人员，确保报送数据的准确、及时；形成统计数据季报、年报制度，动态反映全省技术交易状况，协助省科技厅成果处进一步加大技术市场统计工作力度。

3. 科技金融对接服务

在省科技厅的大力支持下，建设科技金融服务平台，重点面向科技园区的科技企业开展科技金融综合服务，同时做好新药创制资金管理服务工作。

① 建设科技金融信息服务平台。建设科技企业和科技项目数据库，集成全省各类科技计划资源，有效采集和发布满足金融、创投机构等需求的科技项目和科技企业信息，为科技型企业搭建高效融资通道。

② 推进和完善江苏省天使投资联盟及其相关工作。加强与融资机构合作，多次组织项目对接洽谈会，打造"创业新优客"服务品牌，帮助企业获得贷款或投资。

③ 管好用好新药创制资金。成功运作江苏省新药创制发展资金，已投资67个新药项目，46个新药项目结题转让，培育了一批具有自主知识产权的新药产品群，辅导推动了一批成长型生物医药科技企业快速发展；以省新药创制发展资金出资，联合"江苏省新兴产业创业投资引导基金"和民营资本，共同发起设立"江苏科泉高新创业投资有限公司"，基金规模1.21亿元，重点投资于江苏省内资产质量优、研发能力强、产业化基础好的成长期生物医药企业，目前已完成四个项目投资，其中一个项目已被国内上市公司并购，投资收益良好。

④ 协助江苏省科技厅社发处，做好生物技术和新医药产业推进办公室工作，监测统计、分析研究全省产业态势，撰写工作报告，为省科技厅和省委省政府相关部门决策提供参考。还承担了江苏省药物研究与开发协会秘书处日常工作，启动并推进江苏医药科技奖的推荐和评审工作。建立江苏省生物医药科技公共服务中心，为全省生物医药企业提供项目研发申报、企业投融资、成果转化等科技公共服务，推动江苏生物医药科技成果研发、转化及产业化进程。

⑤ 设立科技创业孵化资金，目前资金规模 1 200 万元，重点投向中心及共建园区内的初创期、成长期科技企业，增添对入驻企业服务的新手段；同时采取参股科技创业投资基金的方式，联合社会资本成立“泉达基金”，扩大孵化资金规模，帮助解决更多科技型中小企业融资难题。

⑥ 协助科技厅开展科技保险调研工作，起草《江苏省科技保险风险补偿专项资金试点工作方案》、《江苏省科技保险风险补偿专项资金管理办法》等；完成“苏科贷”系统升级为“江苏省科技金融风险补偿备选企业库”系统的开发建设工作；协助做好省天使投资引导资金项目入库、科技企业上市培育计划企业入库工作等全省科技金融辅助服务工作。

4. 火炬计划综合服务

协助省科技厅高新处做好国家、省火炬项目受理和跟踪管理服务工作。

① 协助做好国家创新基金及省创新资金项目管理服务工作。江苏共有 335 个国家创新基金项目(不含创投引导基金阶段参股项目)获 3.34 亿元立项支持，占全国资助总额的 9.6%，连续多年位居全国第一。

② 协助做好国家火炬计划及项目管理服务工作。江苏共有 337 个火炬计划项目获批立项，占全国总数的 22.6%，立项数首次跃居全国省份第一。

③ 协助做好国家重点新产品、省高新技术产品认定工作。2014 年江苏共有 146 项国家重点新产品获得立项，占全国总数的 13.4%，立项数再居全国首位。省高新技术产品，每季度受理评审一次。

④ 协助做好国家、省创投引导资金辅助管理服务。

5. 科技创业咨询服务

① 建设科技创业培训服务平台。面向科技园区、科技企业，2014 年共举办各类培训 23 场，直接服务企业 2 200 余人。建设科技创业培训服务平台，在国内率先开展针对孵化器内科技企业，覆盖创业全过程，兼顾创业不同发展阶段的分层次、体系化培训工作，被科技部火炬中心肯定和表彰。

2014 年为园区内创业意向者和初创者提供“创业学堂”培训 4 场，为中层管理人员提供“创业讲堂”培训 1 场，为企业高管提供“创业殿堂”培训 6 场，同时举办 3 期孵化器中高级管理人员境外培训，组织人员赴美国、以色列等参加标杆孵化器研修班学习，实地考察国外先进孵化器，拓展与硅谷孵化器的实质性合作等。进而对平台进行品牌建设，综合“创业学堂”等三大培训模块，打造“创业培训平台”。

② 常态化举办江苏科技创业大赛。在科技厅高新处的指导下，逐步完

善大赛工作方案，增设季赛等环节，加强宣传发动，争取社会力量支持，推动大赛可持续发展。2014 年第二届江苏科技创业大赛共收到 1 947 家创业团队和企业报名参赛（包括 108 支海外创业团队），比首届大赛增长了 19%，报名总数及团队、企业报名数均居全国第一；经过地方及海外初赛推荐、半决赛现场答辩、尽职调查、电视总决赛等环节的筛选与比拼，35 家创业团队和企业脱颖而出，分获一、二、三等奖。赛后，按照国家大赛组委会分配的晋级名额，我省共推荐 148 家创业团队和企业参加全国六大行业总决赛，最终 9 个项目获奖，包括第一名 2 个、第二名 4 个、第三名 3 个，团队获奖数位居全国第一，获奖总数位居全国第二。

③ 开展孵化服务标准流程培训与推广，成立省科技创业服务标准化技术委员会。在科技厅的帮助、支持下，江苏省科技创业服务标准化技术委员会获省质监局批准，2014 年 9 月正式成立。专委会以提升我省创业企业孵化服务能力为目标，着力开展科技创业服务标准化体系的研制与推进工作。2014 年下半年，专委会制定了一系列标准研制工作方案，在厅领导的直接指导下，牵头组织相关单位进行《科技企业孵化器管理规范》、《科技创业导师服务规范》、《科技企业咨询与培训服务规范》等标准的起草，并获得省质监局的立项支持。

二、南京市科技成果转化服务中心

南京市科技成果转化服务中心（以下简称“南京中心”）是南京市科学技术委员会（简称“科委”）下属事业单位，共有 12 个部门，62 位员工，其中具有工科背景及大专（及以上）学历人员占全体员工总数近 90%。

多年来，南京中心围绕南京市科委“强化企业主体、强化市场主导、强化转化主线”的工作思路，积极打造区域“科技政务、技术市场、技术交易、科技金融、培训与会展、科技创业”五大服务平台，取得了丰硕的成果，已建设成为南京市深化区域科技体制改革、促进科技与经济结合、提高中小企业自主创业创新能力的创新体系的重要组成部分。

（一）创新技术转移服务方式，全方位打造技术交易服务平台

南京中心以工作体系建设和项目对接为主要抓手，促进技术成果就地转化。在体系建设方面，以国家技术转移示范机构、创新驿站建设为抓手，与国内外多家单位进行工作对接，构建产学研合作工作网络；在产学研对接方面，积极参与省市各级产学研活动，做好会前协调组织和现场服务，对活动成果

进行跟踪服务。同时定期组织企业与金融、技术、产业龙头等进行对接。南京中心还经常邀请其他省市兄弟单位来宁举办对接交流会，推动南京与其他地区的科技交流与合作。在近年的对接活动中，南京中心根据历年的经验总结，逐步改变以往“重场面、重形式”的工作方式，转而以技术需求为导向，注重对接的专业性、针对性和实效性。主要表现为：由“面对面”式的对接形式向“面对点、点对面或点对点”的对接形式转变，以单个产业、高校或龙头企业作为对接主题；注重对接前的工作准备，提前进行成果或技术需求发布，组织有意向性的供需双方进行洽谈；加强对接后的成效跟踪，根据需求提供金融、培训、知识产权等更深层次服务和一揽子服务，进一步提高科技成果转化效率。

南京中心以国家专利展示交易中心为依托，利用中心近 5 000 平方米展览交易场所，全方位开展知识产权服务。2014 年举办专利成果展览展示 4 场，展出专利成果和技术需求 1 000 余项，接待约 3 000 人次。其中，“2014 第八届中国专利周(南京)活动·生物医药领域可转让专利技术展”首次采取网络展览形式，建设网上虚拟展厅，展出可转让专利成果 636 项，企业技术需求 65 项，广泛组织生物医药企业参观网络展览，深入跟踪并且服务对接双方，有效推进专利技术的转移转化。

(二) 深入打造科技金融服务平台，进一步促进科技与金融结合

科技金融服务是区域科技创业投融资体系的重要组成部分，是中心对科技型企业提供金融支撑的重要环节。南京中心主动与特别社区、科技园区等科技型企业集聚区沟通联系，为近百家科技型企业上门提供政策宣讲解读，制定融资方案，讲解申请贷款流程、知识产权质押贷款等，并定期举办“科技金融专场对接会”。同时，南京中心不断升级科技金融服务平台，完善“企业—政府—金融机构”的互动交流功能，为企业提供更便捷的“一站式服务”。

截止 2014 年 12 月 31 日，南京中心在科技金融网上审核新注册企业 454 家，审核申请贷款企业 668 家次，推送银行办理贷款企业 1 027 家次，跟踪服务办件量 760 家次，962020 热线服务 2 363 次，无空岗、违纪和投诉事件，做到有问必答，耐心细致，营造了一条科技贷款“绿色通道”，树立了良好的科技金融服务窗口形象。截止 2014 年 11 月 30 日，9 家科技银行累计对 1 169 家科技企业发放贷款 46.38 亿元，科技贷款余额达 55.81 亿元。

(三) 提升科技政务窗口服务质量，树立科技管理服务品牌

南京中心承担了南京市政务大厅科委窗口的日常工作，为企业提供科技政策咨询、科技政务需求、科技项目申报受理等服务，是南京市科技系统对社

会服务的重要窗口。窗口不断地优化服务流程，提高办事效率，真诚、耐心、高效地完成每一个事项，做到服务对象零投诉，全年综合满意率达100%，展现了科委窗口纪律严明、办事严谨、态度热情的工作作风。

南京中心还承担了市科技项目的中期监理工作，为促进项目按期完成，提高监理服务质量，南京中心严格遵照流程执行监理，及时将项目进展情况向委托方汇报；组织由技术专家、财务专家和项目管理人员组成的监理组进行现场监理，严格把关项目进展；现场监理时，对部分企业的验收材料不完善情况做细心指导，使企业能按合同顺利完成验收，提高项目执行率。

（四）稳步发展技术市场，技术合同登记服务成效显著

南京中心技术市场统计工作多年被科技部中国技术市场管理促进中心及江苏省技术市场协会评为“先进单位”，技术合同登记质量受到省科技厅的肯定。

2014年南京中心还对技术市场管理及税收减免信息系统进行升级和维护，在上年度数据整理、查询、筛选等方面做了完善。2014年初中国技术市场管理促进中心网站报道了南京市技术市场管理及税收减免服务云平台的运行情况，提到了南京技术市场在管理工作中探索跨部门协同创新机制，很好地贯彻落实了技术市场税收优惠政策。

今后，南京中心将继续发挥整合优势，围绕市科委“强化企业主体、强化市场主导、强化转化主线”的工作思路，抓住事业单位分类改革契机，进一步整合优化现有资源，完善内部管理，发挥技术市场、技术转移、科技金融、科技会展、科技培训、科技创业等服务的强强联合效应，搭建贯穿科技成果转化、科技企业孵化全过程的服务体系，成为南京市科技企业的好朋友、好帮手、好管家。

三、南京理工大学技术转移中心

南京理工大学技术转移中心（以下简称“南理工中心”）是国家技术转移示范机构，从事知识产权全过程管理、科技信息服务和成果转移转化的专业化载体，以南京理工技术转移中心有限公司作为市场化运营主体，代表学校从事技术转移、成果推广、企业孵化、技术股权的资本运作与管理，促进专利运营的专业机构。

南理工中心先后获批江苏省科技厅、南京市科委立项建设，2011年科技部批建为国家技术转移示范机构，是江苏省创新驿站的服务站点和江苏省中小企业公共服务平台的联动服务机构。南理工中心先后获得科技部国家技术转移示范机构年度考评优秀机构、江苏创新驿站先进站点、江苏省创新驿站奖

励站点、省技术转移中心建设考评优秀单位等荣誉称号。2014年,南理工中心获评江苏省知识产权局专利运营平台项目建设支持和科技部火炬计划支持。

南理工中心自成立以来积极探索通过市场机制进行技术成果的推广应用,已在南京、无锡、苏州、泰州、宿迁、连云港、长沙、深圳等地建立了13个技术转移分中心,形成了完善的产学研服务网络体系;拥有一支由39人组成的专业技术团队,其中包括校内经验丰富的科技管理人员10人,专业博士技术经纪人10人,市场化招聘的专职经纪人19人;团队拥有研究生以上学历29人,具有专利、法律等相关从业资格人员20人;人员团队涵盖机械、生物、材料、信息、计算机、物流、法律、外语等领域。

南理工中心以"专业、规则、共赢、国际化"为理念,通过市场化运营已成为"服务专业化、功能社会化、组织网络化、运行规范化"的专业机构,依托专业服务团队提供科技情报检索分析、企业科技秘书、知识产权申报与运营、技术经纪、成果展示与市场推介、科技咨询、科技攻关等服务,实现企业定制菜单式专业化服务,为科技人员提供技术转移全流程服务;依托国家知识产权局的核心数据资源和美国专业专利价值分析工具,全面提供相似专利分析、专利趋势分析、竞争力分析、技术查新、主题跟踪、竞争对手跟踪等为企业出具产业、行业、企业、区域的专利地图和分析报告,分析产业创新能力,提供科学决策依据,通过专利运营分析指导产业发展,开展专利导航。

市场化运营模式得到了广泛关注,成为高校专利运营示范。江苏省委书记罗志军、国家知识产权局原局长田力普,江苏省副省长徐南平等领导及省内外科技园区、高校来南理工中心专题调研超百次,对市场化方式运营高校专利成果的模式给予了高度肯定。中央电视台、《新华日报》、《科技日报》、《中国教育报》专题报道了专利转化运营的"南理工模式"。

南理工中心竭力建设成为专利运营和专利全面服务的公共服务平台,竭诚为各级政府、企业和科研院所服务,为行业与区域经济作出更大的贡献,为建设美好江苏贡献一份力量。

四、苏州市生产力促进中心

苏州市生产力促进中心(以下简称"苏州中心")成立于1999年,2003年经APEC科技工作组、中国科技部和江苏省科技厅同意,增挂APEC技术转移中心牌子。苏州中心定性为公益类事业单位,隶属苏州市科学技术局。单位宗旨依靠政府,面向企业,组织社会科技力量,为广大中小企业提供综合配套服务，协助其建立技术创新机制，增强技术创新能力和市场竞争力。苏州中心作为科技中介机构，把为企业服务、为区域的科技创新服务，搭建政府与企业、企业与企业之间的桥梁和纽带，促进科技成果向现实生产力转化作为重要使命，致力于为政府、企事业单位和个人提供全方位的科技服务。

苏州中心是科技部授予的全国“国家科技成果转化服务示范基地”、国内首批“国家技术转移示范机构”，也是国家技术转移苏南中心承建单位。苏州中心的主要部门有：综合部、成果转化部、研发公共服务部、项目咨询部、项目管理部和培训部。

（一）主要职能

1. 开展国内外技术交流与转移，推动产学研合作和产业科技合作及科技成果转化。

2. 协助有关部门开展科技人才交流工作。

3. 为中小企业提供先进、适用的高新技术，组织社会科技力量对适用技术的开发应用和推广，促进企业技术创新。

4. 提供科技项目申报、咨询服务，帮助企业申请国家、省、市科技项目，为企业项目申请提供咨询与建议。主打业务包括苏州市科技支撑项目、国家中小企业创新基金、高新技术企业申报等。

5. 整合、集成全市科学仪器设备资源，向全社会开放共享搭起科学仪器设备拥有者和使用者的桥梁。

6. 对单位和个人从事技术转让、技术开发业务和与之相关的技术咨询、技术服务业务合同进行认定和登记。

7. 对各单位和个人进行科技项目指南解读培训，技术经纪人培训，高企、创新基金申报前培训，学历学位培训等。

8. 承办市科技局交办的其他事项。

（二）技术转移服务新模式和典型案例

1. 打造网上技术难题招投标市场，培育研发外包服务新业态

（1）运作机制

《科技服务信息交互网络平台》（技遇网）借鉴建筑工程招投标市场模式，打造网上技术难题招投标市场。首先通过网络平台征集有技术难题招标需求的企业；然后由平台方组织相关机构和专家对企业需求进行诊断和评估，并同有真实、有效需求的企业签订技术难题委托招投标服务协议，明确招投标具体要求，在网络平台上公布招投标项目；接下来平台方代理企业接受技

术难题投标方咨询，审核技术投标方资格和能力，并与有解决能力的技术投标方签订技术难题招投标服务协议；最后组织技术供需双方进行线上线下对接，促进并见证双方合作，提供技术合同认定和地方政府鼓励技术转移和产学研合作等相关政策落实服务。不少企业的技术难题招投标项目大多数可以演变成企业研发外包服务业态。

（2）盈利模式

目前主要的盈利模式是平台通过与技术难题招投标双方（一般为企业和高校院所）签订委托招投标服务协议，确定技术难题招投标金额的1%—3%的佣金，然后通过提供线上线下的专业化服务，成交后收取服务佣金。2014年以试点为契机，尝试开通网上支付功能，收取技术难题招投标或研发外包服务保证金，若干年后当平台有影响力和规模的时候，可以像淘宝支付宝那样做全额第三方支付。

（3）主要案例

《科技服务信息交互网络平台》（技遇网）自推出技术难题招投标服务半年来，受到了企业和高校院所的追捧，已经推出了12家企业21个技术难题招投标项目，项目总金额近2亿人民币。已经吸引了二十多个国家和一百多个城市的网络用户关注，尤其受到长三角高校和科研院所科研人员的青睐。

案例：平台工作人员对每条用户发布的需求信息进行电话回访时，发现张家港市飞驰机械制造有限公司对“水陆两用中小型河道清理装备”的技术需求非常迫切。平台组织力量对该项技术进行了初步调研和评估。了解到“水陆两用中小型河道清理装备”适用于城市小型河道及湿地中的水体漂浮垃圾收集、水草水葫芦收割、清淤、挖掘功能；该装备集传统的湿地挖掘机、挖泥机、水草收割机、垃圾打捞船为一体。其核心技术为水陆两用环境下行进的特殊履带装置和船体，同类设备仅瑞典、德国少数厂家能制造，在国际市场上一直处于供不应求的状态。经过同张家港市飞驰机械制造有限公司的沟通洽谈，签订了该项目的技术难题招投标委托服务协议，在网络平台上征询国内外研发外包服务商。上海工程技术大学的教授团队从网络平台看到此条技术难题招投标信息后，最早同平台取得了联系，平台工作人员也走访了上海工程技术大学教授团队，并与他们签订了技术难题招投标委托服务协议。很快，平台组织了以上海工程技术大学黄立新教授为主，上海工程技术大学、东华大学其他两位教授为辅的专家团队，一同前往张家港市飞驰机械制造有限公司实地考察。

通过几轮的洽谈沟通，专家们提出了总体设计方案和具体实施方案。张家港市飞驰机械制造有限公司对这一设计方案和实施方案都非常满意。最终双方共同确定了“适用于小型河道高效清理自行式小型河道清理设备”样机的各项技术指标及参数，并签订了《水陆两栖河道清理设备的研究及开发》技术合同，合同金额180万元。年底平台工作人员回访时，上海高校教授团队和企业再三对平台表示感谢，并告知该项目还得到各级科技部门和上海工程技术大学领导的关心和支持，目前双方合作非常愉快和顺利。黄立新教授还介绍此样机设计中，采用了航天技术；此项目完成后，准备继续向“无人操作”方向努力。双方有可能深化合作，再次签订新的合作合同。

(4) 带动和支撑作用

挖掘到企业有效需求，也就抓住了科技服务的牛鼻子，也正所谓的“需求导向和牵引”。以往企业需求主要靠组织活动、发放需求征集表，收集来的需求质量不高，有效需求较少，甚至有虚假成分。《科技服务信息交互网络平台》(技遇网)通过打造技术难题招投标市场，通过企业诊断等形式挖掘企业有效需求，通过线上线下的专业化和市场化服务，带动了企业技术进步，为产学研协同创新提供必要的支撑服务，同时培育了研发外包服务新业态。

2. 助推“介绍技术”到“经营技术”的转变，探索技术转移和创业孵化新模式。

(1) 运作模式

技术转移转化服务是贯穿科技服务业多个环节的一条主轴，也是《科技服务信息交互网络平台》(技遇网)的核心功能之一。第一层面，平台主要通过开展线上线下的技术供需对接活动，为供需双方牵线搭桥，即所谓的“介绍技术”服务。而第二层面，围绕平台开展服务的联盟成员包括机构和技术经纪人，可以根据各自的专业和资源能力，寻求感兴趣的技术，同技术拥有方洽谈合作(代理技术转移转化服务)，即所谓“经营技术”。为了助推“介绍技术”到“经营技术”的转变，平台还于近期推出了“虚拟孵化服务”，即是在传统孵化器的运作模式上，借鉴互联网思维和虚拟组织管理理念，借助互联网手段整合服务资源，为部分“经营技术”项目提供个性化、网络化和专业化的创新创业孵化服务。

(2) 盈利模式

事实证明目前依靠提供线上线下的技术供需对接活动，为供需双方牵线搭桥，即所谓的“介绍技术”服务是很难收到服务费的，即使收到钱也是杯水车薪，平台难以为继，再说技术供需双方都习惯了享受公益免费服务。但是从技术提供方来看,他们往往不擅长技术经营和管理,真正想把技术转化成商品和产生价值,需要专业化的科技中介服务,这就给从事技术转移转化和创业投资的科技中介服务机构和个人带来了商机,他们也乐意寻求好技术,因为经营技术要比介绍技术更可控,赚的钱也更多,当然难度也很大。至于"虚拟孵化服务"更是站在传统创业孵化器的盈利模式上,借鉴互联网思维和手段,整合更多的资源,提供更精准的服务,未来具有非常好的盈利空间。

(3) 主要案例

李博士是上海交通大学的教授,长期致力于微乳技术、纳米技术、催化技术和分子设计与模拟理论研究,掌握了纳米催化微乳化方面的关键性理论与技术,拥有在柴油和汽油节能减排方面的国家发明专利。2014 年初,李博士在平台上发布了自己的技术成果,并参加了平台组织的科技成果转化对接会,会上结识了庄济诚、钱丽华两位平台签约的技术经纪人。两位技术经纪人原打算帮助李博士寻找合作企业,申报人才项目,成功后收取少量佣金(技术交易金额的 1.5%),再争取一些政府奖励(也是技术交易金额的 1.5%)。但通过一段时间的市场调研和技术评估,他们觉得该技术具有国际先进水平,产业化基础较好,而且在深受雾霾侵扰的中国市场前景广阔。于是他们改变了主意,不再是仅仅做牵线搭桥,而是希望投资参与此科技成果转化,同李博士沟通后,一拍即合,决定共同出资成立公司。2014 年 4 月,苏州恒梦新能源环保科技有限公司在苏州高新区创业园正式成立,由李博士和两位技术经纪人共同出资 360 万元,其中技术经纪人庄济诚出资 34%并担任总经理;李博士出资 33%,负责研发;另一技术经纪人钱丽华出资 33%,负责销售。为了协助他们经营技术,扶持他们创业,平台已同他们签订了虚拟孵化服务协议。目前平台已经为他们公司提供了发展战略咨询、知识产权服务、研发资源共享服务,并正在帮助其申报政府科技项目,寻找投资机构和潜在客户。

(4) 带动和支撑作用

平台通过助推"介绍技术"到"经营技术"的转变,通过充分调动技术经纪人和技术经纪机构的积极性,完全以市场需求来整合优质科技服务资源,不断探索技术转移和创业孵化新模式、新路径、新业态,从而提高了科技服务的附加值,为科技服务业的发展营造良好的氛围,助推区域科技服务业的健康发展。

五、江苏国际技术转移中心

江苏国际技术转移中心坐落在风景秀丽的太湖之滨,于 2004 年 4 月 27

日在无锡国家高新技术产业开发区成立，注册资本2 200万元。

在部、省、市科技主管部门的培育、支持和指导下，江苏矽太信息科技有限公司(以下简称“江苏矽太”)作为江苏国际技术转移中心的运作载体，通过采用市场化运作手段，与国外研究机构和企业合作，以嵌入式系统技术为特色，电子信息、新能源、环保技术、生物医疗为主线，开展国际技术转移，为无锡、江苏及其他地区中小企业提供技术、人才、资金和信息等服务，构建国际技术转移平台，实现国际技术的引进、消化、吸收和再创新，从技术源头上促进中小企业的技术创新。

经过几年来的探索，江苏矽太基本形成了“一体两翼”(一体：国际技术转移和再创新；两翼：三创载体建设和企业孵化、科技人才培养)的发展模式。2009年，江苏矽太评为“国家技术转移示范机构”；并且先后被认定为“江苏省中小企业国际技术转移平台”、“江苏省中小企业公共服务五星级平台”、“无锡矽太高新技术创业中心”和“江苏省嵌入式系统工程中心”。

(一) 基本情况

平台由江苏矽太投资，自有产权房产，总建筑面积约70 000平方米。园区建设特色鲜明、规划科学、定位清晰、结构合理，园区与园林融为一体。

图2-4　园区实景与规划图

江苏矽太拥有一支专业的国际技术转移人才队伍，其中有以许居衍院士为首席科学家的涉及嵌入式技术、电子信息、环保、新能源、环保、生物、医疗仪器等多领域人才队伍56人，其中从事国际技术转移服务、运营管理15人，国际技术开发和再创新队伍(以江苏省嵌入式系统工程中心为主)41人。

(二) 服务平台建设创新

1. 海外技术转移渠道建设

在美国、加拿大、爱尔兰和新加坡等地分别设立了海外分支机构。

(1) 美国分中心

设立于美国硅谷，美国分中心积极引进美国硅谷等地的先进技术与产品，将美国的先进技术转移至中小企业进行再开发和产业化。

（2）新加坡分中心

设立于新加坡，分中心立足促进与东南亚的国际科技交流、技术开发与创新等方面的合作，帮助我国科技型企业开拓国际和国内两个市场、两种资源，增强我国中小科技型企业在全球化市场经济格局中的竞争力。

（3）爱尔兰分中心

设立于爱尔兰都柏林，爱尔兰分中心主要从事科技人才培养的合作。

（4）加拿大分中心

设立于加拿大多伦多，加拿大分中心主要侧重中小企业在国际技术转移中高科技项目的投融资运作，旨在帮助中小企业在海外开展融资和协助企业在创业板上市。

（5）日本东北经济联合会

江苏矽太于2010年与日本东经联签订战略合作协议，在江苏省中小企业国际技术转移平台设立“日本产品展示厅”、“东经联中国事务所”。

图2-5 访问企业现场图片

（6）韩国零部件原材料投资机构协会（KITIA）

近年来，KITIA关注江苏地区科技型中小企业发展，为中韩中小企业的发展提供合作平台。

（7）其他

2012年科技部火炬中心认定江苏矽太为中国创新驿站基层站点。

2. 国际技术转移和再创新

立足电子信息技术和产品的应用与产业化方向，以嵌入式系统为特色，为中小企业提供电子信息技术开发平台和产品解决方案。

以嵌入式技术为特色的电子信息技术和产品：

(1) 主要技术开发平台

① Intel Xscale 平台

美国 Intel 公司基于 ARM Xscale Core 的嵌入式处理器平台，主要有：PXA270/PXA271/PXA272 处理器，此平台的特点是高性能，方案成熟稳定，主要用于公司的中高端工控产品平台和中高端车载手持 GPS 产品平台，以及中高端消费电子产品(如行业 PDA 等)平台。

② Sharp 平台

Sharp 公司基于 ARM 9 Core 的嵌入式处理器平台，主要有 LH7A404 处理器，此平台的特点是价格低廉、性价比高，方案成熟稳定，主要用于公司的中低端工控产品平台和中低端车载手持 GPS 产品平台，以及中低端消费电子产品(如行业 PDA 等)平台。

③ 飞思卡尔半导体 i. MX27 应用平台

飞思卡尔半导体 DragonBall 家族的 i. MX27 多媒体应用处理器，满足对高性能、灵活连接各种外部设备以及手持移动要求而设计，片内集成 H. 264/MPEG4 全双工硬件编解码高清晰度视频处理单元、连接安全即插即用的以太网络以及功能强大的管理功能，可广泛应用于视频监控、网络摄像机、数字录像机等产品。

(2) 主要技术成果

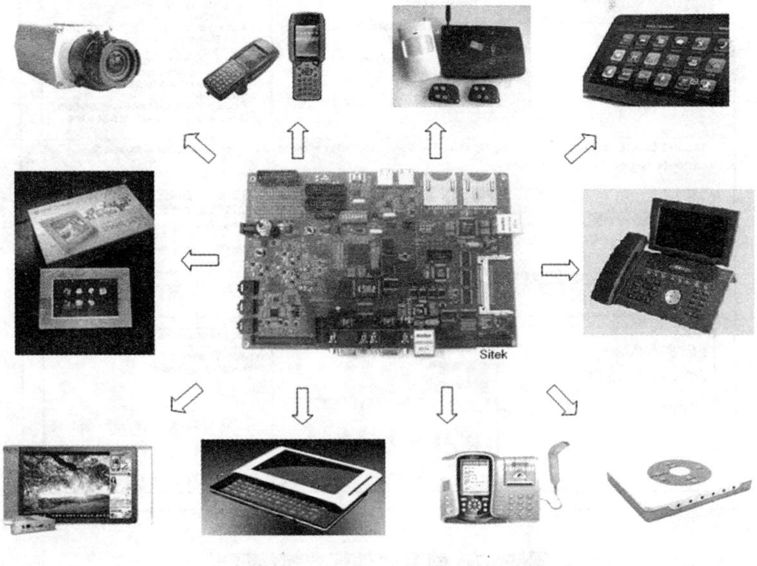

图 2-6　主要技术成果及产品展示图

(3) 主要服务客户情况

为 185 家企业提供电子信息技术开发平台服务，这些企业在这些技术开发平台基础上，分别开发出了各自的系列产品，产生了可观的间接辐射经济效益。

3. 国际科技人才培养

(1) 国际软件人才交流培训

与爱尔兰软件协会、国际基石公司合作，从事高端软件人才的培养，通过培训和考试，使其获得欧盟所有成员国认可的可以在整个欧盟市场通用的国际技能证书。

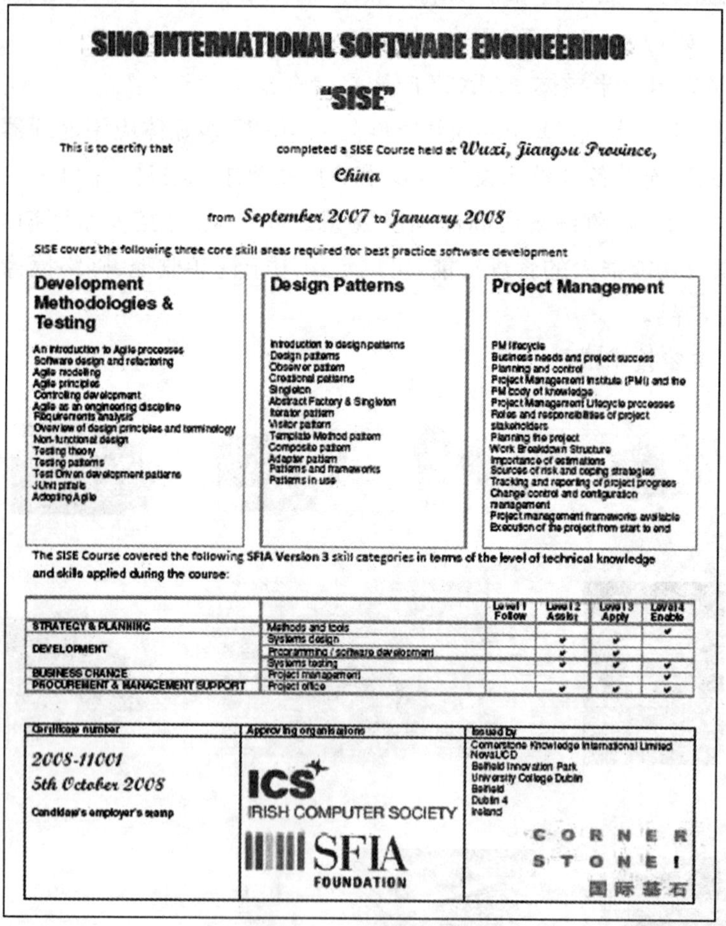

SINO INTERNATIONAL SOFTWARE ENGINEERING

"SISE"

This is to certify that completed a SISE Course held at *Wuxi, Jiangsu Province, China*

from *September 2007* to *January 2008*

SISE covers the following three core skill areas required for best practice software development

Development Methodologies & Testing

An introduction to Agile processes
Software design and refactoring
Agile modelling
Agile principles
Controlling development
Agile as an engineering discipline
Requirements analysis
Overview of design principles and terminology
Non-functional design
Testing theory
Testing patterns
Test Driven development patterns
JUnit pitfalls
Adopting Agile

Design Patterns

Introduction to design patterns
Design patterns
Observer pattern
Creational patterns
Singleton
Abstract Factory & Singleton
Iterator pattern
Visitor pattern
Template Method pattern
Composite pattern
Adapter pattern
Patterns and frameworks
Patterns in use

Project Management

PM lifecycle
Business needs and project success
Planning and control
Project Management Institute (PMI) and the PM body of knowledge
Project Management Lifecycle processes
Roles and responsibilities of project stakeholders
Planning the project
Work Breakdown Structure
Importance of estimations
Sources of risk and coping strategies
Tracking and reporting of project progress
Change control and configuration management
Project management frameworks available
Execution of the project from start to end

The SISE Course covered the following SFIA Version 3 skill categories in terms of the level of technical knowledge and skills applied during the course:

		Level 1 Follow	Level 2 Assist	Level 3 Apply	Level 4 Enable
STRATEGY & PLANNING	Methods and tools				✔
DEVELOPMENT	Systems design		✔	✔	
	Programming / software development		✔	✔	
	Systems testing		✔	✔	✔
BUSINESS CHANGE	Project management				✔
PROCUREMENT & MANAGEMENT SUPPORT	Project office		✔	✔	✔

Certificate number	Approving organisations	Issued by
2008-11001 *5th October 2008* Candidate's employer's stamp	ICS IRISH COMPUTER SOCIETY SFIA FOUNDATION	Cornerstone Knowledge International Limited NovaUCD Belfield Innovation Park University College Dublin Belfield Dublin 4 Ireland CORNERSTONE! 国际基石

图 2-7 国际软件行业技能证书

(2) 与微软等合作培养软件人才

与微软合作构建江苏微软技术中心，以微软的强大技术力量和全球组织为依托，开展软件人才培训项目，已累计培训软件人才 4 600 多人次。与微软合作培训软件和服务外包人才，微软可提供证书。

图 2－8 微软软件工程师证书

4. 海外国际人才引进

(1) 钱小红，美国威斯康星大学博士；

(2) 蒯琳萍博士，美国麻省理工学院博士后；

(3) 王喆，美国 Southeastern 大学商业和信息系统管理专业硕士；

(4) 李亚奇，美国洛斯阿拉莫斯国家实验室博士后；

(5) 王伟栋，美国北卡罗那州立大学 CIMS 专业硕士；

(6) 沈光平，复旦大学物理系和美国佐治亚理工学院电子工程系电子工程硕士；

(7) 刘晓东，瑞士洛桑大学硕士；

(8) 方雨，上海交通大学半导体科学硕士学位；

(9) 李勇，南京大学博士；

(10) 缪福度，美国化学和生物博士；

(11) 高立军，加拿大化学博士，NSERC 博士后；

(12) 袁立言，美国电子学博士；

(13) 刘海燕，美国生物学博士后；

(14) 姜剑锋，无锡优马传媒有限公司。

5. 国际企业孵化

江苏矽太累计孵化科技型企业 103 家，其中 530 企业 28 家。

六、常州市生产力促进中心

常州市生产力促进中心(以下简称“常州中心”)成立于1997年12月,是经市编委核批设立的常州市科学技术局直属事业单位。常州中心本着成为地方经济发展助推器,中小企业发展推动者,科技创新服务体系主力军的发展理念,注重培育自己的特色业务,经过多年努力,常州中心已成为常州科技服务体系建设的生力军。常州中心是国家级示范生产力促进中心、江苏省AAA级咨询机构和国家火炬计划20周年先进服务机构。

常州中心目前主要从事的政府委托服务有:创新型城市及创新型科技园区建设服务、产学研合作服务、特色产业基地、创新战略联盟管理与运作服务、轨道、输变电、涂料协会等行业管理服务、高企高品管理服务、创业孵化服务、科技金融服务、科技统计服务、技术合同登记服务;主要从事的市场化专业服务有:各类项目咨询服务、体系认证服务、企业管理咨询及培训服务、科技查新等专业服务。

常州中心现有各类人员54人,其中博士2名,硕士8名,本科32名,高级职称10名,中级职称36名。中心总资产14 218万元;办公及培训场地总面积达1 500平方米,中心配有先进的办公基础设施,实现办公自动化;2014年,中心开展专业技术服务种类9项,服务企业数达到1 515家,为企业增加销售额92 348万元,聘请行业专家511人次,开展重大公益活动72场次,有偿专业服务776项次,全年完成服务收入1 228万元。

常州中心很好地把握政府职能转移的机遇,通过组建产业创新战略联盟、行业协会、产学研平台、科技金融等具有一定政府行政职能的服务功能,利用自身与科研院所、企业良好的合作关系基础,能在新形势下为政府、行业、企业提供专业服务和建议以及个性化需求服务。

常州中心结合常州重点发展新兴产业领域,致力于与一些知名国际技术转移机构加强联系,寻求合作。2012年3月,英国知名科技转移公司牛津大学Isis科技创新公司与常州市政府在牛津签署正式合作协议,与常州中心联合共建常州艾斯伊斯国际技术转移中心。该中心作为牛津大学Isis科技创新在中国设立的第一个公司,成为牛津大学所有技术落户中国的一个新渠道。根据协议,牛津大学的生物医药先进技术,今后将批量转移至常州生物医药孵化器内,为常州技术转移工作走向国际化,引进国际前沿尖端技术提供了一条创新之路;在对德合作方面,常州中心通过与南德TUV保持4年多的联系洽谈，与西南交通大学常州轨道交通研究院合资合作，共同投资建成常州金标公司(非金属材料燃烧性能检测实验室)，目前，实验室已通过国家CNAS认证。

为给企业提供全方位服务，搭建一个综合性的公共服务平台，2014年，常州中心承建了“天天518”线上线下平台的建设工作，实施“一站式”科技服务平台的探索。线上平台提供的服务有：推送活动信息、发布科技成果、提供技术需求等，并计划实现APP手机客户端平台的开发与推广；线下平台提供的服务有：发放科技政策、提供科技咨询、承办对接活动等。同时，常州中心将组建常州市科技服务业协会作为“天天518”运作实体，集成各类科技服务资源，提供一站式专业化服务。

未来，常州中心将秉承“政府＋市场”的双轮驱动服务模式，围绕科技创新，在注重提升服务能力的同时，着力打造“一站式”科技服务平台，通过整合科技资源，创新服务机制，构建科技服务网络，来完善服务手段，为企业自主创新提供高效优质服务。

第四节　浙江省技术交易机构

一、浙江省科技开发交流中心

浙江省科技开发中心始建于1984年，是经浙江省编委、省科技厅批准成立的公益二类事业单位，2009年被国家科技部认定为“国家技术转移示范机构”，2010年被认定为“浙江省重点科技中介服务机构”。2011年2月经省编委批准增挂浙江省技术交易中心牌子。中心的宗旨是促进高新技术产业发展，推动企业技术进步，积极开展科技开发、合作、评估、高新技术服务、科技成果转化、技术转移、院士活动、军工科技合作及相关配套服务。

经过多年开拓与实践，现拥有一支从事科技评估、科技招投标、科技成果登记、技术合同认定登记、技术经纪、科技合作等科技中介服务队伍，拥有广泛联络的技术经纪人、信息员近百名，以及来自大专院校、科研院所、企业和各行业主管部门的院士、高工、教授专家等组成的评估咨询专家支持系统(专家库)，构成了中心服务体系的骨干团队，面向全社会及区域科技创新提供高效、优质、全方位的服务。

中心的主要服务内容有：为政府、社会和企业的科技活动提供科技评估和科技招投标服务，接受委托开展科技项目的立项筛选、投融资及可行性论证、项目验收与绩效考评以及项目申报评奖等科技评估、咨询服务；承担全省科技成果登记、科技奖励项目申报、技术合同登记及各类技术培训和管理咨询培训工作；承担省内外院士开展学术交流、决策咨询等联络服务工作；实施技术供需对接并组织区域科技创新、技术转移、成果转化和军民合作等活动；承担国家新产品申报备案制工作；开展区域科技创新体系建设，参加长三角科技中介战略联盟；组织、承办区域科技创新、技术转移、合作交流的重大活动；搭建公共服务平台，建设浙江省技术经纪服务体系与骨干团队，组织并指导全省及各地区技术经纪人培训与队伍建设；承担政府委托及社会所需的其他科技中介服务工作。

二、杭州市生产力促进中心

杭州市生产力促进中心（以下简称“杭州中心”）成立于 1999 年，下设技术咨询部、企业联络部、技术信息部、合同登记室等业务部门，为企业提供多项技术服务，同时负责浙江网上技术市场杭州分市场、杭州科技中介服务平台、杭州市中小企业技术创新服务平台、杭州知识市场等网上平台的运营及管理工作，累计服务企业达 1 500 余家。通过多年的积累，杭州中心具备了较强的科技中介服务能力，初步建成了科技中介服务支撑体系，基本形成了科技中介服务协作网络。

“杭州市科技中介服务平台”(www. kjfw. com. cn)是杭州市科学技术局主办的政府性科技信息中介服务网站，于 2006 年 9 月正式开通，在杭州市科学技术局的指导下委托杭州市生产力促进中心维护与运作。

网站的宗旨是以杭州市生产力促进中心为主体，建设以技术中介服务、创业投资服务、技术评估服务、技术推广服务、综合配套服务为主要服务内容，以专业化、市场化、社会化服务为发展方向，以服务专业化、发展规模化、运行规范化的科技中介机构为支撑的杭州市科技中介平台，培育和发展一批具有专业服务特色、较强服务能力又能进行网络化协作的科技中介机构，建立起开放协作、功能完备、高效运行的科技中介服务体系，经过若干年的发展，使杭州市科技中介服务平台成为杭州市科技中介服务业的重要载体，浙江省具有辐射力的科技中介服务的重要支撑，与上海、南京实现资源共享、彼此合作的长三角科技中介服务业的重要一翼，与国际科技中介服务机构进行对接和合作的窗口。

三、浙江大学工业技术研究院

浙江大学工业技术研究院（简称“工研院”）成立于2009年4月，是浙江大学为了更好地发挥研究型大学交叉集成创新优势，服务创新型国家建设，加快传统产业转型升级，培育战略新兴产业的重大战略举措。2013年6月，工业技术研究院列入浙江大学直属单位序列。

工研院围绕国家和区域工业的重大共性关键技术、先进集成技术需求，致力于创新发展新型政产学研合作机制与模式，集聚国内外创新资源，建设符合综合性、研究型、创新型大学特点的工业技术创新服务体系，主动对接国家战略部署和地方工业发展目标，推进工业技术开发与创业孵化的紧密结合，实现工业技术转移与风险投资的紧密结合，加快国内外工业科技成果的集成化、产业化和国际化步伐。

四、浙江火炬星火科技发展有限公司

浙江火炬星火科技发展有限公司（浙江火炬中心）成立于1992年，直属浙江省科技厅，技术转移服务是其主要业务和特色服务之一。2003年以来，科技部和浙江省政府联合举办了七届“国家863计划成果与浙江民营企业对接活动”，取得显著成效，浙江火炬中心作为863对接工作的主要服务机构，共促成对接项目65项，总投资35亿多元，包括吉利集团、横店集团等一批大型传统产业的民营企业成功对接863成果，参与863成果的产业化。2005年12月，科技部批复浙江省政府，同意以浙江火炬中心为基础组建“浙江国家863计划产业化促进中心”；先后被科技部认定为全国首批国际技术转移依托机构和国家技术转移示范机构、国家级示范生产力促进中心；浙江火炬中心已成为浙江省技术转移服务机构的中坚力量。

浙江火炬中心经过多年的发展和经验积累，形成了较为成熟的国家和地方重大科技计划项目成果转化服务体系。特别是通过863成果转化服务，创新对接方式、建立对接机制、形成对接网络，初步形成了以政府引导、企业需求为推动力、中介机构为纽带、市场机制配置资源的运作模式。

第三章　长三角地区技术交易案例

第一节　上海市技术交易案例

以下是由上海科学技术开发交流中心提供的三个案例，供技术经纪从业人员分享。

案例一：两项专利技术同时实施许可

1. 项目简介

华东理工大学的有关专家经过多年的努力，成功研发了“多喷嘴对置式水煤浆或煤粉气化炉”及“管壳外冷—绝热复合式固定床催化反应器”。上海市技术经纪人黄某在华东理工大学国家技术转移中心的倾力支持和帮助下，通过不懈努力将上述两项成果成功实现了技术转移。该项目的技术供给方以专利实施许可的方式转让；投资方为江苏某（集团）有限公司，以出资的方式在合同约定的范围内实施该两项专利技术。双方于2007年签订了专利实施许可合同。

华东理工大学是一所以工科为主体、化工与生物化工学科特色鲜明、工理经管文法协调发展的多科性全国重点大学。“多喷嘴对置式水煤浆或煤粉气化炉”是在遵教授的带领下，经过二十多年的刻苦钻研，开发的具有完全自主知识产权的国际领先技术。项目所说的气化炉是一个多喷嘴对置的竖式气流床，在炉体周边同一水平面或多个水平面对称设置两个或两个以上的喷嘴，该气化炉碳转化率可达98%，水蒸汽分解率可达25%，操作周期长，负荷可调节范围大，负荷调节速度快，适应能力强，有利于装置大型化。“管壳外冷—绝热复合式固定床催化反应器”是由房教授等开发成功的，该装置在管壳外冷段催化床上方设置绝热层，形成了管壳外冷—绝热复合式结构，同时优化反应管直径，使得反应效率和生产能力都获得了极大的提高。这两项技术都可应用在煤化工企业的甲醇生产中，是煤化工、碳化工重大装备国产化的一项重要内容。

江苏某(集团)有限公司坚持以化工为主业,并以其化工优势与高等院所合作,逐步涉足生物化学、材料化学等相关领域,现已发展成为集科、工、贸、服务于一体,跨地区、跨行业的国家大型企业。

黄某在华东理工大学国家技术转移中心从事技术经纪工作,多年来为技术转移工作作出了较大贡献。校地产学研合作、技术转移联盟的建立、学校科研成果的产业化这些成功例子的背后,都能寻觅到其忙碌的身影。

2. 实施过程

在整个技术转移过程中,黄某凭着自己对煤化工行业的熟悉与了解,以及对技术经纪事业的执著,循着项目寻找、市场调研、技术评估、项目包装推广和实际投资实施的路径,脚踏实地地走向成功。

(1) 项目调研

黄某自2001年到华东理工大学国家技术转移中心后,始终关注着校内的科技成果,当他获悉"多喷嘴对置式水煤浆或煤粉气化炉"及"管壳外冷—绝热复合式固定床催化反应器"这两项技术已经开始产业化后,通过对该技术的初步了解,以及鉴于国内电力、石油等能源供给日趋紧张和国内外对可持续发展要求的日益凸现的认识,黄某意识到这两项技术的产业化,前景诱人。

黄某通过互联网查找相关咨询的同时深入企业进行调研,了解到随着石油价格的上涨,人们渐渐把甲醇及二甲醚作为石油替代的战略能源。甲醇是举世公认的洁净能源,从煤炭及天然气转化为二次能源,甲醇的有效利用率最高。同时国外已将甲醇越来越广泛地用于各种用途的燃料电池和较大量地用于替代柴油等调峰发电的洁净燃料。可以设想,今后发展中小负荷自备发电,可直接使用甲醇燃料电池发电。较大规模的工业窑炉、实现燃料洁净化的锅炉均可使用甲醇。因此,如今甲醇的产量不断上升,甲醇的规模不断扩大,生产甲醇的企业不断涌现,中国也已成为世界甲醇主要生产地区。对于我国,从资源背景看,煤炭储量远大于石油、天然气储量,随着石油资源紧缺、油价上涨,因此在大力发展煤炭洁净利用技术的背景下,在很长一段时间内煤是我国甲醇生产最重要的原料。煤气化制得合成气生产甲醇,继而生产一系列化工产品这一技术路线是煤洁净利用、多联产的有效途径。学校开发的"多喷嘴对置式水煤浆或煤粉气化炉"是以水煤浆为原料制备合成气中的关键设备,开发的"管壳外冷—绝热复合式固定床催化反应器"是低压合成甲醇的关键设备之一，广泛用于甲醇生产企业中。前一套装置还可应用于合成氨、羰基合成、海绵铁、城市煤气、联合循环发电(IGCC)等煤化工、能源热电领域。同时，黄某还发现在国内的甲醇生产企业中，这两套应用于煤生产甲醇的关键设备普遍使用着国外的技术，每年还支付大量的专利费。例如，前一套设备企业普遍采用德士古公司的煤气化技术，按专利费计算方法，1 m^3(标态)有效气体为2.4美元，建设1套年产100 kt合成氨装置需支付的专利费将达170万美元，加上专利许可、培训服务等总计将达400万美元。因此，黄某认为这两项技术的技术转移必将产生巨大的经济效益和显著的社会效益。

(2) 技术考察与评估

为了更有效地开展技术经纪工作，黄某对这两项技术项目分别作了深入细致的了解和评估。“多喷嘴对置式水煤浆气化技术”是由华东理工大学和山东兖矿集团共同开发的，因此，黄某到山东兖矿集团进行了深入考察。通过询问相关技术工人，观察生产工程，测试产品质量，黄某发现该技术对气化用煤没有特殊要求，煤种适应性强，可采用资源丰富、分布广泛的烟煤或褐煤，并对粒度、灰分和含硫量有较大的兼容性。同时，他还了解到多喷嘴对置式水煤浆气化炉通过喷嘴配置、气化炉结构及尺寸优化，形成撞击流以强化混合，这不仅使炉内气流场及温度分布合理，而且优化了气化效果，减轻了对耐火衬里的损伤，为实现长周期运转创造了条件。厂内技术工人兴奋地告诉他，和国外技术相比这套装置优势明显：① 有效气成分提高2～3个百分点，CO_2含量降低2～3个百分点，碳转化率提高2～3个百分点，比氧耗降低7.9%，比煤耗降低2.2%；② 多喷嘴对置式气化炉喷嘴之间的协同作用好，气化炉负荷可调节范围大，负荷调节速度快，适应能力强，有利于装置大型化；③ 复合床洗涤冷却技术的热质传递效果好，液位平稳，避免了引进技术的带水带灰问题；④ 分级式合成气初步净化工艺节能、高效，表现为系统压降低，分离效果好，合成气中细灰含量低(<1 mg/Nm^3)；⑤ 渣水处理系统采用直接换热技术，热回收效率高，克服了设备易结垢和堵塞的缺陷。

当黄某获悉兖矿集团鲁南化肥厂采用“管壳外冷—绝热复合式固定床催化反应器”专利技术生产出合格的精甲醇时，赶往那里进行实地考察。通过实地数据检测和出具的检测报告，发现该套装置升温还原快，原料适应性广，生产强度大，热量利用率高，同时还能保证粗甲醇的质量。

(3) 项目包装策划及推广

黄某认识到科技成果就像化妆产品经过包装后必须通过广告宣传才能

被社会所关注，因此，在华东理工大学国家技术转移中心的帮助下，对于这两项成果他分别编制了包括项目需求概述、项目实施水平及作用分析、项目运营机制及共享服务模式、项目意向、市场分析、财务分析和风险控制等内容的商业计划书和项目申报书。2005 年，经黄某策划、推荐，“多喷嘴对置式水煤浆气化技术”在上海工博会上获“中国高校”展区优秀展品特等奖。同时，该项目推荐到教育部后，入选为中国高校—大型企业合作科技创新十大案例。而“管壳外冷—绝热复合式固定床催化反应器”项目也在社会上取得了轰动效应，在 2007 年中国国际工业博览会上获得了中国高校展区优秀展品一等奖。同时，该项目荣获“第三届中国技术市场协会金桥奖”优秀项目奖，同时黄某也荣获了先进个人奖。

黄某在积极策划宣传项目的同时还依托华东理工大学国家技术转移中心的相关资源推广项目。通过与政府和企业合作建设的 5 个技术转移工作站、中心加盟的两个国家产业技术创新战略联盟、上海市能源化工技术转移平台等方式不断地推广项目。在镇江科技成果洽谈会上煤气化项目 973 首席科学家王教授与江苏某(集团)有限公司签订了合作意向书，并多次组织了深入的交流研讨与针对性现场考察，在随后江苏某(集团)有限公司甲醇装置的招标中，黄某和华东理工大学科技人员共同为其提供了煤气化、甲醇合成及其他部分相关工艺、装备技术(共 8 项)，在与世界煤气化技术领域的国外某大公司的首次同台亮相、同台竞技中一举夺标，从此打开了“煤气化技术”的产业化实施推广之门。

3. 服务成效

2007 年华东理工大学就“多喷嘴对置式水煤浆或煤粉气化炉”及“管壳外冷—绝热复合式固定床催化反应器”这两项成果与江苏某(集团)有限公司签订了专利实施许可合同，金额分别为 874 万元和 200 万元。合同签订后，华东理工大学为其提供完善的技术支持与服务。

目前上海市拥有 4 家国家级技术转移中心，分别是华东理工大学国家技术转移中心、上海交通大学技术转移中心、中科院上海分院国家技术转移中心等，这些国家技术转移中心大都是依托科研产出能力很强的高校和研究所，这里聚集着很多成熟的科研项目。建立国家技术转移中心的目的也就是把那些受到国家经费支持的科研项目转化成生产力，创造经济价值，使国家的科研投入能够实实在在地带动经济的增长。

案例二：一个新药项目成功转让

1. 项目简介

1987年，中国科学院某药物研究所（以下简称“药物所”）对硫酸舒欣啶项目立项研究，经过近20年的努力，终于获得国家食品药品监督管理局（以下简称“药监局”）颁发的药物临床试验批件。上海某创业投资管理公司的技术经纪团队在技术经纪人高某的带领下，通过不懈努力，促使项目成功完成Ⅰ期临床研究，并于2007年最终将国内专利和国际专利分别成功转让。

药物所是以创新药物的基础研究、应用研究和应用开发研究为主的综合性国立药物研究机构。设有新药研究国家重点实验室、国家新药筛选中心两个国家级研究中心，五个研究室，以及一系列新药研发技术平台。数十年来，药物所先后研究研制出了一大批重要的创新药物，建立和完善了达到国际水平的新药研究技术平台体系，成为我国新药研究领域最重要的中心之一。

硫酸舒欣啶是由具有抗心律失常作用的天然产物衍生物作为先导化合物，经结构修饰并从中筛选出的具有很强抗心律失常活性的化合物，代号为87823。该项目先后入选国家“九五”、“十五”重大科技攻关项目、国家高技术研究发展计划（863计划）。

上海某创业投资管理公司是中国科学院上海生命科学研究院控股的技术经纪公司，主要从事生物医药领域的各项技术开发与技术经纪。高某是上海某创业投资管理公司的总经理，上海市第一批技术经纪人，带领技术团队与技术经纪团队多年来从事生物医药领域内的技术整合和技术经纪业务。

2. 实施过程

(1) 寻找合作者

化学1.1类新药是指未在国内外上市销售的，通过合成或者半合成的方法制得的原料药及其制剂，这意味着该新药是具有真正的中国原创自主知识产权药物，因此新药临床研究工作是没有任何国内外资料可以借鉴的，对技术的受让人来说风险是极大的，几乎不存在直接转让的可能。

为此，在接到委托后，上海某创业投资管理公司高某凭借对项目与市场情况的了解，把着眼点首先放在寻找投资者，合作开发进行新药的Ⅰ期临床研究。经成功牵线搭桥，2005年7月，上海某创业投资公司与药物所签署了投资新药Ⅰ期临床的协议，上海某创业投资管理公司承接了新药Ⅰ期中的临床监查与管理的工作。

(2) Ⅰ期临床研究

药物临床试验是在人体(病人或健康志愿者)进行药品的系统性研究,目的是确定试验用药品的疗效和安全性。经上海某创业投资管理公司促成,中山医院与徐汇区中心医院两大医院联合为该新药进行临床试验。上海某创业投资管理公司从起草新药临床试验协议开始,参与了制订临床方案、完成编制研究者手册、审核病例报告表和知情同意书、组织生产试验样品、编目、试验监查访视、核对填写后的病例报告、核对总结报告并撰写最终监查报告等工作。从2005年11月至2006年9月顺利完成了临床Ⅰ期研究工作;2007年5月10日正式获得药监局的批件。

(3) 广泛撒网,寻找受让的潜在对象

高某受到委托后,一方面进行新药的Ⅰ期临床研究,另一方面开始陆续寻找潜在的受让对象。凭借多年的操作经验,利用政府组织的各类技术交流会,发布项目信息,吸引国内药厂和国际投资人的关注。高某分别与黑龙江、江苏、福建及国外的数家医药企业进行实质性谈判,促使各企业形成激烈竞争,转让价格也不断提升,并最终在领到药监局颁发批件的一周内即将新药与中国专利转让成功,并收到部分转让收入。

3. 服务成效

2007年5月16日,药物所与江苏某药业股份公司以人民币1 880万元的价格将新药及中国专利进行转让。2007年7月,药物所与美国HUYA Bioscience International,LLC签署协议,以2 500万美元将国际专利及新药开发权进行许可。

行业的熟悉、政策的了解、政府的支持是项目成功的先决条件。这离不开技术经纪机构经常组织的学习培训和考察。

技术经纪不仅仅是技术中介,也可以利用经纪组织本身的技术研发和技术服务能力,包装整合项目及提高项目成熟度后再进行技术转让。降低项目风险,从而获得更大的收益。

技术的开发方应该具有前瞻性,不应只局限于国内市场;本项目之所以能成功完成国际转让,主要是由于药物所在临床研究中坚持各环节尽可能按照国际标准和国际水平进行试验。

案例三：新药产品实现技术转移

1. 项目简介

2005年7月开始，上海某医药研究有限公司（以下简称“上海某公司”）将所拥有的重组人红细胞生成素（EPO）、重组链激酶（r-SK）和重组注射用胰岛素（r-Insulin）的科技成果项目成功实现国际技术转移，取得了良好的社会效益和经济效益。该项目的技术供给方以技术入股；投资方为埃及某制药集团，以资金入股，合同金额89万美元。上海某公司为埃及某制药集团提供生产用重组人红细胞生成素、重组链激酶和重组注射用胰岛素的重组DNA技术支持服务、原材料、成品和产品，以及技术服务培训，并为购置和安装所需仪器提供帮助和建议。2007年5月开始，上海某公司通过国际人才交流活动，与埃及穆巴拉克科学城取得联系，经过沟通和访问，双方积极开展生物医药技术转移和产业合作，包括合作建设生物研发中心与构建新药研发产业链式综合公共服务孵化平台。本着友好合作的原则，双方成立共同管理机构并分享席位的生物医药合营公司，致力于上海某公司转移的技术和产品落地埃及。首先根据埃及市场需求，经深入讨论，穆巴拉克城选择了上海某公司的5个具有技术和市场优势的项目进行技术转移，分别为r-SK、Insulin（E. coli，yeast）、Hirudin、Insulin C peptide和FC-IFNα；其次，进行第二批技术转移的准备和实施；同时推进合营公司的海外上市，力争尽早实现合营公司在海外资本市场的IPO，以此培养人才、转移技术和扶植埃及生物医药产业的建设和发展，扩大中国生物医药行业的国际影响力。

上海某公司是一家新时代的CRO（Collaboration Resource Organization）公司，成立于2002年。该公司是专门从事生物技术新药研究开发及生物技术新药产品相关的市场研究的中外合资生物医药研发公司。该公司面向生物医药产业，提供新药产业化全面解决方案和一站式专业服务，实现新药研发的模块化、标准化、流水线、规模化运作。上海某公司作为创新药物研发的纽带桥梁，以促进生物医药创新成果转化和技术转移为目标，以产业发展为己任，积极探索与谋求生物医药高新成果转化的方法创新和模式创新；以“官产学研资”联盟实现产业资源优化整合，与上游科研院所、中游科技园区和金融资本中介机构、下游生产企业等组成最大范围和面积的产业链平台联盟PCR（Platform of Chain Research）。帮助科学家促进新药创新成果实现产业化；为企业家提供具有产业化价值的成果孵化；帮助投资者缩短投资周期、降低投资风险；为政府服务，整合中国新药公共服务平台资源，提高中国新药自主研发的国际竞争力。

为加强与第三世界的合作与交流，支持世界欠发达国家高科技产业的发展，上海某公司充分利用我国生物医药技术、产品的研发和产业化实施优势，以“携手生物医药、共享生命科技”为宗旨，与亚非拉各国积极开展生物医药技术转移和产业合作，帮助在当地建设高水平、高通量，以生物医药注册申报、上市销售为目的的生物医药技术和产品孵化基地。通过转移成熟技术，孵化生物医药产品，以及多种形式的人员培训，与合作方密切配合，共同促进、推动亚非拉美等发展中国家的生物医药技术和产业的发展。上海某公司还深入地参与所在国高科技园区的功能设计和建设，合作设立研究院，培养生物工程高级研究人员等为基础，向当地整体输出新药研发产业链式综合公共服务孵化平台(PCR，Platform Chain of Research)的理念。

埃及某制药集团具有一定的投资能力，他们重点关注生物技术新药研究及生物技术产品。

2. 实施过程

上海某公司通过企业为主体的市场运作，建有立项和价值评估、孵化与研发、展示和交易、交易保障四大系统，以专业的技术服务和投资孵化方式承担部分的项目保荐和市场交易功能，以促进交易的活跃和市场功能的实现。

(1) 项目立项与价值评估

上海某公司依托国家科技部生物技术中心，整合国家863项目、973项目、国家科技支撑计划重点项目等资源，构建项目基础库。同时，通过对项目基础库项目的分类筛选和评估，选择技术相对成熟、产业化“临门一脚”的项目进入项目优选库，保证优选项目源源不断。目前，吸引入项目基础库的国内外高端项目已达268项，项目优选库达50多项，其中在研投资孵化项目77项。通过对多个项目进行打包推荐，建立短期、中期、长期项目共存的项目资源。

重组人红细胞生成素、重组链激酶和重组注射用胰岛素都是很成熟的产品，同时其市场需求很大。

2002年全球EPO的市场为81亿美元，成为全球销售前10名的治疗类别。外科手术红细胞动员、自体输血、癌性贫血、放化疗后贫血、孕产妇贫血、早产儿贫血等新适应症的应用，更大地扩大了市场。上海某公司构建有完善的基因工程表达技术平台，表达体系齐全、操作规范、高效，专家评定为国际先进水平。采用CHO表达体系高效稳定表达EPO，表达水平达3×106IU/L

发酵液，纯化工艺简单，回收率达到30%以上，得率达9×105 IU/L以上。

目前，上市的重组链激酶采用大肠杆菌表达体系，表达产物为不溶性包涵体，因此需要通过变性和复性才能得到有活性的产物，生产工艺复杂、产率低、产品成本相对较高。上海某公司开发的生产r-SK的方法，通过密码子优化，采用改造的大肠杆菌表达体系，使表达产物以可溶、有活性形式存在于细菌体的胞内及细菌的胞间质内，并通过发酵工艺的改进，同时简便纯化工艺，达到高表达、高得率，是极具产业化价值的一种r-SK生产方法。

糖尿病，在全球范围内已经成为威胁人类生命的"第三号"杀手，据糖尿病流行病学专家预测，到2025年全球糖尿病患者将达到1.35亿，其中75%在印度、中国等发展中国家。上海某公司采用毕赤酵母表达体系，表达量高达500 mg/L发酵上清，极具产业化前景。

(2) 技术研发与孵化

对于亚非发展中国家，上海某公司着重发展和转移那些需要紧迫、使用广泛、国际社会高度关注和具有重大意义的药品与技术。通过国际合作，利用其在中国传统医药创新研究方面的优势，以国际领先水平为标准，研发和生产抗高发传染病的最新特效药。通过这样的国际技术转移，可很好地推动技术创新和技术进步；调整优化产品和产业结构，加速我国的经济和科技发展，提升中国生物医药研究的国际威望；为进一步加强研究力度和深度提供资金，同时吸引了国际先进经验，为开发自主知识产权新药提供了经验。

2005年7月上海某公司与埃及某制药集团签订技术转让协议。在这次技术转移中，上海某公司提供生产重组人促红细胞生成素(EPO)、重组链激酶(r-SK)和重组人胰岛素(r-insulin)的重组DNA技术支持服务、原材料、成品和产品。技术支持服务依次为重组人促红细胞生成素、重组链激酶和重组人胰岛素。每个产品都独立进行，前一产品完成之后再进行后续产品的技术转让服务。

2007年5月开始，上海某公司通过国际人才交流活动，与埃及穆巴拉克科学城取得联系，经过沟通和访问，双方积极开展生物医药技术转移和产业合作。

2007年5月，在埃及，中国驻埃及公使见证了上海某公司与穆巴拉克科技城合作框架协议的签署，该合作项目得到双方政府的支持。

2007年7月，上海某公司与穆巴拉克科技城双方负责人在上海正式签署了合作协议，埃及方提供相应园区厂房、装备，完成当地雇员招募和相应政府审批文件的获取；上海某公司帮助完成中试、临床前和临床三大平台建设，提供相应技术支持和人员培训，提供 cGMP 审批和知识产权保护支持，对设备招标采购提供支持。此后，上海某公司还计划以该平台为基地向非洲及中东地区提供生物医药技术的输出转移。双方决定在适当的时候成立合资公司，以有效推进项目进展，争取资金、技术支持。

2007 年 8 月开始进行设备的第一期招标。

2007 年 11 月为回应埃及高等教育和科学部报告，埃及外交部行文要求积极推进此项目，并指示与埃及国际合作部和健康人口部充分合作。

2008 年 3 月，埃及健康人口部批准此项目的深入合作，并进入对重组链激酶（r-SK）项目转移的审批。

3. 服务成效

上海某公司与埃及某制药集团已完成了协议中 EPO 产品的技术服务内容，于 2005 年 9 月完成对其技术人员和相关技术资料交接工作，及其 GMP 生产厂房建设所需设备的预定工作；2006 年 3 月完成其所有的 GMP 厂房建设工作，配合其获得相应产品符合当地的质量标准；2006 年 6 月完成其 GMP 厂房内部装修和验证工作，并全面完成对其技术员工的培训工作；2006 年 9 月配合其完成这 3 个项目技术转移产品在当地的 3 批稳定生产；2006 年 12 月配合其完成这些产品在当地的注册申报。

上海某公司一穆巴拉克科技城合作建设生物医药产业园区的项目分三个阶段进行：

第一阶段：2007—2008 年度，合作建设生物研发中心与构建新药研发产业链式综合公共服务孵化平台（PCR）。埃方提供相应园区厂房、装备，完成当地雇员招募，完成相应政府审批文件的获取。上海某公司帮助完成中试、临床前和临床三大平台建设；提供相应技术支持和人员培训；提供 GMP 审批和知识产权保护支持；对设备招标采购提供支持。本着友好合作的原则，双方成立共同管理机构，并分享席位。

第二阶段：2008—2009 年度，在已建生物研发中心的基础上，双方成立生物医药合营公司。该公司致力于技术转移和产品在埃及落地。首先根据埃及市场需求，经深入讨论，穆巴拉克城选择了上海某公司几个具有技术和市场优势的项目进行技术转移，分别为 HBV 疫苗、抗体药物、r-SK、rHSP-MUC1、长效重组人生长激素，以及基因治疗（ZD55-IL24）项目。其次，进行第二批技术转移的准备和实施。同时推进合营公司的海外上市，力争尽早实现合营公司在海外资本市场的IPO。

第三阶段：2000—2010年度，以生物医药合营公司为平台，进行项目的当地和地区转移。上海某公司进一步以埃及为核心，进而拓展到非洲及中东其他国家。

第二节　安徽省技术交易案例

以下是由安徽省科技研究开发中心负责组织提供的八个案例，供技术经纪从业人员分享。

案例一：3D打印技术的转移转化案例

1. 项目简介

合肥阿巴赛信息科技有限公司（以下简称“阿巴赛3D科技”），坐落于中国科学技术大学先进技术研究院，是一家集科研、教育、开发、设计、生产、销售于一体的3D技术企业。阿巴赛3D科技团队由中国科学技术大学刘利刚教授牵头组建，依托中国科学技术大学的几何与计算实验室的科研力量和技术资源，拥有优秀博士与硕士研究生等人才资源，具有十多年的3D技术的研究与开发经验。成立至今，阿巴赛3D科技凭借可靠的产品质量与良好的服务态度，已赢得了广大用户的认可；同时，公司致力于3D教育、3D扫描、3D建模、3D处理和3D打印等方面为不同的行业提供技术支持、软硬件设备及整套的解决方案等。

2. 实施过程

在2013年9月，中国科学技术大学刘利刚教授发表了关于在打印过程中可以节约70%打印时间和耗材的“蒙皮——框架支撑结构”数据优化的研究成果，得到众多媒体的关注和报道。如何把该技术快速转化是刘教授考虑之一，从以往惯例来看，一项技术的发明到产品的转化应用，需要几年甚至更长的时间，项目从申报到审批过程中诸多环节相对繁琐。因此，一些技术因为转化时间较长，还没等到行业应用环节就已经过时了。

中国科学技术大学技术转移中心主动挖掘、深入了解、积极对接，了解到其需求，为其进行了全方位的服务：从办公场地、技术产业化、商业模式、人才引进、品牌意识策划与宣传、对外融资、财务管理、企业对接等方面进行了一系列周到而全面的服务，并针对该企业专门设立了项目经理，便于及时对接沟通，第一时间解决其实际问题。

（1）协调办公场所，完成企业落户

成长环境对于一个初创型企业的发展显得至关重要，需要高新技术的支撑和各项科技政策的倾斜，中国科学技术大学技术转移中心瞄准高新技术开发区的区域和政策优势，迅速与高新区相关单位进行沟通，依托中国科学技术大学先进技术研究院，完成了阿巴赛3D科技企业的注册，迅速而稳妥地完成了企业的落户并解决了随着公司的快速发展而带来的研发办公场地的紧张情况。

（2）对症下药，各个击破，实现技术成果产业化

针对公司技术多、发明多、管理团队多是学术出身，企业经验不足等现实情况，该中心针对阿巴赛3D科技提出技术产品聚焦策略。例如该公司开始业务范围较广，包括：软件开发、打印耗材、打印机、扫描仪、打印喷剂、3D打印技术培训等内容，出现了创新公司常犯的错误，即眉毛胡子一把抓，没能发挥公司的强项，没能使主营业务和人力资源聚焦。

中心对阿巴赛3D科技深入了解之后，针对目前的市场和公司自身的发展情况提出了现阶段相对合理的主营方向和市场目标：技术服务于教育产品和市场。明确了方向和任务之后，公司迅速把精力转向了教育市场，以教育推动技术研发和产品的推广。通过内部资源整合，阿巴赛3D打印技术培训项目迅速发展成为国内在该技术教育市场的垄断局面。目前阿巴赛3D打印技术教育的学员已覆盖了国内30多个省市，并对北京、上海、南京、青岛、成都、武汉等一线城市的大中专院校、中小学、科技馆、少年宫提供了3D打印课程设计方案。

在技术应用于教育产品之后，技术转移中心又进一步把阿巴赛3D科技的3D打印技术结合到行业应用。经过与众多企业的对接，该公司目前已经与青岛亨达股份有限公司达成了战略性的框架协议——《足部扫描技术个性化定制》，达成了3 500套3D扫描软件和成套设备的协议，协议金额达1.2亿元。

（3）对外融资，搭建资本与技术的对接桥梁

创新企业面临的共同问题就是资金问题。中国科学技术大学技术转移中心先后联系了20家投融资机构与阿巴赛3D科技进行了对接，最终达成了580万的资金，为企业的进一步发展提供了资金保障。

(4) 宣传策划,打造特色的技术品牌

“酒香不怕巷子深”的道理现在已经不适合当代企业的经营理念。中国科学技术大学技术转移中心从开始就向众多服务单元灌输其理念。例如为了让阿巴赛3D科技打出品牌效应,技术转移中心先后向前来中国科学技术大学先进技术研究院参观指导的省部委领导和其他来访的人员详细介绍了公司的技术和产品;同时,不定期把阿巴赛3D科技的产品与技术通过媒体进行宣传报道。阿巴赛3D科技之所以目前已经具备有一定影响力的品牌企业就是得益于此。

(5) 规范管理,提高企业综合竞争力

企业经营需要合法规范。一个企业是否走得长远在于其综合管理水平,合规合理化经营可以让一个企业的发展更为稳妥并具有活力。中国科学技术大学技术转移中心在为企业发展提供服务的同时,协助其组织了财务人员培训、技术人员培训、企业管理培训、市场导向培训、项目申报等系列具有针对性、实用性的培训,极大提高了公司管理层自身的综合能力。

3. 服务成效

正是这些理念加实践的结合,助飞了3D打印技术的转移转化。该成果从原始创新到成果转化、再到产品上市,仅用了8个月时间。一两个研发平台可能作用有限,但几十个平台整合在一起就能发挥集聚效应。阿巴赛3D科技的系列技术成果之所以能顺利转化成行业应用,并先后与青岛即墨第一职业中专、南京蓝蛙科技、芜湖繁昌春谷3D打印技术产业园等众多企业、学校、科研院所进行业务合作的成果就得益于格局多样、信息资源丰富以及各具特色的多方协同。

案例二:安徽某材料公司开展技术合作增强企业竞争力

1. 项目简介

根据党的十八届三中全会关于“着力加强产学研用合作发展”战略部署,进一步深化教育部直属在京高校支持合芜蚌自主创新试验区创新发展,合肥市科技创新公共服务中心协同合肥市驻京办组织开展了合肥市与教育部直属在京高校产学研合作工作。在会议准备期,中心工作人员深入县区、开发区了解企业技术需求情况。在深入合肥市庐江县经济开发区开展难题调研时,了解到该区内安徽某材料公司在烧结钕铁硼永磁材料高耐蚀表面处理技术及高性能涂镀层工艺技术开发中,存在技术问题一直未得到很好的解决,影响了产品的优化工艺参数。

2. 实施过程

合肥市科技创新公共服务中心得到这一情况后，组织合肥市相关专家与该企业技术人员积极沟通，最终了解到该公司在钕铁硼产品镀层的耐盐雾腐蚀、耐高温高压等方面技术指标还未达到国际领先水平，产品涂镀层的结合力、耐盐雾腐蚀、耐高温高压等方面的指标还需进一步提高。

中心将这一难题在推介会上做了重点推介，最终通过北京工业大学的一位教授了解到某钢研院是金属新材料的重要研发基地，是我国金属新材料及制品生产的领军企业。某钢研院在材料科学与工程的研究中突破了众多关键技术，取得了大批具有国内、国际先进水平的科技成果，其中包括表面技术与腐蚀防护方面关键技术的研究和成果。

得到这个消息，中心工作人员多次与某钢研院联系，并带领企业前往北京洽谈，最终促成两个企业进行了面对面的技术交流。2014 年 7 月该公司和某钢研院本着产、学、研相结合的理念开展了全方位的合作关系。某钢研院技术团队同意为该公司提供专门技术咨询。双方共同建立了研发队伍，配置了相关人员开展了长期紧密的合作，针对高端稀土永磁材料表面防护技术及其自动化产业化生产设备进行研发，比如：开发产品、工艺和系统；精细地调整企业内部的关键工艺；对现有工艺、程度和产品的工程技术进行开发和最优化；设计开发新的适应市场销售的产品和工艺，覆盖从样品开发、测试、专利申请、生产实施整个流程；为项目建立中试生产线等方面提供支持。

3. 服务成效

通过技术对接的有序进行，该公司开发出用于钕铁硼防护电镀合金镀层加阴极电泳的复合镀层。合金电镀层结合力指标大于 15 MPa，跌落实验 1.8 米，重复 30 次；合金电镀层加阴极电泳的复合涂层高温高压实验（实验条件 120℃温度、湿度 100%、压力 2 atm）指标大于 200 小时。并且已经申请"稀土永磁材料高压加速老化试验方法"标准。在成本不增加、电镀工艺基本不变、钝化工艺不变条件下，获得光亮致密锌铁合金镀层，经过常规三价铬钝化后（和电镀锌钝化相同），锌铁合金镀层耐盐雾腐蚀性能得到大幅提高，相比于镀锌层，耐腐蚀性能提高了 3～5 倍。同时成功地进行了两种新型涂层的设计与研发——表面铁氟龙涂层及 Everluber 涂层，通过实验，对各涂层的耐腐蚀性能和力学性能进行了研究，掌握了各涂层适合的应用领域。现正在开发该系列产品的大规模连续式的生产设备。

通过此次技术合作，安徽某材料公司相关研发项目已经取得初步成果，生产工艺技术和装备都得到较大程度的改进和提升，产品性能大幅提高，新产品开发进程加快，从根本上增强了公司核心竞争力。

案例三：技术转移促进种业发展

1. 项目简介

种业是国家战略性、基础性核心产业，是促进农业长期稳定发展、保障国家粮食安全的根本。近年来，随着我国种业进一步开放，市场竞争的日益激烈，新品种日益成为种业企业的核心竞争力量。

2013年安徽荃银高科种业股份有限公司被评定为“农业部杂交稻新品种创制重点实验室”依托建设单位。合肥市科技创新公共服务中心（以下称“中心”）获得这一消息，派工作人员第一时间与该公司联系，了解相关情况。安徽荃银高科种业股份有限公司是我省农作物种子育繁推一体化的农业科技上市公司，是火炬计划国家重点高新技术企业，我国种业的龙头企业。此次获批的“农业部杂交稻新品种创制重点实验室”是凝聚和培养优秀农业科技人才，团队创新，开展学术交流的重要平台。这个实验室的建立对于保障合肥市食品安全，促进合肥市分子生物育种产业快速发展，具有十分重要的意义。

2. 实施过程

在了解“农业部杂交稻新品种创制重点实验室”定位、研发方向的同时，中心积极帮助他们宣传重点实验室，向该企业介绍了国家级平台建设奖励、科学仪器设备购置及使用的补贴、成果奖励等省市出台的相关政策。同时，中心组织合肥市辖区内的相关企业到重点实验室来开展技术交流，同时参观安徽荃银高科种业股份有限公司在实验室南岗科研基地的示范田。

安徽某种业公司是国家农作物生产经营许可证办法出台后，安徽省第一家取得经营许可资质的现代化种业企业。它在安徽建有400余亩稳定的科研育种基地，在全国各适宜生态区建有得天独厚的种子生产基地15 000余亩。该公司此时正在寻觅产量高的杂交稻新品种。

这次参观学习中，安徽某种业公司看中了选育的籼型两系杂交水稻新品种两优383，并向安徽荃银高科种业股份有限公司提出购买该品种的意向。

据安徽荃银高科种业股份有限公司技术中心人员介绍，两优383全生育期平均134.0天，两年区域试验平均亩产586.9千克，比Ⅱ优838增产

6.1%,2013 年刚刚通过国家审定,非常适合在长江中下游作一季稻种植。该品种是该单位近年来研发的表现最为突出的新品种之一,准备留为本单位自主推广的。

经过中心的撮合,双方最终以 400 万的价格达成了技术转让合同。中心同时为该合同提供了技术合同登记服务,指导合同卖方享受了合同技术交易金额的增值税和所得税减免。

3. 服务成效

目前,两优 383 成为安徽某种业公司的主推品种,为企业带来了较高的经济效益,加速了企业的成长。与此同时,安徽荃银高科种业股份有限公司将合同减免的税收继续投入到本单位的研发活动中,提升了企业的核心竞争力,促进了不同规模种业企业的发展,进一步发挥了种业科技在农业科技创新中的核心推动作用,将良种良法带到了田间地头,实现了农民增产增收,保障了国家的粮食安全。

案例四:合肥市科技创新公共服务中心建设科技创业苗圃

1. 项目简介

2011 年,合肥市科技局以合肥市科技创新公共服务中心(以下简称"科创中心")为主体,在资源汇聚、成果转化、科技合作、中介服务积累的经验等基础上,在合芜蚌自主创新综合试验区建设科技创业苗圃,旨在为准创业者提供零成本创业办公环境和创业过程中所需的系列化服务,帮助创业团队健康快速成长,完成创业项目从构思、设想或实验室阶段转化成产品、进入市场的公司化进程。

合肥科技创业苗圃,坐落于合芜蚌试验区科技创新公共服务中心四层,地处合芜蚌自主创新综合试验区核心示范区,周边研发基地、产业基地环抱,高新技术企业林立。楼内成果展示、技术交易、创新服务、创业辅导、专业技术、科技中介等多种服务功能齐备,形成良好的创业氛围和基础条件。

合肥科技创业苗圃面积为 1 640 平方米,划分为创业空间、创业工作室、创业培训室、创业洽谈室和创业服务区五个区域,独立空间 8 个,坐席 52 个,能同时培育 20 多个创业项目。苗圃配置电脑、办公桌椅、电话、网络等基本办公设施,共享洽谈室和文印中心。

科技创业苗圃通过基础设施、信息化和服务体系建设,实现创业"预孵化"服务功能和服务模式。建成面向社会的科技创业苗圃公共基础设施、信息化网络、创业种苗数据库；建成面向社会服务的专家团队和工作团队；以开放共享的形式开展各类培训、推介、对接、论坛等活动，实现服务功能；形成可供借鉴的创业“预孵化”（创业苗圃）服务体制机制；促成建立鼓励创业的政策和金融体系。以合肥市为先行先试的典范，面向合芜蚌试验区，辐射全省。

2. 实施过程

合肥科技创业苗圃与团省委、团市委、高校科研院所及社会机构等全方位合作，多渠道遴选创业项目，与人社部门、孵化器、产业园区紧密联系，争取政策支持，选聘优秀团队，建立科学有效的运行模式，积极开展公益性创业孵育事业，搭建信息资源共享、创业课程培训、专业技术服务、投融资对接等功能，为每个种苗提供全程跟踪的孵育服务。

为更好地服务团队，合肥科创苗圃制定了《科技创业苗圃管理办法（试行）》等相关制度和管理流程，规范苗圃的运行；按照“选苗＋育苗＋移苗”的培育过程，建立“创业导师＋创业辅导员＋创业联络员”制度，推行“管理＋评估＋服务”的工作模式。与全市高校合作，建设校园种子基地；聘请来自于高校、创业企业、投资公司等机构的专家，组成结构功能互补的创业导师团；建立一支专业、敬业的工作服务团队；与科技中介机构共同搭建科技中介服务支撑。

合肥科创苗圃积极组织开展创业类活动，举办了合肥市青年科技创业座谈会暨创业项目路演活动，组织各创业团队参加安徽首届投资年会；帮助初创企业搭建交流平台，吸引创新投、聚合投资、达成投资等创投机构来合肥科创苗圃参观调研，拓宽融资渠道；帮助创业团队学习了解创业政策，提供政策咨询和申报辅导服务；与科技中介机构共同搭建科技中介服务支撑体系，全年共开展科技类培训 32 场，培训人次 1 346 人，参加培训人员涉及 1 024 家企业。

3. 服务成效

自合肥科创苗圃运行以来，累计服务创业团队 100 个，重点培育 48 个团队。2014 年新征集团队 25 家，其中 12 家已入驻合肥科创苗圃进行培育。目前共在孵 20 个团队，其中已成立公司的有 15 家（新成立的有 5 家），团队 5 家。2014 年，通过合肥科创苗圃的积极协调和推荐，有 7 家毕业企业进入了孵化器继续发展。如合肥芯动微电子技术有限公司、合肥星创信息科技有限公司进入了中科大先进技术研究院，安徽易慕信息科技有限公司、安徽广晟信息科技有限公司进入了合肥软件园，合肥思敬齐商贸有限责任公司进入了安大科技园，合肥市格物电子科技有限公司进入了合肥国家大学科技园，合肥泰壤信息科技有限公司进入了合肥市原创动漫园。

合肥云瑞网络科技有限公司，是由中国科技大学两个本科毕业生组建的团队，主要开发互联网金融行业服务工具和平台，通过在合肥科创苗圃的孵化和推介，成立了公司，于2013年10月获得了100万元的天使投资。

合肥思敬齐化工材料有限责任公司，是合肥科创苗圃的入驻企业，主要研发LED光固化3D打印材料。合肥科创苗圃帮助他们定位企业发展方向，在合肥科创苗圃的引导和支持下，成功申报了大学生创业资助项目，获得了5万元作为企业的初始运营资金，现在落户安大科技园，准备建立生产线后形成规模化运作，目前企业运行状况良好。

合肥泰壤信息科技有限公司，是合肥科创苗圃入驻企业，主要从事移动互联网互动与娱乐技术开发，通过合肥科创苗圃的孵化和帮助，注册成立公司，获得合肥市"科农行"杯第二届合肥青年创业大赛季军。现已完成首款自主创新的手机网络产品的研发，该款产品已经在360、UC、91等平台上线运营。同时，该公司与国内多家知名互联网公司建立互利合作关系，开发移动互联网娱乐产品。目前，该公司成为安徽省股权托管交易中心科技创新板首批成功挂牌的企业。

安徽广晟信息科技有限公司，是合肥科创苗圃入驻企业，在合肥科创苗圃的孵化培育下，2014年12月在安徽省股权托管交易中心科技创新板成功挂牌，成为首批挂牌新四板的企业，还获得了首批安徽省青年创业引导资金的政策支持。

案例五：技术经纪人牵线，合力解决企业需求

1. 项目简介

对(间、邻)苯二胺及其延伸产品是重要的化工原料中间体，广泛用于有机合成、染料、医药、显色剂、环氧树脂固化剂和石油添加剂、橡胶防老剂、合成耐高温的芳香聚酰胺树脂和阻燃纤维。

当前国家对企业和地方的环境保护和环境治理工作提出了很高要求。原采用铁粉还原和硫化碱还原技术属于传统老的工艺技术，因存在成本高、效益低、环境污染问题不能满足环保的新要求，而被淘汰。相反催化加氢是一种清洁环保工艺。采用加氢工艺生产的对(间、邻)苯二胺，产品纯度、外观以及贮存稳定性均超过铁粉还原和硫化碱还原产品，竞争优势明显。随着应用范围和需求量不断扩展，加氢对(间、邻)苯二胺已经出现供不应求的局面，因此加氢对(间、邻)苯二胺是一个有巨大发展前景的新材料品种。

为此,××公司拟在某市化工园区建设“年产××万吨加氢对(间、邻)苯二胺项目”,可以扩大产品应用领域,进一步满足市场需求。

2. 实施过程

按照《中华人民共和国职业病防治法》和《建设项目职业卫生“三同时”监督管理暂行办法》(安监总局51号令)等法律法规的要求,蚌埠化工技术转移中心技术经纪人在开拓市场过程中,捕捉了市场信息,根据企业项目状况,提出对企业开展技术转移工作,帮助企业对其“年产××万吨加氢对(间、邻)苯二胺项目”进行职业卫生技术服务。

接受企业委托后,蚌埠化工技术转移中心组建项目组开展工作,项目组技术人员首先深入企业现场收集和研读有关资料,技术专家根据国家相关的法律、法规、规章、标准和产业政策,开展初步调查分析,确定评价单元,筛选重点评价因子,识别、分析建设项目可能产生的职业病危害因素,评价危害程度,确定职业病危害类别,为建设项目职业病危害分类管理提供科学依据。编制技术方案并对方案进行技术审核,确定质量控制原则和要点等;依据技术方案对项目进行详细的工程分析,通过对拟建项目职业病危害进行风险分析,对该建设项目进行职业病危害因素定性、定量评价及职业病危害作业分级法;项目组汇总与分析取得的资料、数据,通过分析、评价得出结论,经过内部审查和专家审查提出职业卫生技术改进措施。

项目组技术人员通过分析项目建设基础资料和类比工程技术资料,梳理出企业在“年产××万吨加氢对(间、邻)苯二胺项目”可能存在的各类职业病危害:提出了施工期可能存在粉尘类、化学有害物类、物理因素等二十余项职业病危害因素,投产后化学有害物类、粉尘类、物理有害因素等十八项职业病危害因素,还有原料、精馏塔间或废弃物等,以及企业涉及维修作业、密闭空间作业、建设施工、设备安装与施工过程、化验人员中接触到相应单元存在可能对企业人员自身健康产生影响的职业危害因素,提请企业做好相应的防护工作,减少相应职业病危害事故的发生。

通过职业卫生现场调查、职业卫生检测、检查表法、职业健康检查资料分析等方法,利用气流组织技术,为企业做在线检测系统的设计布局,现场比对测试,针对可能出现的职业病危害,项目组技术人员从规划布局、建筑结构、工艺技术、装置设备、防护设施等各个方面提出职业病防控的防尘、防毒、噪声控制、高温控制、危害物处理等技术措施三十多项,指导企业在项目设计、建设、运营各个阶段开展管理工作，防止职业病的发生。

3. 服务成效

××公司在项目建设过程中实现了按《关于开展用人单位职业卫生基础建设活动的通知》的要求，建立、健全、开展职业卫生基础建设活动，在建设项目竣工验收前达到国家规定的标准要求。技术服务过程中，蚌埠化工技术转移中心技术人员走访类比企业，开展类比检测，搜寻技术参数，提供技术方案，编制技术报告，同时培训企业技术人员，实现了职业卫生增值技术服务，受到××公司的赞扬。

案例六：技术经纪推动企业科技创新

1. 项目简介：TCO玻璃镀膜新技术

本项目开发的电化学合成镀膜液采用辊涂法制备TCO玻璃技术，是TCO镀膜工艺的重大创新，通过电化学合成、配制纳米浆料镀膜液，使用辊涂方法镀膜得到TCO玻璃；本项技术取代真空磁控溅射及CVD镀膜工艺，在现有文献和专利中未见报道，与现有磁控溅射和CVD法相比，本项新技术设备工艺简单、成本低、绿色环保、过程可控、易于掺杂、性能优良，易实现大规模产业化，为国际首创。

2. 实施过程

芜湖市生产力促进中心产学研合作部主任白晓荣，作为芜湖基层站点技术经纪人，每年走访芜湖经济技术开发区及部分县区200多家企业，掌握了企业需求的第一手资料。

2013年，白晓荣走访得知芜湖经济技术开发区一家知名企业正在研发TCO玻璃镀膜新技术，希望与外部开展技术交流合作。于是经过沟通，先后介绍浙江大学、东南大学、安徽师范大学相关专业老师与该企业开展交流，一次又一次解决研发过程中的难题，最终促成该公司与浙江大学正式签约，并取得了显著的合作成果。

3. 服务成效

该公司与浙江大学已签订两项合作研发协议，其中一项2013年合作申报芜湖市重大科技计划项目获得立项。2014年该公司又与安徽师范大学签订一项合作研发协议，该项目技术达到国内领先水平，申报安徽省2015科技攻关项目，已通过网上公示。该研发项目完成并实现产业化后，将会为企业带来很大的经济效益。

2014年白晓荣共计引进科技成果206项，与企业对接，签订成果转化合作意向协议15项。收集企业技术需求47项，与高校、科研院所签订技术研发合作意向协议17项。引进海洋工程射流切割机器人、纯电动汽车整车技术及换电商业模式、汽车电池新型正负极材料、电池管理系统(BMS)、汽车毫米波雷达等达到国际领先技术水平的高端科技项目5项。

案例七：技术经纪人助力企业腾飞

1. 项目简介：一种新型防水板

消防泵是消防灭火救灾时重要的消防设备，随着人们安全防范意识的提高，消防泵已经广泛应用于工业区、商业区、住宅区等公共场所的救灾灭火，给人们的生活提供了必要的安全保障。特别是在工厂密集、容易起火的工业区，一旦发生火灾，如果不能及时灭火，将造成严重的人员伤亡和巨大的经济损失。由于消防泵高压出水时内压大，必须靠出水口的防水板及时返水减压。

芜湖市某消防器材公司，主要从事汽车塑料零部件，船舶、电器、外贸民用塑料制品、消防器材等的生产制造和加工。该公司之前生产的防水板采用金属材料不仅制作成本高，而且长期使用容易生锈腐蚀，同时容易被盗。最重要的是该产品的使用效果不理想，常常无法承受消防泵的高压。该公司一直在寻求解决此问题的技术方案。

2. 实施过程

魏巍作为中国创新驿站芜湖基层站点聘用的技术经纪人，利用网络服务平台、走访企业等不同形式，通过多种渠道、多种场合了解企业技术难题和发展过程中的各种创新需求。在了解到该公司技术需求后，通过对该公司的多渠道了解、实地考察及相关信息的收集整理，利用网络服务平台进行了技术难题征寻。了解到袁辉龙个人拥有该方面的技术，有可能解决该公司的材料使用问题。立即联系了袁辉龙，并促成双方会面协商。经过多次洽谈，该公司与袁辉龙达成技术转让协议，通过袁辉龙的指导，利用新技术进行了改进、更新，彻底解决了防水板的技术难题。

3. 服务成效

在技术经纪人魏巍的帮助下，该公司采用新材料、新工艺后，不仅降低了材料加工成本，同时提高了产品销售量和知名度。经测算，仅原材料一项，每年可节约60万余元。同时利用该技术，其产品在行业内得到了迅速推广，提高了公司的知名度。该公司财务总监文新红说到："利用该技术，不仅解决了使用效率的问题，同时为公司解决了成本问题，不仅提高了产品的质量，还拓展了公司产品的销路，提升了产品知名度，为公司的发展作了很好的基础。非常感谢！"

案例八：安徽三祥技术咨询有限公司技术交易案例

安徽三祥技术咨询有限公司（以下简称"三祥公司"）采取一系列措施，不断拓展技术转移工作及专项服务工作的深度和广度，广泛开展了形式多样的技术转移活动和各类产品认证服务活动，不断探索新的工作模式和服务领域，成功搭建了专业科技服务平台，促进多项技术成果转移，引进国外先进技术多项，为企业向高新技术产业发展奠定了坚实的基础。同时，也解决了企业因资金短缺而无法有效地进行自主创新的难题。

1. 多线精确码垛移动机器人技术转移项目

(1) 项目简介

合肥某自动化工程科技有限公司（以下简称"自动化公司"）是一家以自主创新能力为核心竞争力的高科技企业，是国内专门从事搬运码垛工业机器人、自动化包装机械的研发、生产、销售与服务为一体的现代化高科技企业。自动化公司不断进行包装智能系统装备的研发，根据客户的各种需求提供"量身定制"的智能无人化包装解决方案，2012 年自动化公司自主开始研发基于模块化设计的处理多线精确码垛移动机器人，产品可以很好地满足包装生产线和物流自动化行业对于物料码垛、拆垛及装箱等搬运工作要求。自动化公司在研发过程中，对于机器人的视觉反馈系统、如何实现自由移动、避障及精准定位碰到技术难题，一直未能找到解决办法，导致该项目停滞不前。

(2) 实施过程

三祥公司技术负责人杨丽在为自动化公司提供科技项目服务的过程中，了解到自动化公司的技术瓶颈问题，主动联系省内机器人行业专家，拜访了中科大机电专家竺长安教授以及中国科学院合肥智能机械研究所（以下简称"智能所"）汪增福所长，就技术难题与两位专家积极对接、联系，搭建合作桥梁，期间经历了多次的见面会谈，对技术细节、合作方式进行了反复沟通，最终自动化公司与智能所在 2014 年签订技术合作协议，共同研发该项目。智能所为自动化公司解决了视觉反馈的全局环境感知方法，通过环境模型下全局路径规划，解决机器人移动平台任务目标下的自由移动、避障及精准定位，研究六轴机械臂相对目标的精确定位及运动轨迹规划方法。目前该项目按进度顺利开展,重点技术难题逐一攻克,并已列为2014年度安徽省年度重点项目。

(3) 服务成效

通过本次技术合作,三祥公司通过智能所帮助自动化公司提高了产品设计能力,提升了创新能力,使自动化公司以较低成本、极短周期、高效率地获得自有的高科技产品,不再依赖进口产品和技术。同时本项目移动机器人将带动产品的自主研发与建设,不再依附进口零件和系统,将给自动化公司生产节约成本5%—10%,预期项目完成将为自动化公司年增加销售收入近600万元,年增加净利润约210万元。

2. SH系列电力变压器的技术引进及产品升级换代

(1) 项目简介

安徽某变压器有限公司始建于1992年,于2001年改制为民营股份制企业,是国家级高新技术企业,这是一家生产变压器的专业厂家,也是安徽唯一一家具有卷铁芯变压器生产能力的企业。该公司经营稳健,实力雄厚,年生产能力达300万KVA,生产设备齐全,工艺娴熟,一线技术人员和生产人员众多,具有变压器新产品的研究、开发、设计能力。与中国科学院电工研究所联合开发SH17壳式非晶合金变压器,国内首创,世界领先。

公司在开发、研制SH15-630/10非晶合金变压器时,遇到了技术瓶颈:该变电器中的非晶铁心结构还只适用于制造中小型变压器,而中小型变压器现在只能采用传统的芯式结构,为了该产品在节能上提高,就需要对该产品的结构进行改进。

(2) 实施过程

三祥公司技术负责人杨丽在了解公司技术难题的详细信息后,于2014年6月与该公司签订了技术服务合同。技术改进分3个阶段:① 安排公司相关人员调查搜集有关同类产品的资料加以消化、理解;获得相关样品进行分析相关参数,写出评价的相关资料;② 确定预改方案,为了突破复杂关键技术,减小产品预研的技术风险,寻求最佳方案,要进行一系列的试验,做好原始记录,并加以整理分析;③ 制订产品改造的方案设计,对该方案进行理论分析和计算,通过优化设计和必要的试验对此产品改进提供必要保证。

(3) 服务成效

通过本次技术合作,该公司研制的SH15-630/10非晶合金变压器经过多次的小试、中试并把改进后的产品送往国家中低压输配电设备质量监督检验中心进行检测,检测结果表明:相对SH13,该产品的空载损耗降低20%、负载损耗降低5%,在节能上又达到一个新的台阶,而且该产品抗短路的能力加强,噪音降低减少噪音污染。2015年4月,该产品通过了安徽省科技成果鉴定,产品技术水平国内领先。

2014年因三祥公司提供的技术服务,该高新技术新产品节能效果明显。该产品将为环境治理和节能减排作出突出贡献。预计该项目完成后,项目产品将为企业增加6 000万的销售收入,新增社会就业人数近80人。

第三节 江苏省技术交易案例

以下是由江苏省高新技术创业服务中心提供的七个案例,供技术经纪从业人员分享。

案例一:知识产权质押贷款,解决企业资金需求

1. 项目简介

南京某资讯有限公司是网络应用服务型高科技企业,目前主要打造的产品是“中国创业实习网”。

“中国创业实习网”,是一个依托互联网,以远程创业培训、就业实习为主要功能,集公共信息服务、远程培训实习、线下实训基地、创业与就业服务为一体的大型公共服务平台。联合国内数百所院校开发出“校际间‘模拟公司’互动化实习方式”,使网上创业与就业实习的方式得以实现。

2. 实施过程

中国创业实习网上开发构建了两个互动关联的平台,一个是“校际间互动化实习实训平台”;一个是“校企间互动对接平台”。2011年1月,公司在江苏省高新技术创业服务中心工作人员的帮助下,将自主研发的四项软件著作权质押给南京银行,经过专业人士对其软件著作权的评估,成功获得了一年期流动资金贷款100万元。

3. 服务成效

“中国创业实习网”实施院校与企业互动对接战略以来,加盟企业已突破900多家,中国联通江苏分公司、中国民生银行、江苏广电好享购、宏图三胞、中江国际江苏海外、红星美凯龙、苏宁电器、上海上广和、上海迎华电子、上海豪格、上海 AMT、北京外服等一大批著名企业同“中国创业实习网”建立了战略合作关系。

案例二：扶持大学生创业，促进科技成果转化

1. 项目简介

南京某信息技术有限公司由在校研究生、本科生发起，高校教授作为指导老师注册成立的信息技术类科技型企业，注册资金 30 万元。2011 年底，江苏省高新技术创业服务中心中华路园区通过开展与南京各高校的交流对接活动，并通过对项目、团队的层层遴选及把控，将此创业团队引进园区。三年来，经过园区服务平台的定制服务、公司创业团队的协力合作，公司逐渐成长起来，现主要从事网络产品研发和现代微媒体制作等。

2. 实施过程

省创业中心中华路园区参照南京市对大学生创业的优惠政策，为其制定了一系列的帮扶计划。从最初辅助办理工商注册到办理税务登记；从免房租、免水电费到提供办公设施；从为其介绍业务到联络销售渠道；从提供各类科技创业培训到对外交流；从提供项目咨询指导到辅助申报政府各类科技计划项目等等，均给予了循序渐进的支持。同时，针对像该公司这样的大学生创业企业，园区服务平台举办了各类创业辅导，邀请省级科技创业导师与其面对面的交流、培训、帮扶，公司的创业团队在理清了其创业初期所必备的要素及条件后，公司业务很快走上了正轨。

3. 服务成效

经过近两年的艰苦创业，截至目前，公司累计完成销售收入 60 余万元；解决应届大学生就业 6 名；安排在校研究生、大学生见习 60 余人次；引进高端人才 2 名；申报软件著作权 1 项，联合引进技术取得专利 4 项，并成功获得省科技型中小企业技术创新基金立项 25 万元。

在产品销售方面，公司获得了步步高、五星控股等大客户订单，也获得了很多中小企业的客户订单。同时，运用公司自主研发的技术，为南京高新区、浦口开发区等政府、企事业单位提供了网络技术服务。在多媒体产业方面，公司紧密围绕近年来兴起的微视频、微媒体、微服务等领域在做进一步的研究和尝试。同时在打印产品的开发、微信推广等领域，也取得了相应的收益。

2014 年，公司在电子商务系统开发的基础上，邀请了知名大学教授作为公司的首席技术专家，并将其成果进行转化，进军拉曼条码领域，项目先后获得了省、市的扶持资金，也是公司未来的研究发展方向和关键赢利点。

案例三：创业服务平台助推科技企业发展

1. 项目简介

南京某信息技术有限责任公司成立于2009年，是一家制造业信息化领域的高科技公司，同时也是江苏省经济与信息化委员会认定的软件企业。公司多年来致力于制造业信息化领域的研发，其数控加工技术在行业内处于领先地位。

2. 实施过程

2010年底入驻省创业中心中华路园区以来，园区创业服务平台结合公司的发展现状和融资需求，定期邀请驻宁各金融机构来园区与企业座谈，面对面地宣传介绍各类融资产品，让更多企业了解到除固定资产质押外，还可以通过知识产权、订单、信用证质押以及个人信用、企业信用等无抵押方式获得贷款。同时，在中心园区服务平台的帮助指导下，该公司成功申报并获得了软件著作权8项、软件产品证书3项。

3. 服务成效

公司成功获得融资60万元，为项目研发和产品销售增添了活力。2012年11月，被认定为软件企业；2013年7月，被认定为江苏省民营科技企业；2013年8月，获省科技型中小企业技术创新基金25万元立项支持；2014年，所申报的产品被认定为江苏省高新技术产品。企业产品的知名度也得到了较大提升，提高了产品的竞争力，较好地拓展了其产品的销售渠道，所以近几年企业的销售额和利润也在稳步增长。

案例四：为科技型中小企业提供税收、人才等综合服务

1. 项目简介

江苏某网络技术有限公司成立于2013年底，是目前全国范围内商业模式较为成熟的智能快递柜运营企业，主营相关产品体系的研发、推广以及运营。公司早在2013年3月就开始有关技术的研发，现有的核心优势在于完整的产品体系，以及相对应的技术开发能力和市场能力。公司致力于智能快递柜终端硬件的优化和成本控制、管理平台的开发以及互联网服务的开发，推动智能快递柜终端的普遍应用，并最终提供同城配送解决方案与电子商务的流量解决方案。目前，公司拥有两个实用新型专利、两个著作权、多项发明专利、商标等。公司在南京市场已有147处智能快递柜网点，其中有43个是收费网点，每个网点平均收费1 035.91元。

2. 实施过程

该公司是科技型的创业公司，发展势头良好，需要资金支持。考虑到公司虽然拥有核心专利技术，但公司实际运行未满2年，销售收入尚未达到知识产权质押贷款的要求。因此，江苏省高新技术创业服务中心的工作人员联系了南京银行某支行，经过专业人士对该公司综合水平的评估，银行通过信用贷款的形式，给公司办理了100万的小微企业信用额度。另外，中心的工作人员认为企业与部分客户的委托合同，符合技术贸易合同条件，并协助该公司办理了技术合同登记业务。

3. 服务成效

省创业中心逐一进行指导，保障企业税收优惠政策落到实处，为该公司获得了一定数额的免税，为企业良性发展创造了有利的政策环境和有力支撑。从目前的形势看，智能快递柜终端销售的市场比预期的要好，南京市已经规划将该产品作为住宅小区交付的配套设施之一。预计2015年潜在客户及采购金额为2 000万元。未来中心将加强与该公司的项目跟踪与进一步的合作。通过科技咨询服务，帮助企业解决实际需求，引进人才、扩大市场、完善技术，促进其快速成长。

案例五—案例七：投融资服务案例

目前，江苏省高新技术创业服务中心受托管理两个投资基金，其中江苏省新药创制发展资金(以下简称“新药资金”)，是1998年12月由江苏省科技厅、江苏省财政厅联合设立的，资金规模3 500万元，由省创业中心负责具体运作管理。新药资金面向全省生物医药研发机构、高校及企业，对新药项目或以项目为依托对初创型和成长性生物医药企业进行投资和管理。2007年，省创业中心以新药资金及投资管理的项目申报且被认定为国家科技部“具有投资功能的中小企业服务机构”。

2012年，省创业中心出资2 000万元，并获省发改委“江苏省新兴产业创业投资引导基金”立项支持2 000万元，联合民营资本共同发起设立“江苏科泉高新创业投资有限公司”(以下简称“科泉基金”)，资金规模1.21亿元，重点投资于江苏省内资产质量优、研发能力强、产业化基础好的成长期生物医药企业，省创业中心组建团队进行管理。

案例五：技术与资本融合，提升企业研发水平

1. 项目简介

苏州某生物技术有限公司是一家集产学研为一体的高新技术企业。该公司“新型抗人血小板膜糖蛋白单抗药物的临床前研究”的项目，是具有自主知识产权的生物制品一类新药，技术含量高、创新性强，获江苏省重大科技成果转化资金支持，若开发成功，将成为新一代抗血栓药物，为广大心血管患者提供更为安全有效的治疗药物，产生较大的社会效益和经济效益。

2. 实施过程

中心新药资金的工作人员经过多次调研考察，以该公司“新型抗人血小板膜糖蛋白单抗药物的临床前研究”的项目为依托，进行了投资。投资后，省创业中心发挥管理团队在医药领域的丰富经验和人脉资源优势，多次为其提供技术咨询，也利用自身在科技创业方面的经验，为公司提供了科技企业创业辅导的工作，提升了该公司研发水平与市场能力。

3. 服务成效

目前项目进展顺利，企业研发产品“ABO、RhD血型定型试剂卡”已开始正式生产销售，初步打开市场，公司也成功获得了科技型中小企业创业投资引导基金项目、苏州市产业转型升级新产品、苏州市科技贷款贴息等一批政府资金的立项支持。

未来公司将以生物诊断试剂产品为基础，以新型抗人血小板膜糖蛋白单抗药物的研发为创新点和制高点，最终实现企业上市的目标。

案例六：创业资本助推企业快速成长

1. 项目简介

江苏某科技股份有限公司创立于2003年，是国内较早从事医疗信息系统软件开发和系统应用的专业化软件系统集成企业之一，也是医疗卫生信息化行业内综合业务资质最全的公司之一，致力于为中国的数字化医院建设、区域医疗卫生信息化建设和个人健康管理提供软硬件产品、系统整合及服务。

该公司是政府定点的医疗卫生软件测试基地之一。参与国家《电子病历基本规范和数据标准》、《健康档案基本规范和数据标准》的调研、论证和草拟工作，充分理解国家关于区域卫生信息化建设的相关技术标准、业务规范和建设目标。作为科技部医疗信息化专家组成员单位，参与承建了中国“重大疾病群样本和资源库”的建设。在国内大型医疗卫生系统的信息化建设项目中积累了丰富的实践经验。

2. 实施过程

2013年2月，科泉基金对该公司进行了股权投资。投资后，省创业中心继续对公司开展科技创业综合服务，公司的研发水平以及创新能力都进一步得到提升。

3. 服务成效

2013年，公司获批院士工作站和科技支撑两个项目，年确认营业收入同比增长28%，实现净利润同比增长47.40%，完成了2013年初制定的经营目标。

目前，该公司已与一家创业板上市公司达成投资换股并购协议，从目前上市公司的股价来看，科泉基金的投资取得了较好的回报。

案例七：资本与服务相结合，提升企业综合能力

1. 项目简介

江苏某药业股份有限公司坐落在江苏省阜宁经济开发区内，厂区占地13.5万平方米，建筑面积2万平方米，2005年被认定为江苏省高新技术企业。

2. 实施过程

江苏省高新技术创业服务中心对该公司进行股权投资。随后，中心多次组织相关专家对其重点项目的研究提供咨询，公司的科技创新能力有了较大的提升。在为企业提供技术支持的同时，中心还积极帮助企业调整优化产品结构，加大新品的开发力度，帮助其对现有资源进行有效整合，加强科技人才引进和提高管理水平。

3. 服务成效

该公司获得国家“十一五重大科技专项（重大新药创制）”项目立项和“江苏省科技成果转化专项资金”的支持，多个产品被认定为高新技术产品，2008年获得了“江苏省百强科技创新型企业”荣誉称号。2014年5月，复星医药核心控股企业入股成为公司的控股股东，这增添了企业的生产销售能力，促进了企业的上市过程。

第四节　浙江省技术交易案例

以下是从2003年浙江省科技厅编写的《中国浙江网上技术市场运行实例》中挑选的八个案例进行编写，供技术经纪从业人员分享。

案例一：网上牵线，建立干细胞种子库

1. 项目简介

“人体骨髓间充质干细胞工程技术研究和临床应用研究”项目，主要包括三方面内容：人骨髓间充质干细胞的扩增技术、骨髓间充质干细胞的定向诱导分化、人骨髓间充质干细胞种子库的组建。目前，体外扩增人骨髓间充质干细胞已达15代，扩增能力已经可以满足今后的临床应用和组织工程实验工作的间充质干细胞材料需求。该体外分离纯化和扩增技术已经申请国家技术发明专利。同时建立了有效的人骨髓间充质干细胞冻存和复苏技术。应用该技术，能有效地保持冻存的干细胞的存活率。冻存的骨髓间充质干细胞复苏后仍具备强大的体外扩增能力，复苏后的细胞扩增达12～13代，也能满足今后临床应用和组织工程实验对干细胞材料的需求。在定向诱导方面，已建立了脂肪细胞诱导体系、成骨细胞诱导体系和软骨细胞诱导体系，为今后开展组织工程技术研究奠定了基础。

项目在分离和纯化各骨髓样本的间充质干细胞基础上，建立人骨髓间充质干细胞种子库。目前已经在种子库内冻存人骨髓间充质干细胞样本近100份，为建立人骨髓间充质干细胞种子库奠定了基础。

2. 实施过程

杭州某器械有限公司通过中国浙江网上技术市场，与浙江大学生命科学学院签订科技合作项目，共同开展“人体骨髓间充质干细胞工程技术研究和临床应用研究”。经过一年来的努力，已取得了预期效果，各项指标任务进展顺利。

3. 服务成效

网上技术市场为企业提供了发展高科技、开发新产品的很好的信息、合作、签约的平台，为浙江的科技进步，企业的发展作出了很大的贡献。本项目完成后，预计年增产值12 000万元，年增税金2 000万元，年创利润2 400万元；可年创汇200万美元，可年节汇800万美元，产生较好的经济效益，同时可申请发明专利两项。

案例二　某集团公司借“网”实现跨越式发展

1. 项目简介

我国是世界第二产酸国，2000年，我国硫酸产量达到24 570 kt，仅次于美国。但由于我国硫酸设备因材料落后，关键设备材料不能满足使用要求，严重制约了我国硫酸工业的发展。整体而言，我国的硫酸设备落后发达国家40年。

目前国际上最先进的硫酸设备制造技术掌握在美国的孟山都和瑞典的山特维克等少数公司手中。发达国家在上个世纪80年代，就采用瑞典山特维克SX高硅不锈钢制造干吸塔和酸冷却器，90年代中期孟山都和山特维克等采用高硅奥氏体不锈钢700Si制造酸冷却器等。国内只有个别厂家从国外引进了SX合金管式酸冷却器，价格十分昂贵。宣达实业集团有限公司创办于1990年。2003年前，该公司启动了高温浓硫酸XDS特种不锈钢材料的研发，但项目进展缓慢。

2. 实施过程

2003年7月份，某集团有限公司成功地开发出了高温浓硫酸XDS特种不锈钢材料。公司能成功开发该新材料，有中国浙江网上技术市场的一份功劳。公司经常通过网上技术市场，使得该项目研发得到全国科研院所的帮助、指导和支持。全国那么多科研院所，谁最强？那么多专家，挑哪几个？企业有困惑，该找谁？网上技术市场均能有效解决。企业常常今天一有难题，在网上一发布，明天就会有回应，这对公司及时解决技术、工艺等难题非常有好处。

公司新材料的开发成功，业界也给予了积极的回应。同年11月17日，公司老总被邀请赴北京参加中国硫酸协会组织的一个会议，会议的主题是商讨如何建立一个中国硫酸设备改造提升攻关小组。

3. 服务成效

该公司的高温浓硫酸XDS特种不锈钢材料是采用廉价元素合金化和微量元素改性制造XDS以代替昂贵的高合金不锈钢乃至镍基合金，能够广泛应用于硫酸工业中的酸冷却器、干燥塔、吸收塔、除雾器、分酸器、搅拌浆、管线、泵、阀等设备的制造。经测试，其各项指标均达到国际领先水平，但其价格却只有国外的三分之一左右。

公司自主研制的高温浓硫酸液下泵被认定为国家级新产品。1 200℃高温调控蝶阀、XDS特种不锈钢材料还被列入科技部中小型企业科技创新资金项目、国家级重点火炬计划项目，获得省级新产品和省级科技进步奖等荣誉。产品广泛应用于石油、化工、电力、冶金、食品、造纸、制药、建材等行业。

目前，该公司是国家重点高新技术企业，总注册资金为1.027亿元，固定资产近3亿，员工总数450人，拥有占地面积42 000平方米，建筑面积28 000平方米的工业园区，实现了跨越式发展。

案例三：千里“姻缘”网上牵，“双氧水”跃上新台阶

1. 项目简介

江山市某双氧水公司地处浙、闽、赣三省交界的浙江省江山市，创建于1987年，经过十几年的艰苦努力，工业双氧水年生产量已从初始的年产1 000吨发展到现在的年产13万吨，居全国之首。但作为该厂生产双氧水的主要原料之一的氢气，其收率与纯度都比较低，影响了双氧水产品的经济效益和市场竞争力的提高。长期以来，该公司就欲对变压吸附工段的氢气收率技术进行改进，以提高氢气收率及其纯度，降低生产成本，但一直未能如愿。

2. 实施过程

2002年上半年，公司在当地市科技局的帮助下，将提高氢气收率及其纯度的技术需求编制成“变压吸附氢提纯装置改进”技术难题，通过尚在试运行中的中国浙江网上技术市场上发布，很快便得到了远在千里之外的四川成都华西化工科技股份有限公司的回应，并于当年7月12日双方达成了提高双氧水工业氢气收率、纯度的技术合同，由该公司出资150万元购买成都某化工科技股份有限公司的该项技术，即变压吸附(PSA)技术。该技术是一项新型的气体分离、净化技术，其核心由工艺流程、吸附剂、吸附塔、程控阀门、控制技术等组成。成都某化工科技股份有限公司早在15年前就研制成功了这项能提高氢气收率、纯度的技术，并获得了中国和美国专利，技术水平国际领先，但一直以来也没有在双氧水行业找到合作对象，是网上技术市场使成都某化工科技股份有限公司的这项技术有了用武之地，并为其创造了良好的社会、经济效益。

3. 服务成效

双方正式签订合同后，该公司先后投入300万元(包括给成都某化工科

技股份有限公司的技术转让费150万元)，对原工段进行了技术改造，经过安装、调试顺利地完成了项目的建设，于2002年11月份一次开车成功。经过近一年的满负荷生产，表明该技术成熟可靠，情况非常理想，各项指标达到或超过了设计标准，氢气收率从原来的75%提高到90%，纯度从99%提高到99.9%，新增产值1 000万元，新增利润400多万元，实现税金100万元。该技术的成功应用，带动了双氧水行业制氢技术的快速发展，降低了生产成本，节约了能源，减少了废气排放。

通过该项目的有效实施，公司的干部职工认识到了网上技术市场的神奇和科技的重要性，促使该企业更加重视科技进步和创新工作。去年，该企业投入的科研开发经费达400余万元，并建立了衢州市级科研开发中心。这真是：科技经济难相会，网上市场来牵线。一朝结出金果子，企业跨上新台阶。

案例四：网上市场助“七一电器”创新业

1. 项目简介

浙江某七一电力器材公司是市级高新技术企业，现有21个系列460余种的高低压电器产品。过去，企业每碰到开发新产品或生产上的技术难题，就由老总亲自带队去上海、南京等地，找高校和科研院所，求专家、教授帮忙，既费钱又费力。2003年2月，七一电器公司在生产“高灵敏高压带电显示及闭锁控制器”时碰到了技术难题。于是，企业抱着试试看的心理，在中国浙江网上技术市场开化分市场上发布了技术难题招标信息。没想到，不到一周时间，先后有浙大、上海交大、西安某高压电器研究所以及南京某自动化研究所等6家国内知名的研发单位反馈了信息，参加竞标。经过反复对比，企业最后选择了“西安所”作为合作伙伴。

2. 实施过程

2002年6月，中国浙江网上技术市场开化分市场开通，并由县科技局负责免费为企业上网及信息交流提供服务。在科技局领导的耐心宣传下，当年10月，该公司成为中国浙江网上技术市场开化分市场正式投入运行后的首批注册会员。

公司没打一个电话，没花一分钱，只是在“中国浙江网上技术市场开化分市场”发了条招标信息，就成功地与国内知名的电力器材科研单位、同行业的老大哥——西安某高压电器研究所攀上了亲家，并签订了《技术转让合同》，一举解决了困扰七一电器公司生产上的技术难题。双方合作后，公司立即在合作中尝到了甜头。2003年头几个月,公司意想不到地接到了许多新客户的订单,业务量成倍增长。

3. 服务成效

公司经理说,想不到“网上技术市场”还真管用,只是发条信息,就意外地与以前想都不敢想的老大哥——“西安所”攀上亲,更“想不到”是“西安所”会以初次合作为契机,义务为他们厂当起了“推销员”,新开拓了东北、华北等国内更大的市场,并由此使“七一电器”2003年一季度的销售收入在“非典”的影响下,仍然实现比去年同期新增64%的业绩。

谈起“网上技术市场”的好处,这位经理觉得最突出的是免去了一个“求”字,实现了“快”和“灵”,得到了“实惠”。现在,他们不用拿着项目盲目地一家一家地去求人家了,而是鼠标一点,便可与全国各高校、科研单位“相亲”,谁好就相中谁。他算了一笔账:过去,像完成这样一项技术合作,起码要几个人花上十几天的工夫四处地找,开支少说也要十万元。现在,信息一发布,几天工夫,连“西安所”这样的老大哥都主动找上门来了。通过网上交流达成协议,最后,只要花点路费到西安签合同就行了。还有开拓市场,以前靠业务员上门跑,投资大、回报低,市场很难打得开。现在,与“西安所”攀上了亲,成了中国输变电设备行业协会的会员。通过“西安所”的声音,把该公司介绍给本行业,大大提高了企业的知名度,增强了企业的发展后劲。而且最关键的是,过去花大钱与人家合作,根本拿不到项目的知识产权。而通过“网上技术市场”,这一途径,把多项技术招标的成果合为一体,整体的知识产权就是自己的了,这样,对企业今后的长足发展亦极为有利。

案例五:新科技网上来,仙霞岭出仙茶

1. 项目简介

江山市某茶场是专业从事茶叶种植、加工、销售的综合性企业,现有新开发有机茶基地300亩,无公害茶园200余亩。同时,茶场与周围200余户农户组建了江山市十罗洋茶叶专业合作社,联营茶叶基地2 000余亩。茶场地处钱塘江南源,仙霞山脉深处,海拔500—1 200米,周围2 000多平方公里范围内峰峦叠嶂,溪流淙淙,林木蔽日。该地长年云雾缭绕,是栽培茶叶的好地方。但长期以来,茶农依靠传统方法种植和加工茶叶,茶园管理粗放,化肥、农药使用过度;茶叶制作原始,品质粗劣,经济效益低,茶农守着宝山受穷。

2. 实施过程

为了改变传统的茶叶生产模式，提高茶叶生产的经济效益和茶农的收入水平，该场根据茶叶市场情况和人们回归自然的理念，通过中国浙江网上技术节场——江山分市场发布了“茶叶无公害生产与产业化加工技术”难题项目，公开征集合作单位。难题公布后，很快便得到了浙江大学茶学系的回应，并于2002年11月双方订立了合作合同，技术成交金额30万元，总投资130万元。此后，浙江大学茶学系的专家教授不辞辛劳，来到深山传授技艺，具体做好项目实施工作。到2004年无公害茶叶基地将从现在的500亩扩大到2 000亩，有机茶基地占总面积的35%，年增产值600万元，年增利润120万元，年增税金30万元。

3. 实施成效

经过一年来的项目实施，目前茶园管理和产品加工已按照无公害或绿色、有机标准进行。已完成新开发有机茶园300亩，建立无公害示范基地200亩，实施无公害技术管理的茶园1 500亩；茶园加工使用了浙大龚倚教授主持设计的新型卷茶机；新研制出“罗洋曲毫”茶叶新产品。该产品具有滋味鲜爽浓醇、耐冲泡、耐贮藏等优点，经农业部茶叶质量监督检验测试中心和浙江方圆食品与农副产品质量安全检测中心检测，已达到有机茶标准，并被浙江省质量技术监督局认证为无公害农产品。

网上技术市场牵线，科技进入深山，效益已经显现：当年该场生产的10吨茶叶，价格比往年提高一倍，增收10多万元，预计2004年产量可达50吨，同时“罗洋曲毫”茶叶新产品可以批量生产，税利可达150万元以上，还带动了周围茶农也按照无公害或绿色、有机的标准进行茶园管理和产品加工，茶农收入普遍提高，化肥、农药使用量大幅下降，生态环境开始改善。

案例六：网上发布难题，成功开发新品

1. 项目简介

浙江某电脑刺绣设备有限公司成立于2000年9月，公司位于浙江省临海市大田东大道口工业园区，厂房面积35 000平方米，是一家集研究开发、制造销售于一体的电脑刺绣设备专业厂家。2002年6月公司完成对电脑金片刺绣机产品的市场分析、调查，进行技术前期准备，电控系统部分是其技术弱势。公司通过中国浙江网上技术市场难题招标电脑金片刺绣机。公司得到了上海市某缝纫机研究所的应标，由上海市某缝纫机研究所配合该公司完成机械整机的电控系统的研究开发。2002年底，该产品研发成功，并通过省级新产品鉴定。

2. 实施过程

公司2002年7月为保证开发的顺利进行，他们通过中国浙江网上技术市场强大的网络影响力发布技术难题招标，得到了国内几家很具影响力的从事电控系统方面研究单位的回应。经该公司比较与协商，最终选定了国内专业从事缝纫机、电脑刺绣机等缝制设备研究并具有很强研究开发实力的上海市某缝纫机研究所合作，于2002年9月签订《技术(委托)开发合同》。上海市某缝纫机研究所对此项目的开发给予了高度重视，抽调出5名最具实力的专业技术人员与该公司抽调的6名专业技术人员组成电脑绣花机电控系统研究开发小组，在已完成的机械部分的基础上对电控系统进行研究开发。通过理论逻辑分析、合理化选择硬件配置，结合实际功能拟定控制系统轮廓，2002年底按原计划提前开发成功，同时申报了一项发明专利及一项实用新型专利(发明专利已公示)，于2002年12月底通过浙江省科技厅组织的省级新产品鉴定。鉴定委员会一致认为该产品结构合理、功能完备，技术达国内领先、国际先进水平。

3. 服务成效

电脑金片刺绣机在开发过程中实际投入资金165万元，其中80万元分期支付给上海市某缝纫机研究所。该产品开发成功后自2002年底投产以来已累计销售产品85台，实现销售收入1 725万元，其中50%以上出口到欧美市场，累计实现利税426万元。该产品的成功开发取得了良好的经济效益，超出了预期目标。目前，该产品的销售形势良好。公司2003年底将改进电脑金片刺绣机生产设备，扩大生产规模，实现规模化生产，2004年实现销售额在2003年的基础上翻两番。

该产品的成功开发归功于中国浙江网上技术市场，它不仅为企业提供了技术交易平台，解决了企业的技术难题，并在资金上给予资助，加快了企业新产品的开发步伐及技术上的迅速完善、成熟。公司今后将进一步加大新产品开发力度，利用中国浙江网上技术市场这一强大的网上技术交易平台进行网上技术信息交流，缩短公司新产品开发的时间及提高产品技术水平，加速企业的发展步伐。

案例七：网上技术市场解决了贝类净化难题

1. 项目简介

浙江某水产公司是一家专业加工、销售和开发海洋食品的水产加工企业。2002年，公司针对海洋污染严重，滤食动物的贝类在生长过程中积累了一定数量的泥沙、致病菌、病毒及重金属等毒素问题，展开了病毒残留剔除和超低温保活技术研究。

贝类作为舟山主要的水产品之一，曾是该公司的主要出口产品。因公司现有的科研能力有限，经多年研究，尚不能解决贝类体内大肠菌、沙门氏菌及麻痹性毒素等病毒残留问题。

2. 实施过程

2002年10月，中国浙江网上技术市场岱山分市场开通运作。经岱山县科技局工作人员推荐介绍，公司马上在“会员中心”注册成为其会员，然后通过“难题招标信息”版块，发布该项目中公司尚未解决的难题。一个月后，上海某水产大学和公司联系，愿意合作开发此项目。双方在互惠互利的前提下，达成了合作意向，签订了项目开发合同，成立了“贝类净化”课题组。

合同明确了双方各自应承担的职责和义务。课题组各司其职，完成了舟山本地及浙江沿海地区贝类资源及海区污染状况调查；净化工艺及装置研究；设计制造了一套净化能力为500 kg/批的净化系统；完成了贝类净化前后的卫生条件、检测技术研究及贝类净化前后的保活技术研究。项目主要内容为：汲取国际上各种工艺精华，充分结合贝类生态生理的特征，把采集的活贝，经过增加最佳含量的O_2溶解水和紫外线杀病毒等方法在净化的海水中暂养48小时，独创了臭氧、紫外、生物分解综合净化技术，并在净化工艺过程中添加贝净剂，一方面增强了贝类的活力，提高了贝类的存活率，另一方面强化了净化效果，优化了净化工艺，通过净化，使贝类符合食用有关标准和要求；同时，还采用PCR技术检测程序状态快速检测和鉴别贝类质量，确定贝类质量等级，投放市场销售。至2003年5月，通过科研组不懈的努力，经过小试和中试，“贝类净化”技术经济指标达到了要求。

3. 服务成效

贝类净化项目取得突破性进展。经批量生产上市后，客户反映良好。产品经舟山市疾病控制中心检测，各项指标均符合欧盟和国家标准。2003年6月，公司生产的“净化毛蚶”和“净化文蛤”销售到天津和上海，经当地卫生检验部门检测许可上市，当月实现产值80万元。7月，天津某有限公司向该公司下达了“净化毛蚶”、“净化蛏子”、“净化文蛤”共计100吨的订单；上海某公司向该公司下达了300吨净化贝类的清单。至10月底，净化贝类产品创产值300万元，实现利税近60万元。

目前，公司正着手准备扩建规模化的贝类净化工厂，并积极联络欧盟及日、韩商家，为净化贝类产品出口，做前期准备工作。

案例八：网上招标，解决重点难题

1. 项目简介

舟山市某电子设备公司成立于1989年，是不锈钢电磁自动送料器和电子行业专用设备的专业生产厂。从2002年下半年开始，该公司着手研制电容器定型测试自动上排机技术。

经过几个月的刻苦钻研，公司研究开发出新型高速子母式自动送料器和极性自动分选器。高速子母式送料器利用子盘换一块规格转盘即可变换一个品种，使上排机达到速度高、通用性好的要求。利用电容器的特性，加装极性自动分选器在自动送料器出口，即可完成电容器的自动极性分选，从而完成了很关键的自动高速送料、自动极性选择两大部件。

随着研制的深入，自动上排机的重点技术——PLC自动控制系统的研制遇到了技术性障碍，因缺乏自动控制方面的人才，该设备的研究进入停滞状态，公司四处寻找具有自动化控制技术的厂家以求合作。

2. 实施过程

这时，中国浙江网上技术市场开通，该公司经过申请成为市场的正式会员。进入市场后，公司马上就自动上排机的技术难题“PLC自动控制系统”进行网上公告，进行公开招标。公告发布后十几天，就收到信息20多条，五六个自动化控制专业公司直接与公司进行了联系。经过详细的考察及比较，公司最终选定了福州大学某自动化科技有限公司。该公司主要承担工厂生产线控制及技改工程等自动化项目，拥有雄厚的自动化设计人才，子公司遍布全国各地，同时也是福建省自动控制系统的科学研究基地。公司随即同福州大学某自动化科技公司签订了具体的技术委托合同，共同开发研制电容器定型测试自动上排机，福州大学某自动化科技公司具体负责上排机设备的PLC自动控制系统的配置及软件编程。

3. 服务成效

经过近一年努力，公司生产的两台样机分别在深圳某台资公司和江阴某公司试生产。经试生产，该设备体现了工作效率高、通用性好、自动化程度高等优点，比手工插排工效提高了14倍，同时具有很好的价格性能比。这期间，众多企业老总前去参观、咨询，有的已直接发来订单。预计正式推向市场后，市场销售量每年300台，销售价每台50 000元左右，预计新增年产值1 500万元，创利税270万元。

正是通过中国浙江网上技术市场，公司才得以在短时间内找到良好的合作伙伴，进而使电容器定型测试自动上排机得以顺利研发成功。该设备的研制成功，不仅使公司生产规模得到了进一步的发展，也改变了我国中小型电容器生产企业“电容器充电定型”工序的落后状态，提升我国电容器行业自动化生产程度，降低电容器生产成本，极大地提高了电容器产品质量和企业经济效益，增强了该产品的国际竞争力。

第四章　技术经纪相关科技政策

第一节　技术合同登记优惠政策

一、技术合同登记政策概述

（一）政策背景

从上世纪 80 年代末起，为了鼓励和激发科技工作者的科研积极性，国家科技部和税务总局出台了一系列针对技术性收入的优惠政策，制定了两部委配套工作细则。

当时，规定凡专业从事技术贸易活动的单位和个人以及技术贸易中介服务机构，均应按规定向当地税务机关办理税务登记和其他税务事宜，统一使用经当地市（县）税务机关监制的“××省××市（县）技术贸易发票”。非独立核算的技术贸易机构凭各级技术市场主管部门核发的“技术贸易证书”到当地税务部门办理税务注册登记。

各级税务部门依照国家税法规定对技术贸易收入给予减免照顾，须凭各级技术合同登记机构出具的“技术合同登记表”办理。

技术合同认定是指根据《技术合同认定登记管理办法》设立的技术合同登记机构对技术合同当事人申请认定登记的合同文本从技术上进行核查，确认其是否符合技术合同要求的专项管理工作。技术合同登记机构应当对申请认定登记的合同是否属于技术合同及属于何种技术合同作出结论，并核定其技术交易额（技术性收入）。

（二）近期实施的优惠政策

1. 增值税优惠

我国税法经过近三十年的改革和实践，自 2013 年 8 月 1 日起，经国务院批准，在全国范围内开展了以交通运输业和部分现代服务业营改增试点工作。原先缴纳营业税的应税项目调整为缴纳增值税项目,技术开发、技术转让和与之相关的技术咨询、技术服务取得的收入列入免征增值税的四个项目之中,足以说明,鼓励科技创新发展一直是我国一项坚定不变的国策。

财税[2013]106号《关于将铁路运输与邮政服务业纳入营业税改征增值税试点的通知》附件3"营业税改征增值税试点过渡政策的规定",其中第一条免征增值税项目第四项规定:对技术转让、技术开发业务和与之相关的技术咨询、技术服务业务取得的收入,免征增值税。

技术转让,是指转让者将其拥有的专利和非专利技术的所有权或者使用权有偿转让他人的行为;技术开发,是指开发者接受他人委托,就新技术、新产品、新工艺或者新材料及其系统进行研究开发的行为;技术咨询,是指就特定技术项目提供可行性论证、技术预测、专题技术调查、分析评价报告等。与技术转让、技术开发相关的技术咨询、技术服务,是指转让方(或受托方)根据技术转让或开发合同的规定,为帮助受让方(或委托方)掌握所转让(或委托开发)的技术,而提供的技术咨询、技术服务业务,且这部分技术咨询、服务的价款与技术转让(或开发)的价款应当开在同一张发票上。

试点纳税人申请免征增值税时,须持技术转让、开发的书面合同,到试点纳税人所在地省级科技主管部门进行认定,并持有关的书面合同和科技主管部门审核意见证明文件报主管国家税务局备查。

2. 企业所得税优惠政策

财税(2011)111号《关于居民企业技术转让有关企业所得税政策问题的通知》就符合条件的技术转让所得减免企业所得税有关问题通知如下:

(1) 技术转让的范围,包括居民企业转让专利技术、计算机软件著作权、集成电路布图设计权、植物新品种、生物医药新品种,以及财政部和国家税务总局确定的其他技术。

其中:专利技术,是指法律授予独占权的发明、实用新型和非简单改变产品图案的外观设计。

(2) 本通知所称技术转让,是指居民企业转让其拥有符合本通知第一条规定技术的所有权或5年以上(含5年)全球独占许可使用权的行为。

(3) 技术转让应签订技术转让合同。其中,境内的技术转让须经省级以上(含省级)科技部门认定登记,跨境的技术转让须经省级以上(含省级)商务部门认定登记,涉及财政经费支持产生技术的转让,需省级以上(含省级)科技部门审批。

居民企业技术出口应由有关部门按照商务部、科技部发布的《中国禁止出口限制出口技术目录》（商务部、科技部令 2008 年第 12 号）进行审查。居民企业取得禁止出口和限制出口技术转让所得，不享受技术转让减免企业所得税优惠政策。

(4) 居民企业从直接或间接持有股权之和达到 100%的关联方取得的技术转让所得，不享受技术转让减免企业所得税优惠政策。

按照 2007 年 3 月 16 日第十届全国人民代表大会第五次会议通过《中华人民共和国企业所得税法》第二十七条第四款和《企业所得法实施条例》第九十条规定，一个纳税年度内，居民企业技术转让所得不超过 500 万元的部分，免征企业所得税；超过 500 万元的部分，减半征收企业所得税。

关于企业所得税的优惠政策概括起来，是指居民企业转让其拥有的专利技术、计算机软件著作权、集成电路布图设计权、植物新品种、生物医药新品种，以及财政部和国家税务总局确定的其他技术所有权或 5 年以上（含 5 年）全球独占许可使用权取得的收入，可以享受 500 万元以内免征所得税，超出 500 万元的部分，减半征收所得税。专利技术、计算机软件著作权、集成电路布图设计权、植物新品种、生物医药新品种进行技术转让时，需出具专利证书、软件著作权证书、新品种证书，并且完整说明转让的方式是所有权，如果是使用权转让必须注明全球独占 5 年许可使用，方可享受所得税的减免优惠，同时也可以享受增值税的减免优惠。即技术转让合同的收入可以享受增值税和所得税两种优惠政策。

国税函[2009]212 号《关于技术转让所得减免企业所得税有关问题的通知》，指出符合条件的技术转让所得应按以下方法计算：

技术转让所得 = 技术转让收入 − 技术转让成本 − 相关税费

技术转让收入是指当事人履行技术转让合同后获得的价款，不包括销售或转让设备、仪器、零部件、原材料等非技术性收入。不属于与技术转让项目密不可分的技术咨询、技术服务等收入，不得计入技术转让收入。

技术转让成本是指转让的无形资产的净值，即该无形资产的计税基础减除在资产使用期间按照规定计算的摊销扣除额后的余额。

相关税费是指技术转让过程中实际发生的有关税费，包括除企业所得税和允许抵扣的增值税以外的各项税金及其附加、合同签订费用、律师费等相关费用及其他支出。

享受技术转让所得减免企业所得税优惠的企业，应单独计算技术转让所得，并合理分摊企业的期间费用；没有单独计算的，不得享受技术转让所得企业所得税优惠。

企业发生技术转让，应在纳税年度终了后至报送年度纳税申报表以前，向主管税务机关办理减免税备案手续。

二、技术合同优惠政策实施要点

（一）技术合同登记制度

技术合同认定登记机构执行的是《中华人民共和国合同法》及科技部、财政部、国家税务总局《技术合同认定登记管理办法》的规定。各省、自治区、直辖市和计划单列市科学技术行政部门管理本行政区划的技术合同认定登记工作。各地、市、区、县科学技术行政部门设技术合同登记机构，具体负责办理技术合同的认定登记工作。经认定登记的技术合同，当事人可以持认定登记证明，向主管税务机关提出申请，经审核批准后，享受国家规定的税收优惠政策。

技术合同认定登记实行按地域一次登记制度。技术开发合同的研究开发人、技术转让合同的让与人、技术咨询和技术服务合同的受托人，以及技术培训合同的培训人、技术中介合同的中介人，应当在合同成立后向所在地区的技术合同登记机构提出认定登记申请。

当事人申请技术合同认定登记，应当向技术合同登记机构提交完整的书面合同文本和相关附件。合同文本可以采用由科学技术部监制的技术合同示范文本；采用其他书面合同文本的，应当符合《中华人民共和国合同法》的有关规定。

技术合同登记机构对当事人所提交的合同文本和有关材料进行审查和认定。其主要事项是：

1. 认定是否属于技术合同；

2. 分类登记技术合同；

3. 核定技术性收入数额。

（二）技术合同登记认定规则

技术合同登记机构认定时，遵照执行国科发政字（2001）253 号《技术合同认定规则》，本规则适用于自然人（个人）、法人、其他组织之间依据《中华人民共和国合同法》规定，就下列技术开发、技术转让、技术咨询和技术服务活动所订立的确立民事权利与义务关系的技术合同：

1. 技术开发合同

技术开发合同包括委托开发技术合同和合作开发技术合同。其认定条件是：

(1) 有明确、具体的科学研究和技术开发目标；

(2) 合同标的为当事人在订立合同时尚未掌握的技术方案；

(3) 研究开发工作及其预期成果有相应的技术创新内容。

下列各项符合以上规定的，属于技术开发合同：

(1) 小试、中试技术成果的产业化开发项目。

(2) 技术改造项目。例如：用 GPS 技术对城市控制网的改造。

(3) 成套技术设备和试验装置的技术改进项目。例如：合成纤维新型双排外环吹装置(技术改进)。

(4) 引进技术和设备消化、吸收基础上的创新开发项目。例如：三峡机组的技术引进和吸收，使中国企业掌握了水轮机的转轮和推力轴承等核心技术，发电设备的制造和装备水平大大提升。

(5) 信息技术的研究开发项目，包括语言系统、过程控制、管理工程、特定专家系统、计算机辅助设计、计算机集成制造系统等，但软件复制和无原创性的程序编制除外。例如：办公 OA 系统已经是成熟的软件产品，如有这类合同来认定登记，则是这类软件的复制，是一种没有原创的程序编制，所以，不能认定为技术开发合同。

(6) 自然资源的开发利用项目。例如：从野生银杏叶中提取××用于制药，就是一种自然资源的开发利用。

(7) 治理污染、保护环境和生态项目。例如：微波高效再生烟气脱硫用活性炭技术、稻田鱼生态种养技术等。

(8) 其他科技成果转化项目。前款各项中属一般设备维修、改装、常规的设计变更及其已有技术直接应用于产品生产的，不属于技术开发合同。例如：热电厂硫化物粉尘排放治理项目，如果是利用行业已经普遍、常规的干法或湿法方式治理，就不能认定属于技术开发。

下列合同不属于技术开发合同：

(1) 合同标的为当事人已经掌握的技术方案，包括已完成产业化开发的产品、工艺、材料及其系统。例如：某化工研究所提取某化合物工艺已是行业内公知的专业能力，以此专业能力承接的项目，不能认定为技术开发。

(2) 合同标的为通过简单改变尺寸、参数、排列,或者通过类似技术手段的变换实现的产品改型、工艺变更以及材料配方调整。例如:播种机原来播种一排五个孔,变换为一排七个孔。

(3) 合同标的为一般检验、测试、鉴定、仿制和应用。例如:医院的血常规检验;蔬菜农药残留物测试;玉石鉴定等都不属于技术开发。

2. 技术转让合同

技术转让合同有四种,它们分别为:专利转让合同、专利申请权转让合同、专利实施许可合同、技术秘密转让合同。

技术转让合同的认定条件是:

(1) 合同标的为当事人订立合同时已经掌握的技术成果,包括发明创造专利、技术秘密及其他知识产权成果;

(2) 合同标的具有完整性和实用性,相关技术内容应构成一项产品、工艺、材料、品种及其改进的技术方案;

(3) 当事人对合同标的有明确的知识产权权属约定。

技术转让合同认定时应注意的几个要点:

(1) 当事人就植物新品种权转让和实施许可、集成电路布图设计权转让与许可订立的合同,按技术转让合同认定登记。

(2) 当事人就技术进出口项目订立的合同,可参照技术转让合同予以认定登记。申请认定登记的技术合同,其标的涉及专利申请权、专利权、植物新品种权、集成电路布图设计权的,当事人应当提交相应的知识产权权利证书复印件。无相应证书复印件或者在有关知识产权终止、被宣告无效后申请认定登记的,不予登记。

(3) 申请认定登记的技术合同,其标的涉及计算机软件著作权的,可以提示当事人提供计算机软件著作权登记证明的复印件。

(4) 申请认定登记的技术合同,其标的为技术秘密的,该项技术秘密应同时具备以下条件:① 不为公众所知悉;② 能为权利人带来经济利益;③ 具有实用性;④ 权利人采取了保密措施。

技术秘密可以含有公知技术成分或者部分公知技术的组合。但其全部或者实质性部分已经公开,即可以直接从公共信息渠道中直接得到的,不应认定为技术转让合同。确定是否已经公开,网络搜索就是印证直接在公共信息途径能否获取,在网络上直接有成熟技术提供者或专业论述,就不能认定为技术秘密转让。

(5) 申请认定登记的技术合同，其合同标的为进入公有领域的知识、技术、经验和信息等(如专利权或有关知识产权已经终止的技术成果)，或者技术秘密转让未约定使用权、转让权归属的，不应认定为技术转让合同。

(6) 合同标的符合技术咨询合同、技术服务合同条件的，可由当事人补正后，按技术咨询合同、技术服务合同重新申请认定登记。

(7) 申请认定登记的技术合同，其合同标的仅为高新技术产品交易，不包含技术转让成分的，不应认定为技术转让合同。例如：技术以设备为载体，转让技术实质上只是在卖专业设备，合同中没有涉及技术内容转让的。

3. 技术咨询合同

技术咨询合同的认定条件是：

(1) 合同标的为特定技术项目的咨询课题；

(2) 咨询方式为运用科学知识和技术手段进行的分析、论证、评价和预测；

(3) 工作成果是为委托方提供科技咨询报告和意见。

下列各项符合规定的，属于技术咨询合同：

(1) 科学发展战略和规划的研究。例如：××地区经济发展战略研究、××城市(环保恒温)建筑规划。

(2) 技术政策和技术路线选择的研究。例如：中国电影产业技术政策研究、公路新技术应用与干线技术政策研究等。

(3) 重大工程项目、研究开发项目、科技成果转化项目、重要技术改造和科技成果推广项目等的可行性分析。例如：铸造业水套炉真空技术改造可行性分析、6G 通信技术研究方向的可行性分析等。

(4) 技术成果、重大工程和特定技术系统的技术评估。例如：飞机安全系统技术评估、××水利枢纽评估报告等。

(5) 特定技术领域、行业、专业技术发展的技术预测。例如：中国生物技术行业市场调查分析与发展趋势预测、人机交互技术的发展的未来预测等。

(6) 就区域、产业科技开发与创新及特定技术项目进行的技术调查、分析与论证。例如：2014 年中国大数据行业技术调查、物联网产业专利分析及预警报告、煤制天然气项目气化技术方案论证等。

(7) 技术产品、服务、工艺分析和技术方案的比较与选择。例如：长途通信工程中传输技术的比较与选择、海绵钛生产工艺与技术方案的选择与分析等。

(8) 专用设施、设备、仪器、装置及技术系统的技术性能分析。例如：除锈钢刷生产设备的技术性能分析、高性能船舶定位技术的性能分析等

(9) 科技评估和技术查新项目。

技术咨询合同认定时应注意的几个要点：

(1) 以上项目中涉及新的技术成果研究开发或现有技术成果转让的，可根据其技术内容的比重确定合同性质，分别认定为技术开发合同、技术转让合同或者技术咨询合同。

(2) 申请认定登记的技术合同，其标的为大、中型建设工程项目前期技术分析论证的，可以认定为技术咨询合同。但属于建设工程承包合同一部分、不能独立成立的情况除外。

(3) 就解决特定技术项目提出实施方案，进行技术服务和实施指导所订立的合同，不属于技术咨询合同，属于技术服务合同。

(4) 符合技术服务合同条件的，可退回当事人补正后，按技术服务合同重新申请认定登记。

下列合同不属于技术咨询合同：

(1) 就经济分析、法律咨询、社会发展项目的论证、评价和调查所订立的合同。例如：房地产变化现象引起银行放贷变化、农民工进城务工引发的农村留守问题等都不属于技术咨询。

(2) 就购买设备、仪器、原材料、配套产品等提供商业信息所订立的合同。

4. 技术服务

技术服务合同的认定条件为：

(1) 合同的标的为运用专业技术知识、经验和信息解决特定技术问题的服务性项目；

(2) 服务内容为改进产品结构、改良工艺流程、提高产品质量、降低产品成本、节约资源能耗、保护资源环境、实现安全操作、提高经济效益和社会效益等专业技术工作；

(3) 工作成果有具体的质量和数量指标；

(4) 技术知识的传递不涉及专利、技术秘密成果及其他知识产权的权属。

下列各项符合上述规定，且该专业技术项目有明确技术问题和解决难度的，属于技术服务合同：

(1) 产品设计服务，包括关键零部件、国产化配套件、专用工模量具及工装设计和具有特殊技术要求的非标准设备的设计，以及其他改进产品结构的设计；

(2) 工艺服务，包括有特殊技术要求的工艺编制、新产品试制中的工艺技术指导，以及其他工艺流程的改进设计；

(3) 测试分析服务，包括有特殊技术要求的技术成果测试分析，新产品、新材料、植物新品种性能的测试分析，以及其他非标准化的测试分析；

(4) 计算机技术应用服务，包括计算机硬件、软件、嵌入式系统、计算机网络技术的应用服务，计算机辅助设计系统(CAD)和计算机集成制造系统(CIMS)的推广、应用和技术指导等；

(5) 新型或者复杂生产线的调试及技术指导；

(6) 特定技术项目的信息加工、分析和检索；

(7) 农业的产前、产中、产后技术服务，包括为技术成果推广，以及为提高农业产量、品质、发展新品种、降低消耗、提高经济效益和社会效益的有关技术服务。

(8) 为特殊产品技术标准的制订。例如：非常规天然气的气质标准制订等。

(9) 对动植物细胞植入特定基因，进行基因重组。例如：将异种遗传基因植入细胞的新技术等。

(10) 对重大事故进行定性定量技术分析。例如：中国煤矿重大水害事故技术分析、温州高铁事故技术分析等。

(11) 为重大科技成果进行定性定量技术鉴定或者评价。例如："西电东送"工程 SG750 系列继电保护装置鉴定、中国煤层气的开发研究评价等。

上述各项属于当事人一般日常经营业务范围的，不应认定为技术服务合同。

下列合同不属于技术服务合同：

(1) 以常规手段或者为生产经营目的进行一般加工、定作、修理、修缮、广告、印刷、测绘、标准化测试等订立的加工承揽合同和建设工程的勘察、设计、安装、施工、监理合同。但以非常规技术手段，解决复杂、特殊技术问题而单独订立的合同除外。

(2) 就描晒复印图纸、翻译资料、摄影摄像等所订立的合同。

(3) 计量检定单位就强制性计量检定所订立的合同。

(4) 理化测试分析单位就仪器设备的购售、租赁及用户服务所订立的合同。

三、技术合同认定的案例分析

(一) 技术开发和与之相关的技术咨询合同认定案例

1. 案例描述

基于众多消费者对显示产品日益提高的需求及诉求完美画质以达到真实效果的前提,3D可以说是现今显示产品的最高技术。目前3D技术使用最多的还是眼镜式3D技术,并且市场上主流的3D都是通过眼镜实现的。眼镜式3D技术主要包括以倍频时序式平板配合液晶快门眼镜和偏振式显示器配合偏振眼镜两种,已开始进入家庭。而裸眼多视角立体显示和空间立体显示目前处在开发阶段,并成为未来研发的重点。

3D技术良好的前景是不容置疑的。产业的进展最终会实现裸眼3D、全视角、高分辨率,让人身临其境。在3D显示的发展过程中,现在正处在一个非常重要的里程碑时期。随着显示技术的不断发展,裸眼3D技术势必为未来3D显示技术的发展方向。

鉴于3D显示技术在手机应用上是一项新型技术并有着广阔的市场应用前景,乙方愿意承接该任务为甲方做前端的基础性研究工作。因此,本合同由甲方委托乙方研究3D显示技术,并支付研究经费和报酬,乙方接受委托并进行此项研究工作。双方经过平等协商,在真实、充分地表达各自意愿的基础上,根据中华人民共和国合同法的规定,达成如下协议,并由双方共同恪守。

第一部分　基础性研究

第一条　项目内容和要求

研究主要内容:

——技术提供商与器件商调研结果(韩国、日本供应商的实地考察)

——3D技术分析及优选方案(供应商方案对比)

——立体影像显示技术研究(运用专业设备仪器,选用器件,进行试验研究)

——眼镜式、裸眼3D与概念3D分析(试验后效果对比,分析,改善)

——3D方案研究

——乙方发展 3D 产品 SWOT 分析

——验证和测试方法的准备

第二条　项目研究进度

乙方应在本合同生效后 15 日内向甲方提交研究进度计划。研究进度计划见附件一。

第三条　项目费用

甲方应按附件分三期支付乙方研究经费和报酬。

第四条　研究报告

项目完成后，应向甲方提交完整的研究报告，并按合同要求无保留地提交完整的技术资料及合同规定的其他形式的资料。

第五条　研究报告使用

双方确定，因履行本合同所产生的研究报告按下列方式处理：

1. 报告只能由甲方使用。

2. 未经甲方同意，乙方不得自行将研究报告内容转让或泄露给第三人。

3. 双方确定，甲方有权利用乙方按照本合同约定提供的研究报告进行后续产品方案。

4. 在研究报告基础上产生的后续技术开发项目收费不得高于人民币××万元。

第六条　相关服务

双方确定，乙方应在向甲方交付研究报告后，根据甲方的请求，免费为甲方指定的人员提供不少于 3 次的现场咨询服务。服务地点在深圳，甲方支付乙方人员因此产生的差旅费。

第七条　后续

乙方交付甲方研究报告之后，必须在两个月内确定后续技术开发合作细则，并依照合同第二部分约定执行。

第二部分　技术开发

鉴于乙方已在 3D 技术上做了前期调研及物料、技术储备，甲方想将乙方调研成果应用到具体的手机项目上，因此，特委托甲方继续做 3D 技术的产品化实现，共同完成带 3D 功能手机项目开发。

第一条　开发范围及成果权属

甲乙双方愿结成战略合作伙伴关系，并展开多种合作。

本合同双方将以市场需求为导向,紧密合作。甲方向乙方支付研发预付技术提成费,乙方将完整的开发成果交给甲方,同时乙方需在技术上支持甲方的生产及相关认证,以使开发方案能以稳定的质量顺利生产。

本项目所有知识产权归甲方所有,乙方不得私自把该软件转让任何第三方。若乙方违反本条例,需赔偿甲方由此引起的商业损失。

第二条　权利和义务

开发阶段根据整体解决方案的设计,乙方负责开发并完善合同样品的3D软件设计,关键物料的引进、验证和开发,并测试通过后交付给甲方使用。

甲方完成合同手机的结构开模,乙方提供相应的技术支持,包括但不限于结构设计的建议,核查及协同确认。

甲方负责开发阶段的试产工作费用,包括试产PCB板费用、钢网费用、前线SMT、后线组装。乙方负责提供相应的技术咨询和技术服务。

2. 案例分析

一般来说,技术开发项目与技术咨询工作相关联。常常一项新技术的开发,都是从相关技术调研开始,对准备开展的技术研究方向进行可行性论证、技术预测、专题技术调查、分析评价等技术咨询工作,当论证、预测、评价提交之后,双方根据技术咨询结论来决定下一步是否可以展开技术开发工作。

开发合同应具备以下标的内容:

(1) 所开发技术的技术领域和项目内容。

(2) 技术主要组成部分。

(3) 研究方法和技术路线。

(4) 技术开发手段。

(5) 技术目标:包括技术指标和参数,与验收标准一致。

(6) 提交成果的方式及数量:技术文件资料、光盘软盘、非标设备……

开发合同完成技术成果应有以下方面的说明:

(1) 研究开发是指运用科学技术知识,完成新的技术方案的活动。包括探索新发现、创造新发明、完成新设计、开拓新产品、新工艺等技术方案的活动。

(2) 提交的成果应是相对完整的可实施技术方案,是能形成一定程序上的专有权的技术,而不是可供参考、选择的建议和意见。

(3) 开发工作和合同成果应有创新点(定性定量对比描述)。

从案例描述中，我们可以很清楚地知道：这是一份有关手机技术的合作开发合同，双方在开发工作之前，乙方应甲方委托进行了技术产品可行性研究的前期技术咨询工作。双方根据技术发展前景，选定开发在手机上的3D显示技术。因此，它可以认定为技术开发合同，享受相关税收优惠政策。

（二）技术开发合同认定案例

1. 案例描述

甲乙签订地籍管理信息系统软件开发项目，主要包括土地登记办公自动化系统、城镇地籍管理信息系统和村庄地籍管理信息系统。甲乙双方共同组建稳定的建设队伍，其中甲方负责总体协调工作，乙方承担系统总体设计、专题设计以及软件开发、培训、维护、质量检查与数据整理工作。

系统建设过程中，软件开发队伍与数据建库队伍应当分工协作、密切配合，共同完成系统的建设，因数据原因影响系统建设时，乙方应及时通知甲方，并依照甲方提出的解决方案执行。

甲方应建立业务保障制度，以确保数据库系统运行环境（包括软件运行环境、硬件环境和网络环境）完好为系统正常运行提供保障。

乙方工作人员的差旅费、餐饮费、住宿费均由乙方自行承担，甲方可利用本地化资源尽可能为乙方提供帮助，协助乙方做好生活保障。

项目进度：

第一阶段：系统的需求分析、开发、测试、试用，并提交项目需求分析报告和项目总体设计文档；

第二阶段：系统软件的安装与培训；

第三阶段：旧地籍号与新宗地统一编码挂接；

第四阶段：成果验收，甲方对项目成果进行验收。

合同价款为××万元。付款方式：合同签订后15日内支付总额的50％，项目验收合格后支付剩余的50％。

合同双方对本项目形成的成果及技术负有保密责任，未经对方书面许可不得向第三方泄漏。本项目软件的技术成果所有权归甲、乙双方共同所有，各类成果奖、技术奖的申报由双方共同进行。

2. 案例分析

此项技术开发合同是以软件开发为标的的技术合同，双方围绕地籍管理系统约定了责任、义务内容，并且清晰注明软件所有权归双方共同所有，符合税收优惠政策的规定，可以享受免缴增值税的优惠政策。

财税(2011)100号《关于软件产品增值税政策的通知》规定，纳税人受托开发软件产品，著作权属于受托方的征收增值税，著作权属于委托方或属于双方共同拥有的不征收增值税；对经过国家版权局注册登记，纳税人在销售时一并转让著作权、所有权的，不征收增值税。

在软件开发技术合同中，由于软件产品销售的特殊性，即许可对方使用就是销售行为，所以财税政策特别规定：软件开发成果的著作权归开发方自己所有，开发成果只是在这个项目中供对方使用，其实就是软件销售行为，因此须缴纳增值税，而只有把软件著作权约定为委托方或双方共同所有，才能享受优惠无须缴纳增值税。

（三）技术转让和与之相关的技术服务合同认定案例

1. 案例描述

某公司（以下简称“A公司”）获知祝某（以下简称“B某”）经多年研发，已造出一款医疗仪器，并附有整套图纸。A公司经B某许可查看了该仪器。A公司愿意购买B某设计的医疗仪器及图纸，B某也同意出让。双方在明确了上述事实的情况下约定合同如下：

一、A公司愿意购买B某医疗仪器研发的成果，即购买该医疗仪器一台及整套图纸，双方议定价格为人民币70万元。

二、双方一致同意付款形式为分期付款，当B某交付该医疗仪器样机一台和图纸后，A公司付首期人民币10万元，余款分六次逐年付清，年限为6年，分别于每年2月份付款，每次10万元。

三、技术要求：1. 样机要求必须达到8小时班产量2.5万支；2. 每加一次料至少可以完成可供样机一小时正常稳定运行；3. 样机操作方便，加料、下料简单，运行可靠，故障率少；4. 样机要设有故障报警、停机装置，排除故障容易；5. 要求达到一人管两台样机的方式。

四、样机设计方案由B某负责，A公司负责制造，当零件制造完工后，经B某验收，由B某总装、调试，A公司必须全力协助并积极提供方便。

五、B某设计的样机、图纸，经合同履行后，应归A公司所有，A公司拥有该医疗仪器的制造权、图纸所有权、申请专利权等各项权益。合同履行后，B某不得擅自另寻买主或重新为第三方设计制作相类似的样机（包括设计的图纸）。日后一旦发现，B某需支付给A公司10倍于买卖金额的经济赔偿金，并追究B某的法律责任。

六、双方在合同履行过程中，A公司应提供给B某样机配件的规格，相关零件或配件的长度规格等资料及技术数据，B某根据此要求进行设计。

七、合同签署后，A公司付清首期款给B某，即日起合同履行生效。

八、双方确定，在本合同履行期间，因出现人为不可抗拒的因素，造成合同已不可能履行的，一方应及时通知另一方解除本合同。

九、如双方因履行合同而发生争议，应本着相互尊重、互谅互解的诚意，通过协商、调解来解决，解决不成可依法向法律机构提起申诉。

十、如双方在履行过程中需补充或协商并附交书面约定，经双方同意可作为本合同的附加文本。

十一、合同生效后由B某负责装配10台医疗仪器，限在60天内完成，机器需使用碳钢材质，A公司需为此支付组装费用5 000元/月，辅助工人1—2人，月薪3 000元/月。

十二、图纸中特有分检装置设计经A公司同意B某可无条件使用。

十三、违约责任：当A公司没法付款时，A公司违约必须付给B某利息及律师费。

十四、本合同一式三份，具有同等法律效力。

十五、本合同经双方签章，盖章后生效。

2. 案例分析

一般技术的转让，都不是一手交图纸、一手交钱这么简单的过程，相反，往往买技术的一方通常向卖技术的一方提出技术实现效益的技术服务工作，所以合同款项的结算需跨度几年，而卖方财务人员在开具这部分收入的发票时，必须注意，切不可大笔一挥：技术服务费××万元，如果这样，就是一笔单独的技术服务收入，不能享受营业税免税优惠。正确的开具方式应该是：某某技术项目转让费及服务费1万元，项目分期付款时，要求财务人员在开具发票方面，正确按照政策规定开具发票，避免因票据问题影响免税办理。

（四）技术转让合同认定案例

1. 案例描述

某某投资控制系统V1.0软件著作权转让，甲乙双方经协商同意，乙方将自主拥有的投资控制系统软件著作权转给甲方（该软件版本号为V1.0，计算机软件著作权登记证书登记号为200×SR067××，并提供该登记证书的原件及复印件）。

该软件通过对工程建设项目的项目信息、投资计划、合同管理、变更管理、支付管理、采购管理、查询中心、人员组织、系统规划以及资料中心等管理，达到对整个项目的投资控制，使得项目的管理者职权清楚，项目的资金情况一目了然，所有的支付都有据可查，是提高工程建设项目投资效益的现代项目管理工具。软件同时具有人员组织、系统规划等系统管理功能，能适应不同类型的项目，系统特别适用于复杂项目或多项目同时管理。

具体功能模块详见相关技术文件，双方约定乙方在 2011 年 1 月 30 日之前完成系统软件及其文档的全部转让工作，并协助甲方安装和使用。甲方于 2011 年 1 月 10 日前将转让价款一次性方式支付到位。

甲方须提供软件运行的软、硬件环境，进行试运行和验收工作。

乙方配合做好软件安装、调试及试运行工作。试运行中，系统软件能实现和达到本合同第二条款中所列功能和指标。甲方签署验收合格报告。

乙方需在 2011 年 1 月 30 日前，将项目软件的全部源代码、执行代码及全部技术文档交甲方，并协助甲方取得本软件的著作权证书。

2. 案例分析

这是一项软件著作权转让合同，双方约定乙方将其拥有的软件产品的所有权、著作权转让给甲方，并协助甲方取得此软件著作权证书的技术合同。因此，本合同按照财税(2011)100 号《关于软件产品增值税政策的通知》规定，此项技术转让交易取得的收入，可以享受免缴增值税的优惠政策，同时，按照财税(2011)111 号《关于居民企业技术转让有关企业所得税政策问题的通知》的规定，还可以享受所得税的优惠政策。

第二节　高新技术企业优惠政策

一、政策概述

(一) 高新技术企业概念

2008 年科技部、财政部、国家税务总局发布《关于印发〈高新技术企业认定管理办法〉的通知》(国科发火〔2008〕172 号文)，文中《高新技术企业认定管理办法》(以下简称“办法”)中明确指出，国家高新技术企业是在重点领域内，持续进行研究开发与技术成果转化，形成企业核心自主知识产权，并以此为基础开展经营活动，在中国境内(不包括港、澳、台地区)注册一年以上的居民企业。它是知识密集、技术密集的经济实体。

上述概念包括了三层含义：

1. 企业所从事的研究开发和生产经营活动必须符合国家重点支持的产业技术方向，属于重点领域规定的范围；

2. 具有持续的自主研究开发能力，拥有核心自主知识产权，是高新技术企业的必备条件；

3. 企业主营业务必须与自身的研究开发与技术成果转化活动密切相关。显然，没有开展研究开发活动，单纯从事高新技术产品生产加工的企业，不能被认定为高新技术企业。

与一般企业相比，高新技术企业具有明显特征：更注重技术创新；更倚重科技人员与研发团队；研究与开发的投入更大；不依赖资源投入，而是将技术突破作为主要发展手段。基于高新技术企业的本质，高新技术企业具有与传统企业不同的经营特点，这些经营特点将直接影响高新技术企业的激励机制。概括地说包括五项特点，即：高技术、高投入、高风险、高收益、高成长性。

(二) 高新技术企业认定发展历程

我国高新技术企业认定工作是从上世纪90年代初开始的。为建立我国高新技术产业，促进高新技术企业快速发展，国务院于1991年发布《国家高新技术产业开发区高新技术企业认定条件和办法》(国发[1991]12号)，授权原国家科委组织开展国家高新技术产业开发区内高新技术企业认定工作，并配套制定财政、税收、金融、贸易等一系列优惠政策。1996年，根据形势的需要，《国家高新技术产业开发区外高新企业认定条件和办法》(国科发火字[1996]018号)将高新技术企业认定范围扩展到国家高新区外。1999年，《国家高新技术产业开发区高新技术企业认定条件和办法》(国科发火字[2000]324号)再次修订了国家高新区内高新技术企业认定标准。

经过多年发展，我国高新技术企业取得了巨大成就，对促进科技与经济的结合，推动新兴产业发展，实现经济增长起到极为重要的作用。但整体上，我国企业仍存在研发机构少，研发投入强度低，创新能力明显不足等缺点。当前国际科技竞争日益激烈，自主创新能力已成为一个国家的核心竞争力。随着经济全球化和我国市场体制的推进，我国已经进入必须依靠科技进步和自主创新推动社会经济发展的新时期。因此，出台符合新形势要求的高新技术企业认定办法势在必行。

为适应新形势发展，全面贯彻落实党的十七大精神和中共中央、国务院《关于实施科技规划纲要增强自主创新能力的决定》(中发[2006]4号)，配合落实2007年3月全国人大通过的《中华人民共和国企业所得税法》(以下简称企业所得税法)有关高新技术企业的优惠政策，大力提升我国高新技术企业的自主创新能力，实现产业升级发展，在总结以往高新技术企业认定管理工作的基础上，科技部、财政部、国家税务总局共同制定了新的高新技术企业认定管理办法(即认定办法)，并于2008年4月14日正式发布，配套文件《高新技术企业认定管理工作指引》(以下简称“工作指引”)也于2008年7月8日正式印发。

(三) 高新技术企业的扶持政策

高新技术企业是发展高新技术产业的重要基础，是调整产业结构、提高国家竞争力的生力军，在我国经济发展中占有十分重要的战略地位。十几年来，高新技术企业一直受到各级政府的高度重视，国家和地方主要采取税收减免、股权激励、科技计划、项目用地、金融保险、出口信贷等多种政策措施，鼓励和支持高新技术企业发展。目前，我国已初步形成培育高新技术企业发展的良好环境和综合政策体系。

二、高新技术企业认定常见问题

(一) 高新技术企业认定条件

“认定办法”中明确指出，高新技术企业必须同时具备以下几点：

1. 在中国境内(不含港、澳、台地区)注册一年以上的企业，近三年内通过自主研发、受让、受赠、并购等方式，或通过5年以上的独占许可方式，对其主要产品(服务)的核心技术拥有自主知识产权；

2. 产品(服务)属于重点领域规定的范围；

3. 具有大学专科以上学历的科技人员占企业当年职工总数的30%以上，其中研发人员占企业当年职工总数的10%以上；

4. 企业为获得科学技术(不包括人文社会科学)新知识，创造性运用科学技术新知识，或实质性改进技术、产品(服务)而持续进行了研究开发活动，且近三个会计年度的研究开发费用总额占销售收入总额的比例符合如下要求：

(1) 最近一年销售收入小于5 000万元的企业，比例不低于6%；

(2) 最近一年销售收入在 5 000 万元至 20 000 万元的企业，比例不低于 4%；

(3) 最近一年销售收入在 20 000 万元以上的企业，比例不低于 3%；

其中，企业在中国境内发生的研究开发费用总额占全部研究开发费用总额的比例不低于 60%。企业注册成立时间不足三年的，按实际经营年限计算；

5. 高新技术产品（服务）收入占企业当年总收入的 60%以上；

6. 企业研究开发组织管理水平、科技成果转化能力、自主知识产权数量、销售与总资产成长性等指标符合工作指引的要求。

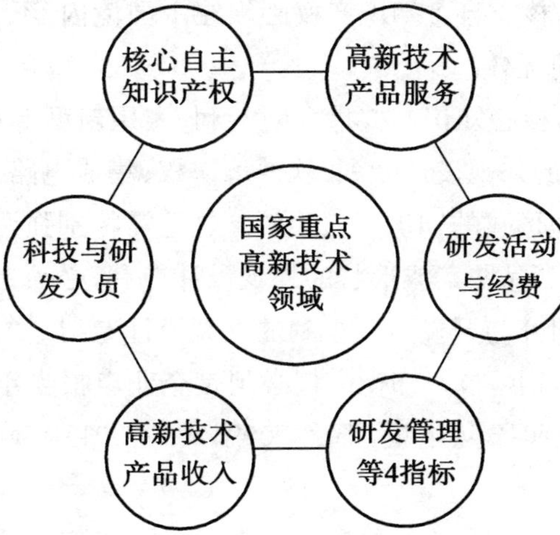

图 4-1　认定高新技术企业六项条件

上述六点条件同时满足，缺一不可。须注意的是，这六项条件不能相互割裂，具体如下：

1. 核心自主知识产权必须与企业主体产品（服务）技术领域相一致，且应属于企业产品（服务）所潜在蕴含的关键技术。

2. 高新技术产品（服务）必须属于国家重点新技术领域，且有相应核心自主知识产权作支撑。

3. 企业科技研发骨干亦应具有相关技术领域的知识背景。

4. 企业研发活动宜在企业所属技术领域内，围绕企业产品（服务）中存在的关键问题或前沿科学技术问题进行开展。

5. 高新技术产品（服务）的收入必须与企业的高新技术产品（服务）相对应。

6. 企业转化的科技成果也应在企业所属的技术领域内。

综上,可以看出高新技术企业的六项认定条件是以国家重点领域为核心,相互联系,是一个有机整体。

(二) 认定工作对核心自主知识产权的要求

"认定办法"对核心自主知识产权的要求为"在中国境内(不含港、澳、台地区)近三年内通过自主研发、受让、受赠、并购等方式,或通过5年以上的独占许可方式,对其主要产品(服务)的核心技术拥有自主知识产权"。

1. 核心自主知识产权必须满足的条件

高新技术企业认定条件中的核心自主知识产权必须满足以下4个条件:

(1) 在地域上,核心自主知识产权必须在中国境内(不含港、澳、台地区)登记注册,境外注册无效。

(2) 在内容上,核心知识产权指发明专利、实用新型专利,以及非简单改变产品图案和形状的外观设计专利、软件著作权、集成电路布图设计专有权、植物新品种等,其他形式的知识产权无效。这里需特别强调的是外观设计专利不能是简单改变产品图案或形状的外观设计专利,必须是运用科学和工程技术的方法,经过研究与开发过程得到的外观设计专利。

(3) 在获得时间上,核心知识产权必须是企业申报当年的前三年获得授权的。例如某企业2012年申报,那么2009、2010、2011三年间获得授权的上述知识产权均有效。

(4) 在获得方式上,企业通过自主研发、受让、受赠、并购获得,或者享有5年以上的独占许可权利,并在中国法律的有效保护期内。高新技术企业对于独占许可的时间要求有两点: ① 独占许可期必须5年以上;② 实施独占许可日期必须是近三年以内的。

2. 高新技术企业认定所提交的知识产权证明必须具有时效

(1) 近三年通过自主研发获得的核心自主知识产权,应提供相应近三年获得且有效的发明专利证书、实用新型专利证书、计算机软件著作权登记证书、集成电路布图设计专有权证书及植物新品种权证书等。简单的外观设计一般不予考虑。

(2) 近三年内通过受让、受赠、并购等方式获得的核心自主知识产权,应提供专利登记簿副本、变更手续合格通知书等相关证明材料。

(3) 近三年内通过5年以上的独占许可方式获得的核心自主知识产权,应提供独占许可合同,实施许可备案证明等。

发明、实用新型、外观设计专利可以到国家知识产权局网站(http://www.sipo.gov.cn)查询专利号来检验专利信息,其法律状态可通过到国家知识产权局办理登记簿副本查询。

对于软件著作权,可以到国家版权局中国版权保护中心的网站(http://www.ccopyright.com.cn)查询软件著作权标记(亦称版权标记),表明作品受著作权保护的记号,检验其真伪。

集成电路布图设计专有权可以到国家知识产权局网站(http://www.sipo.gov.cn)上查询相关公告。

植物新品种信息可以到中国植物新品种保护信息网(http://www.cnpvp.com)上进行验证。

(三)认定对高新技术产品(服务)的要求

企业研发的产品技术,通过申请专利获得专利权,设计软件等取得了版权(著作权)保护,使智力成果以法律形式明确为自己所有,拥有者可以对其进行正当使用而不受人干涉,并可对各种侵权行为诉诸法律,这样的产品(服务)称为具有自主知识产权的产品(服务)。

认定办法明确规定:"产品(服务)属于重点领域规定的范围"。因此,高新技术企业认定中的企业高新技术产品(服务)是指企业通过技术创新、开展研发活动所形成的,符合重点领域要求的产品(服务)。

另外,高新技术企业产品还应具备以下条件:

1. 知识产权明晰、技术成熟、市场潜力大,有较好的经济效益,社会效益和环境效益符合可持续发展的要求;

2. 产品及其生产过程应符合国家产业政策、安全和环境保护的要求。认定之时,对照重点领域,依据申请书中企业上年度高新技术产品(服务)情况表及有关附件材料,对企业各年度的每一个高新技术产品进行核定。

2008年之后,我国将高新技术企业认定的领域以重点领域为界定依据,产品目录同时废止。因此,可以说高新技术企业的"高新"界定主要以"技术"为依据,不再以"产品"为依据。

高新技术企业认定过程中,需综合企业所处行业、企业产品领域、企业关键技术所处领域、核心知识产权领域,从以下几个方面明确:

1. 企业所属领域:宜根据企业行业领域、主营产品领域、产品蕴含关键技术领域来进行判断,企业所属领域必须在重点领域之内。

2. 主营的高新技术产品所属领域:宜根据产品领域、产品所蕴藏的技术领域、产品支撑知识产权所属领域来进行判断,主营的高新技术产品所属领域必须在重点领域之内。

3. 企业所开展的研发活动所属领域:宜根据研发活动的内容,所取得的知识产权成果所处领域来进行判断,研发活动所属领域宜在重点领域之内。

(四)认定对科技人员和研发人员的要求

1. 人员划分

从广义上来说,科技人员是掌握一项相关技术,可以是具有农、林、电、工、理、医、法、经济等各个学科领域相关技术人员。具体而言,科技人员指直接从事科技活动的直接科技人员,以及专门从事科技活动管理和为科技活动提供直接服务的科技辅助人员。应根据企业的技术研发过程确认技术、研究人员身份,确定是否应纳入统计范围。

(1) 研究人员。是指企业内主要从事研究开发项目的专业人员,具体而言,是指从事新知识、新产品、新工艺、新方法、新系统的构想或创造的专业人员及 R&D 课题的高级管理人员。

(2) 技术人员。指具有工程技术、自然科学和生命科学中一个或一个以上领域的技术知识和经验的人员,通常在研究人员的指导下参加研发活动,应用有关原理和操作方法执行科学技术任务开展关键资料的收集整理等活动的人员。

通常他们从事的工作有:

——文献检索;

——关键资料的收集整理;

——编制计算机程序;

——进行实验、测试和分析;

——为实验、测试和分析准备材料和设备;

——记录测量数据、进行计算和编制图表;

——从事统计调查与访谈等;

——R&D 课题的一般管理人员。

(3) 辅助人员。是指参与研究开发活动的熟练技工。一般指参加 R&D 课题或直接协助这些课题的熟练工和非熟练技工、秘书和办事人员,还包括所有为 R&D 课题提供直接服务的财务、人事及行政管理人员。

2. 人员界定

认定办法规定："高新技术企业中具有大学专科以上学历的科技人员占企业当年职工总数的30%以上，其中研发人员占企业当年职工总数的10%以上。"

上述条件具有以下五层含义：

(1) 企业科技人员、研发人员必须是符合上述定义的人员；

(2) 无论纳入统计的科技人员还是研发人员均应具有大学专科以上学历；

(3) 无论科技人员还是研发人员均应主要统计企业的全时人员，对于兼职或临时聘用人员，全年必须在企业累计工作183天以上；

(4) 科技人员占企业当年职工总数的30%以上；

(5) 研发人员占企业当年职工总数的10%以上。

纳入统计的企业全时工作人员，可以通过企业是否签订了劳动合同来鉴别验证。纳入统计的兼职人员，此项有效的证明文件包括：临时聘用合同、兼职合同、临时工资津贴领取记录等。

(五) 认定对研究开发活动的要求

"工作指引"对于研究开发活动的定义与加计扣除管理办法的规定基本一致。简而言之，研发活动要有价值、有目标、可持续。

有价值主要体现在创新性方面。一是在技术、产品(服务)方面的创新取得了有价值的成果；二是对本地区(省、自治区、直辖市或计划单列市)相关行业的技术进步具有推动作用；三是企业从事的常规性升级或对某项科研成果直接应用等活动(如直接采用新的工艺、材料、装置、产品、服务或知识等)被排除在外。企业的研究开发相对于本地区同一行业领先的技术、工艺有所创新，就可纳入认定管理中的研究开发活动，这一标准符合企业技术创新的实际。因为企业是技术的实际应用部门，不能完全要求企业进行重大突破的、原则性的、有实质性显著进步的创新活动。这类创新活动投入很大，风险也很高，一般企业是不能胜任的。企业的技术创新是循序渐进的，每一点创新都是有价值的。

有目标是指这种研发活动具有明确目标，即为解决生产经营中的具体技术问题而开展的研究活动。

可持续是指这种研发必须是持续进行的，不是零散的。

企业在申请认定高新技术企业时，如果按照上述标准开展了研究开发活动，则应填写《高新技术企业认定申请书》（工作指引附 2）中的“二、企业研究开发项目情况表”。

1. 研发活动的分类

研究开发活动具备四种基本要素：(1) 创造性；(2) 新颖性；(3) 科学方法的运用；(4) 产生新的知识或创造新的应用。在上述条件中，创造性和新颖性是研究与试验发展的决定因素，产生新的知识或创造新的应用是创造性的具体体现，运用科学方法则是所有科学技术活动的基本特点。而研究水平、任务的来源（国家或省级）和研究中所采用的技术，均不是构成研究与试验发展（R&D）活动的基本要素。研发活动具体可细化为基础研究、应用研究与试验发展三类。

基础研究：指为获得关于现象和可观察事实的基本原理及新知识而进行的实验性和理论性工作，它不以任何专门或特定的应用或使用为目的。

基础研究的特点是：

(1) 以认识现象、发现和开拓新的知识领域为目的，即通过实验分析或理论性研究对事物的物性、结构和各种关系进行分析，加深对客观事物的认识，解释现象的本质，揭示物质运动的规律，或者提出和验证各种设想、理论或定律。

(2) 没有任何特定的应用或使用目的，在进行研究时对其成果看不出、说不清有什么用处，或虽肯定会有用途但并不确知达到应用目的的技术途径和方法。

(3) 一般由科学家承担，他们在确定研究专题以及安排工作上有很大程度的自由。

(4) 研究结果通常具有一般的或普遍的正确性，成果常表现为一般的原则、理论或规律并以论文的形式在科学期刊上发表或学术会议上交流。

因此，当研究的目的是为了在最广泛的意义上对现象的更充分的认识，和（或）当其目的是为了发现新的科学研究领域，而不考虑其直接的应用时，即视为基础研究。

基础研究又可分为纯基础研究和定向基础研究。

纯基础研究与定向基础研究的区别如下：

(1) 纯基础研究是为了推进知识的发展，不考虑长期的经济效益或社会效益，也不致力于应用其成果于实际问题或把成果转移到负责应用的部门。

(2) 定向基础研究的目的是期望能产生广泛的知识基础，为已看出或预料的当前、未来或可能发生的问题的解决提供资料。

应用研究：指为获得新知识而进行的创造性的研究，它主要是针对某一特定的实际目的或目标。

应用研究的特点是：

(1) 具有特定的实际目的或应用目标，具体表现为：为了确定基础研究成果可能的用途，或是为达到预定的目标探索应采取的新方法（原理性）或新途径。

(2) 围绕特定目的或目标进行研究的过程中获取新的知识，为解决实际问题提供科学依据。

(3) 研究结果一般只影响科学技术的有限范围，并具有专门的性质，针对具体的领域、问题或情况，其成果形式以科学论文、专著、原理性模型或发明专利为主。一般可以这样说，所谓应用研究，就是将理论发展成为实际运用的形式。

试验发展：试验发展是指利用从基础研究、应用研究和实际经验所获得的现有知识，为产生新的产品、材料和装置，建立新的工艺、系统和服务，以及对已产生和建立的上述各项作实质性的改进而进行的系统性工作。

试验发展的特点是：

(1) 运用基础研究、应用研究的知识或根据实际经验。

(2) 以开辟新的应用为目的，具体地说，就是为了提供新材料、新产品和新装置、新工艺、新系统和新的服务，或对已有的上述各项进行实质性的改进。

(3) 其成果形式主要是专利、专有知识、具有新产品基本特征的产品原型或具有新装置基本特征的原始样机等。

2. 研发活动的区分标准

区分基础研究与应用研究的主要准则在于：基础研究是为了认识现象，获取关于现象和事实的基本原理的知识，而不考虑其直接的应用；应用研究在获得知识的过程中具有特定的应用目的。基础研究没有特定的应用目的或目标主要表现在，在进行研究时对其成果的实际应用前景如何并不很清楚，或者虽然确知其应用前景但并不知道达到应用目标的具体方法和技术途径。应用研究的特定应用目的不外乎二类：一类是发展基础研究成果确定其可能用途；另一类是为达到具体的、预定的目标确定应采取的新的方法和途径。应用研究虽然也是为了获得科学技术知识,但是,这种新知识是在开辟新的应用途径的基础上获得的,是对现有知识的扩展,为解决实际问题提供科学依据,对应用具有直接影响。基础研究获取的知识必须经过应用研究才能发展为实际运用的形式。

区分基础研究、应用研究与试验发展的主要标准:基础研究和应用研究主要是扩大科学技术知识,而试验发展则是开辟新的应用即为获得新材料、新产品、新工艺、新系统、新服务以及对已有上述各项作实质性的改进。虽然应用研究和试验发展所追求的最终目标是一样的,但它们的直接目的或目标却有着本质的差别。应用研究是为达到实际应用提供应用原理、技术途径和方法、原理性样机或方案,这是创造知识的过程;试验发展并不增加科学技术知识,而是利用或综合已有知识创造新的应用,与生产活动直接有关,所提供的材料、产品装置是可以复制的原型,而不是原理性样机或方案,提供的工艺、系统和服务是可以在实际中采用。

3. 认定工作中研发活动的判断

认定机构在组织专家评价过程中,可参考如下方法对企业申报的研发活动(项目)进行判断:

(1) 行业标准判断法。若国家有关部门、全国(世界)性行业协会等具备相应资质的机构提供了测定科技"新知识"、"创造性运用科学技术新知识"或"具有实质性改进的技术、产品(服务)"等技术参数(标准),则优先按此参数(标准)来判断企业所进行项目是否为研究开发活动。

(2) 专家判断法。如果企业所在行业中没有发布公认的研发活动测度标准,则通过本行业专家进行判断。判断的原则是:获得新知识、创造性运用新知识以及技术的实质改进应当是企业所在技术(行业)领域内可被同行业专家公认的、有价值的进步。

(3) 目标或结果判定法(辅助标准)。检查研发活动(项目)的立项及预算报告,重点了解进行研发活动的目的(创新性)、计划投入资源(预算);研发活动是否形成了最终成果(权利)或中间性成果(权利),如专利等知识产权或其他形式的科技成果(权利)。在采用行业标准判断法和专家判断法不易判断企业是否发生了研发活动时,以本方法作为辅助。

高技术服务业的企业研究开发活动相对特殊,它是指企业为支持其在高新技术服务业领域内开发新产品(服务)、采用新工艺等,而在自然科学和工程技术方面取得新知识或实质性改进的活动;或从事国家级科技计划列入的服务业关键技术项目的开发活动。对其判断标准与上述标准相同。

4. 认定对研究开发费的要求

在研发投入方面,"认定办法"明确要求:企业为获得科学技术(不包括人文社会科学)新知识,创造性运用科学技术新知识,或实质性改进技术、产品(服务)而持续进行的研究开发活动,且近三个会计年度的研究开发费用总额占销售收入总额的比例符合如下要求:

(1) 最近一年销售收入小于 5 000 万元的企业,比例不低于 6%;

(2) 最近一年销售收入在 5 000 万元至 20 000 万元的企业,比例不低于 4%;

(3) 最近一年销售收入在 20 000 万元以上的企业,比例不低于 3%。

"工作指引"明确指出,企业要设置高新技术企业认定专用研究开发费用辅助核算账目并按照要求进行单独核算。

5. "认定办法"对研究开发费用内容的确定

企业应对包括下列直接研究开发活动和可以计入的间接研究开发活动所发生的费用进行归集:

(1) 人员人工

人员人工是指从事研究开发活动人员(也称研发人员)全年工资薪金,包括基本工资、奖金、津贴、补贴、年终加薪、加班工资以及与其任职或者受雇有关的其他支出。

根据"工作指引",研发人员主要包括研究人员、技术人员及辅助人员,并分为全时工作人员和兼职(或临时聘用)人员。其中企业从事研发活动的全时工作人员,可通过企业是否签订劳动合同来鉴定;企业兼职或临时聘用人员,全年须在企业累计工作 183 天以上。

若研发人员同时参与两个或两个以上的研发项目,其发生的人工支出应按统计的工作量进行分摊,无工作量统计的,则选择当期各项目直接投入占总投入比例进行分摊。

若研发人员在参与研发项目的同时还开展非研发活动,其发生的人工支出也应按统计的工作量进行分摊,确定能够计入研发项目的人工支出。

(2) 直接投入

直接投入是指企业为实施研究开发项目而购买的原材料等相关支出。如:水和燃料(包括煤气和电)使用费等;用于中间试验和产品试制达不到固定资产标准的模具、样品、样机及一般测试手段购置费、试制产品的检验费等；用于研究开发活动的仪器设备的简单维护费；以经营租赁方式租入的固定资产发生的租赁费等。

企业发生的直接投入一般直接计入研发支出，但对动力费用、共同使用的模具、样品、样机及一般测试手段购置费、经营租赁方式租入的固定资产发生的租赁费等按各研发项目使用的工作量等合理方法计算后计入。

(3) 折旧费用与长期待摊费用

折旧费用包括为执行研究开发活动而购置的仪器和设备以及研究开发项目在用建筑物的折旧费用；长期待摊费用包括研发设施改建、改装、装修和修理过程中发生的长期待摊费用。

对于纯粹用于一般生产性和经营性活动的仪器、设备、土地、建筑物不能计入；对为执行研究开发活动而购置的仪器和设备，既用于研发又用于生产经营活动或同时用于多个项目研发的机器设备和设施应按工时或工作量等合理有效的方法进行分摊计入；对在用建筑物，可采用研发活动所占用的建筑面积占总建筑面积的比例来分摊其折旧费用，然后再按工作量等合理有效的方法在各项目之间分摊。

(4) 设计费用

设计费用是指为新产品和新工艺的构思、开发和制造，进行工序、技术规范、操作特性方面的设计等发生的费用。

企业发生的新产品、新工艺设计费，一般不会存在共同费用，可直接计入研发支出。委托其他单位设计的，需提供委托合同或协议。

(5) 装备调试费

装备调试费主要包括工装准备过程中研究开发活动所发生的费用(如研制生产机器、模具和工具，改变生产和质量控制程序，或制定新方法及标准等)。

为大规模批量化和商业化生产所进行的常规性工装准备和工业工程发生的费用不能计入。

一般情况下，装备调试费直接与研发项目对应，不会产生共同费用，可直接计入对应的研发项目。

(6) 无形资产摊销

无形资产摊销是指因研究开发活动需要购入的专有技术(包括专利、非专利发明、许可证、专有技术、设计和计算方法等)所发生的费用摊销。

对属于多个研发项目使用的，企业可按各研发项目使用的工作量等可行方法计算后计入。

值得注意的是，不同于会计上“用于研究开发活动”的确认范围和加计扣除中“专门用于研究开发活动”的确认范围，“认定办法”在对可摊销的专有技术的确认时强调的是购入时是否是为了研究开发活动而购买的。

(7) 委托外部研究开发费用

委托外部研究开发费用是指企业委托境内其他企业、大学、研究机构、转制院所、技术专业服务机构和境外机构进行研究开发活动所发生的费用(项目成果为企业拥有，且与企业的主要经营业务紧密相关)。委托外部研究开发费用的发生金额应按照独立交易原则确定。

在归集研发费时，企业委托外部发生的研究开发费用应按发生额的 80% 计入研发费用总额。

(8) 其他费用

其他费用主要是指为研究开发活动所发生的其他费用，如办公费、通讯费、专利申请维护费、高新科技研发保险费等。此项费用一般不得超过研究开发总费用的 10%，另有规定的除外。

企业单个项目发生的支出可直接计入，属于多个项目共同支出的，则可按各项目直接投入占总投入比例等合理有效方法进行分摊。

按照认定办法，企业在归集研究开发费用时应注意：

第一，企业在申请认定高新技术企业时，应归集“近三个会计年度”发生的研究开发费用。“近三个会计年度”的研究开发费用是指企业申请认定高新技术企业当年再往前追溯三个年度发生的研发费，不包括申请认定当年发生的研发费。如某企业 2009 年申请认定高新技术企业，则企业应归集 2006、2007、2008 三个年度发生的研发费用。

第二，企业注册成立时间不足三年的，研发费用的归集按实际经营年限计算。如某企业于 2007 年 7 月成立，在 2009 年申请认定高新技术企业，申请认定时成立时间不满三年，则该公司在归集研发费用时，应将 2007 年 7 月—2007 年 12 月作为一个会计年度，归集 2007、2008 二个年度发生的研发费用。

第三，企业在中国境内发生的研究开发费用总额占全部研究开发费用总额的比例不低于 60%。根据“工作指引”，企业在中国境内发生的研究开发费用是指企业内部研究开发活动实际支出的符合条件的全部费用与委托境内的企业、大学、转制院所、研究机构、技术专业服务机构等进行的研究开发活动所支出的费用之和，不包括委托境外机构完成的研究开发活动所发生的费用。

（六）销售收入总额的确认

“认定办法”第十条第四款明确“销售收入总额”是指企业申请认定或开展复审的前三个会计年度（企业注册成立时间不足三年的，按实际经营年限计算）的销售收入总和。“工作指引”对“销售收入”又作了进一步的说明，即销售收入是指产品收入和技术性收入之和。这一界定与税法和会计范畴的“销售收入”存在一定差异。

“认定办法”中的销售收入包括产品收入和技术服务收入之和。产品收入主要是指货物（含自产、外购和委托加工货物）的销售收入；技术服务收入主要是指技术性收入和其他技术服务收入，其中技术性收入包括技术转让收入、技术承包收入、技术服务收入以及接受委托科研收入。

技术转让收入是指技术创新成果通过技术贸易、技术转让所获得的收入；技术承包收入是指技术项目设计、技术工程实施所获得的收入；技术服务收入是指利用自己的人力、物力和数据系统等为社会和本公司外的用户提供技术方案、数据处理、测试分析及其他类型的服务所获得的收入；接受委托科研收入是指承担社会各方面委托研究开发、中间试验及新产品开发所获得的收入。

具体来说，“认定办法”中的销售收入是指企业所得税法规定的销售收入（主营业务收入、其他业务收入和视同销售收入）中产品收入和技术服务收入之和，但不包括：材料销售收入、废品和下脚料收入、让渡资产使用权收入（固定资产出租收入、非技术性质的无形资产转让收入、包装物出租收入、利息收入等）、代购代销手续费收入等与产品和技术无关的收入。

（七）高新技术产品（服务）收入

在高新技术产品（服务）收入占企业当年总收入比例方面，“认定办法”明确要求该比例须达到60%以上。

高新技术产品（服务）收入，是指企业通过技术创新、开展研发活动，形成符合重点领域要求的产品（服务）收入与技术性收入的总和。也就是说，高新技术收入的来源不仅包含企业运用其研发成果制造出来的、可在市场上进行售卖的货物，还包括企业运用技术为别人提供的服务。各自的定义如下：

1. 产品（服务）收入

首先，形成的产品应为企业通过开展研究开发活动研发生产出的产品，不包括外购的高新技术产品。

其次，形成的产品应在国家重点支持的高新技术领域规定的范围内（国家重点支持的高新技术领域详见相关文件)。

再次,对形成的主要产品所应用的技术而言,企业应当拥有或通过受让独占使用其核心知识产权。拥有是指企业通过开展研究开发活动,对自主研发的核心技术成果的知识产权拥有所有权。受让独占许可是指在全球范围内技术接受方对协议约定的知识产权(专利、软件著作权、集成电路布图设计专有权、植物新品种等)享有 5 年以上独占的使用权,在此期间内,技术供应方和任何第三方都不得使用该项技术。核心知识产权是指专利权、软件著作权、集成电路布图设计专有权、植物新品种。其中专利权包括发明、实用新型,以及非简单改变产品图案和形状的外观设计(主要是指:运用科学和工程技术的方法,经过研究与开发过程得到的外观设计)。以上自主知识产权须在中国境内注册,并在中国法律的有效保护期内。

由此可见,企业申报的产品,只有同时满足上述三项要求的,才能被认定为高新技术产品,其对应的产品销售收入就是高新技术产品收入。

2. 技术性收入

技术性收入属于服务收入,主要包括:

(1) 技术转让收入:指企业的技术创新成果通过技术贸易、技术转让所获得的收入;

(2) 技术承包收入:指企业运用其科技创新成果,通过承包技术项目设计、技术工程实施等方式所获得的净收入;

(3) 技术服务收入:指企业利用自己的人力、物力和数据系统等为社会和用户提供技术方案、数据处理、测试分析及其他类型的服务所获得的收入;

(4) 接受委托科研收入:指企业承担社会各方面委托研究开发、中间试验及新产品开发所获得的收入。

同产品收入一样,企业提供的技术服务,首先必须是利用自己的人力、物力和技术创新成果对外提供服务;其次企业提供的技术服务应当属于国家重点支持的高新技术领域内;再次,提供的技术服务必须与企业研究开发项目、核心自主知识产权有关联,即企业提供技术服务所依赖的技术,企业应当拥有或通过受让独占其核心知识产权。只有满足以上三个条件,才能被视为高新技术服务,其对应的收入才能被认定为高新技术服务收入。

(八) 研发组织管理水平等四项指标

1. 四项指标的考核要求

自主知识产权、科技成果转化能力、研究开发组织管理水平、资产与销售额成长性指标等四项指标(以下简称"四项指标"),用于评价企业利用科技资源进行创新、经营创新和取得创新成果等方面的情况。

高新技术企业认定过程中,这四项指标的评定采取加权求和记分方式,满分为100分,总评得分须达到70分以上(不含70分)才符合高新技术企业的认定要求。四项指标的评分是高新技术企业评审专家所要进行的重要工作之一。

2. 四项指标的评分权重

四项指标权重结构详见表4-1。

表4-1 四项指标的权重

序号	指　标	赋值
1	核心自主知识产权	30
2	科技成果转化能力	30
3	研究开发的组织管理水平	20
4	成长性指标	20
合计		100

3. 四项指标的评分比例

为更好引导专家对申报企业提供的相关材料进行评分,"工作指引"中颁布了四项指标的评分说明,如表4-2所示。

表4-2 四项指标的评分说明

序号	档次	评分范围
1	A	0.80—1.0
2	B	0.60—0.79
3	C	0.40—0.59
4	D	0.20—0.39
5	E	0.01—0.19
6	F	0

表4-2将四项指标划分为6个档次,每个档次的评分范围不得重合。专家在评定之时,首先根据四项指标的数量、数据情况(在后续逐个说明),确定每项指标的得分档次。各项指标评定分数的档数的选择均为单选。在每个档次内,再由专家根据专业知识评判企业提供材料中各项指标的质量优

劣，进行权衡打分。

4. 四项指标的实际评分计算

公式为：各项指标实际得分＝本指标权重赋值×分数比例

如某指标的权重赋值为20，该指标评价档次经评审专家认定，评为“B”档，根据其资料情况，评分分数比例评为0.7；则该项指标的实际得分＝20分×0.7＝14分。

5. 四项指标评价依据时效界定

评价指标以企业申报之日前3个年度的数据为准。如企业创办期不足3年的，以实际经营年限为准。

三、案例分析

案例一：申报企业须充分论证企业高新技术产品中所蕴含的高新技术，并与企业知识产权建立密切联系。

某纺织材料公司申报材料中，提供的核心知识产权为纺织机械方面的改进专利技术，属于高新技术改进传统产业中的新型机械领域，但其产品是纺织材料，这就造成其产品缺乏知识产权的支撑，难以认定为高新技术产品，相应的产品收入也难以认定为高新技术产品收入。

案例二：2009年，经董事会决议，某企业开展甲和乙两个项目的研发工作，研发成员主要有A、B两人（均与企业签订劳动合同），其中A为技术人员，在负责甲、乙项目关键资料收集整理工作的同时，参与日常的生产经营活动；B为核心研发人员，同时参与了两个项目的研发；A、B两位员工当年的工资分别为200 000元、300 000元，其在研发项目之间及非研发活动之间的工作时间如表4－3所示。

表4－3　研发项目之间及非研发活动之间的工作时间

项目／员工	A	B
甲	400	700
乙	400	900
日常生产经营	800	

那么本月研发项目甲、乙和非研发活动应分摊A的工资支出如下：

第一步：将A的工资在研发项目与非研发项目之间进行分摊：

研发活动应分摊的工资＝工资总额×从事研发项目时间÷工作总时间＝200 000×(400＋400)÷(400＋400＋800)＝100 000；

非研发活动应分摊的工资＝工资总额×从事日常工作时间÷工作总时间＝200 000×800÷(400＋400＋800)＝100 000。

第二步：将A应分摊计入研发项目的工资在甲、乙两项目之间进行分摊：

甲项目应分摊的工资＝研发活动应分摊的总工资×从事甲项目的工作时间÷从事研发项目时间＝100 000×400÷(400＋400)＝50 000；

乙项目应分摊的工资＝研发活动应分摊的总工资×从事乙项目的工作时间÷从事研发项目时间＝100 000×400÷(400＋400)＝50 000。

B的工资应在甲、乙两项目之间进行分摊，方法同上：

甲项目应分摊B的工资＝研发活动应分摊的总工资×从事甲项目的工作时间÷从事研发项目时间＝300 000×700÷(700＋900)＝131 250；

乙项目应分摊B的工资＝研发活动应分摊的总工资×从事乙项目的工作时间÷从事研发项目时间＝300 000×900÷(700＋900)＝168 750。

第三节　企业加计扣除优惠政策

一、加计扣除政策概述

财务核算健全，对研究开发费用实行了专账管理，能准确归集研究开发费用的居民企业，从事《国家重点支持的高新技术领域》和国家发展改革委员会等部门公布的《当前优先发展的高技术产业化重点领域指南(2007年度)》规定项目的研究开发活动，其在一个纳税年度中实际发生的符合条件的研究开发费用，按规定程序经确认、登记、备案后，允许在年度所得税汇算清缴前计算应纳税所得额时实行加计扣除，其中研发费用计入当期损益未形成无形资产的，允许再按其当年研发费用实际发生额的50%，直接抵扣当年的应纳税所得额；研发费用形成无形资产的，按照该无形资产成本的150%在税前摊销。

(一) 政策依据

1.《企业所得税法》第30条；

2.《企业所得税法实施条例》第95条；

3.《国家税务总局关于印发〈企业研究开发费用税前扣除管理办法(试行)〉的通知》(国税发[2008]116号);

4.《财政部 国家税务总局关于研究开发费用税前加计扣除有关政策问题的通知》(财税〔2013〕70号)。

上述文件为一般性规定,国家税务总局还会同其他主管部门就特定行业的研发费用扣除联合发文,包括:

2000年,农业部、国家发展计划委员会、国家经济贸易委员会、财政部、对外贸易经济合作部、中国人民银行、国家税务总局、中国证券监督管理委员会印发《关于扶持农业产业化经营重点龙头企业的意见》(农经发〔2000〕8号),以鼓励重点龙头企业加快技术开发和技术创新。

2007年,财政部、国家税务总局颁布《关于加快煤层气抽采有关税收政策问题的通知》(财税〔2007〕16号),规定对财务核算制度健全、实行查账征税的煤层气抽采企业研究开发新技术、新工艺发生的技术开发费,在按规定实行100%扣除基础上,允许再按当年实际发生额的50%在企业所得税税前加计扣除,以支持煤气层开采企业发展。

2009年,财政部、海关总署、国家税务总局《关于支持文化企业发展若干税收政策问题的通知》(财税〔2009〕31号),规定文化企业开发新技术、新产品、新工艺发生的研究开发费用,允许按国家税法规定在计算应纳税所得额时加计扣除,以鼓励文化产业发展。

(二)政策要点

1.享受加计扣除的项目必须是从事研究开发活动的项目

研究开发活动是指企业为获得科学与技术(不包括人文社会科学)新知识,创造性运用科学技术新知识,或实质性改进技术、工艺、产品(服务)而持续进行的具有明确目标的研究开发活动。

创造性运用科学技术新知识,或实质性改进技术、工艺、产品(服务),是指企业通过研究开发活动在技术、工艺、产品(服务)方面的创新取得了有价值的成果,对本地区(省、自治区、直辖市或计划单列市)相关行业的技术、工艺领先具有推动作用,不包括企业产品(服务)的常规性升级或对公开的科研成果直接应用等活动(如直接采用公开的新工艺、材料、装置、产品、服务或知识等)。

2.该项目领域必须符合国家重点支持或优先发展的领域

符合国家重点支持或优先发展的领域是指企业的研究开发项目必须符

合《国家重点支持的高新技术领域》和国家发展改革委员会等部门公布的《当前优先发展的高技术产业化重点领域指南(2007 年度)》。

3. 该项目企业主体必须核算规范,研究开发费用能准确归集

企业一般应设立专门的研究机构,财务对研究开发费用实行专账管理,未设立专门研发机构的企业或企业研发机构同时承担生产经营任务的,应对研发费用和生产经营费用分开进行核算,准确、合理的计算各项研究开发费用支出,对划分不清的,不予实行加计扣除。

4. 该项目需按要求进行项目确认、登记、备案

项目确认是指享受研究开发费用税前加计扣除政策的项目,需经当地政府科技部门或经信委进行确认,并取得《企业研究开发项目确认书》。

项目登记是指企业取得《企业研究开发项目确认书》后,经主管税务机关审核,主管税务机关对项目进行登记并出具《企业研发项目登记信息告知书》。

项目备案是指在企业所得税年度纳税申报时,企业对已经登记的研发项目所发生的研发费用,需先向主管税务机关备案方可享受税法规定的研发费用加计扣除优惠政策。

5. 项目的费用范围必须符合本政策所列举的费用范围

国税发〔2008〕116 号文第四条列举了 8 类可以加计扣除的费用,财税[2013]70 号文第一条补充增加了 5 类,共 13 类可纳入税前加计扣除的研究开发费用范围,包括:

(1) 新产品设计费、新工艺规程制定费以及与研发活动直接相关的技术图书资料费、资料翻译费。

(2) 从事研发活动直接消耗的材料、燃料和动力费用。

(3) 在职直接从事研发活动人员的工资、薪金、奖金、津贴、补贴。

(4) 专门用于研发活动的仪器、设备的折旧费或租赁费。

(5) 专门用于研发活动的软件、专利权、非专利技术等无形资产的摊销费用。

(6) 专门用于中间试验和产品试制的模具、工艺装备开发及制造费。

(7) 勘探开发技术的现场试验费。

(8) 研发成果的论证、评审、验收费用。

(9) 在职直接从事研发活动人员缴纳的基本养老保险费、基本医疗保险费、失业保险费、工伤保险费、生育保险费和住房公积金。

(10) 专门用于研发活动的仪器、设备的运行维护、调整、检验、维修等费用。

(11) 不构成固定资产的样品、样机及一般测试手段购置费。

(12) 新药研制的临床试验费。

(13) 研发成果的鉴定费用。

6. 同一笔研发经费只能由一方为主体申报享受本政策

企业委托给外单位进行开发的研发费用,符合加计扣除政策规定的加计扣除条件,在受托方向委托方提供该研发项目的费用支出明细情况后,由委托方按照规定计算加计扣除,受托方不得再进行加计扣除。

企业与其他方共同合作开发的项目,符合加计扣除政策规定的加计扣除条件后,由合作各方就自身承担的研发费用分别按照规定计算加计扣除。

(三) 研究开发费用政策对比

对企业的“研究开发费用”,财政部和国家税务总局的口径不完全一致,财政部在指导企业进行“研究开发费用”归集遵循的是财企〔2007〕194号文件,而国家税务总局在审核企业“研究开发费用”并执行“加计扣除”政策时,执行的是国税发〔2008〕116 号文件及财税〔2013〕70 号文件的相关规定。

若企业申报高新技术企业时,“研究开发费用”则按照照国科发火〔2008〕362 号关于印发《高新技术企业认定管理工作指引》的通知来进行归集。

各政策关于“研究开发费用”对比情况如下:

表 4-4　各政策关于“研究开发费用”对比

序号	项目	财务核算口径(财企〔2007〕194 号)	高新技术企业认定口径(国科发火〔2008〕362 号)	加计扣除口径(国税发〔2008〕116 号)	新加计扣除口径(财税〔2013〕70 号)
1	直接材料、燃料和动力费	研发活动直接消耗的材料、燃料和动力费用	为实施研究开发项目而购买的原材料等相关支出,例如水和燃料(包括煤气和电)使用费等	从事研发活动直接消耗的材料、燃料和动力费用	同左

续表

序号	项目	财务核算口径（财企〔2007〕194号）	高新技术企业认定口径（国科发火〔2008〕362号）	加计扣除口径（国税发〔2008〕116号）	新加计扣除口径（财税〔2013〕70号）
2	人工费用	在职研发人员的工资、奖金、津贴、补贴、社会保险费、住房公积金等人工费用以及外聘研发人员的劳务费用	研发人员全年工资薪金，包括基本工资、奖金、津贴、补贴、年终加薪、加班工资以及与其任职或者受雇有关的其他支出	在职直接从事研发活动人员的工资、薪金、奖金、津贴、补贴	在职直接从事研发活动人员的工资、薪金、奖金、津贴、补贴，以及依照国务院有关主管部门或者其所在省级人民政府规定的范围和标准为在职直接从事研发活动人员缴纳的基本养老保险费、基本医疗保险费、失业保险费、工伤保险费、生育保险费和住房公积金
3	折旧费用	用于研发活动的仪器、设备、房屋等固定资产的折旧费	为执行研究开发活动而购置的仪器和设备以及研究开发项目在用建筑物的折旧费用	专门用于研发活动的仪器、设备的折旧费	同左
4	租赁费用	用于研发活动的仪器、设备、房屋等固定资产的租赁费	为实施研究开发项目以经营租赁方式租入的固定资产发生的租赁费	专门用于研发活动的仪器、设备的租赁费	同左
5	无形资产摊销	用于研发活动的软件、专利权、非专利技术等无形资产的摊销费用	因研发活动需要购入的专有技术（包括专利、非专利发明、许可证、专有技术、设计和计算方法等）所发生的费用摊销	专门用于研发活动的软件、专利权、非专利技术等无形资产的摊销费用	同左

续表

序号	项目	财务核算口径(财企〔2007〕194号)	高新技术企业认定口径(国科发火〔2008〕362号)	加计扣除口径(国税发〔2008〕116号)	新加计扣除口径(财税〔2013〕70号)
6	中间试验和产品试制费等	用于中间试验和产品试制的模具、工艺装备开发及制造费,设备调整及检验费,样品、样机及一般测试手段购置费	用于中间试验和产品试制达不到固定资产标准的模具、样品、样机及一般测试手段购置费	专门用于中间试验和产品试制的模具、工艺装备开发及制造费	专门用于中间试验和产品试制的不构成固定资产的模具、工艺装备开发及制造费,以及不构成固定资产的样品、样机及一般测试手段购置费
7	研发成果论证、评审、验收费用	研发成果的论证、评审、验收、评估以及知识产权的申请费、注册费、代理费等费用	未列入	研发成果的论证、评审、验收费用	研发成果的论证、鉴定、评审、验收费用
8	现场试验费	未列入	未列入	勘探开发技术的现场试验费	勘探开发技术的现场试验费,新药研制的临床试验费
9	长期待摊费用	未列入	研发设施改建、改装、装修和修理过程中发生的长期待摊费用	未列入	同左
10	维修费用	用于研发活动的仪器、设备、房屋等固定资产的运行维护、维修等费用	用于研究开发活动的仪器设备的简单维护费	未列入	专门用于研发活动的仪器、设备运行维护、调整、检验、维修等费用
11	检验费	试制产品的检验费等	试制产品的检验费等	未列入	同左
12	设计费用	未列入	为新产品和新工艺的构思、开发和制造,进行工序、技术规范、操作特性方面的设计等发生的费用	新产品设计费和新工艺规程制定费	同左

续表

序号	项目	财务核算口径（财企〔2007〕194号）	高新技术企业认定口径（国科发火〔2008〕362号）	加计扣除口径（国税发〔2008〕116号）	新加计扣除口径（财税〔2013〕70号）
13	装备调试费	用于中间试验和产品试制的模具、工艺装备开发及制造费，设备调整及检验费	工装准备过程中研究开发活动所发生的费用（如研制生产机器、模具和工具，改变生产和质量控制程序，或制定新方法及标准等）	未列入	同左
14	与研发活动直接相关的其他费用	包括技术图书资料费、资料翻译费、会议费、差旅费、办公费、外事费、研发人员培训费、培养费、专家咨询费、高新科技研发保险费用等	为研究开发活动所发生的其他费用，如办公费、通讯费、专利申请维护费、高新科技研发保险费等	技术图书资料费、资料翻译费等	同左

二、研发费用加计扣除政策常见问题解答

1. 哪些研究开发活动可以加计扣除？

根据（国税发[2008]116号）第三条第一款的规定，研究开发活动是指企业为获得科学与技术新知识，创造性运用科学技术新知识，或实质性改进技术、工艺、产品（服务）而持续进行的具有明确目标的研究开发活动。人文、社会科学类的研究开发活动则不属于可以加计扣除的研发费用。

国税发[2008]116号第三条第二款指出：创造性运用科学技术新知识，或实质性改进技术、工艺、产品（服务），是指企业通过研究开发活动在技术、工艺、产品（服务）方面的创新取得了有价值的成果，对本地区（省、自治区、直辖市或计划单列市）相关行业的技术、工艺领先具有推动作用的研发费用才符合加计扣除的条件。而企业产品（服务）的常规性升级或对公开的科研成果直接应用等活动（如直接采用公开的新工艺、材料、装置、产品、服务或知识等）则不属于可以加计扣除的研发费用。

企业从事的研究开发活动在符合上述规定外，还必须符合（国税发

[2008]116 号)第四条中两个目录的规定项目,才可以加计扣除。这两个目录是:《国家重点支持的高新技术领域》(国科发火[2008]172 号附件)和国家发展改革委员会等部门公布的《当前优先发展的高技术产业化重点领域指南(2007 年度)》(国家发展改革委员会等部门 2007 年度第 6 号公告)。

2. 哪些研究开发费用可以加计扣除?

国税发〔2008〕116 号第四条和《关于研究开发费用税前加计扣除有关政策问题的通知》(财税〔2013〕70 号)第一条规定了可加计扣除的研发费用范围,包括:

(1) 在职直接从事研发活动人员的工资、薪金、奖金、津贴、补贴,企业依照国务院有关主管部门或者省级人民政府规定的范围和标准为在职直接从事研发活动人员缴纳的基本养老保险费、基本医疗保险费、失业保险费、工伤保险费、生育保险费和住房公积金。

(2) 从事研发活动直接消耗的材料、燃料和动力费用。

(3) 专门用于研发活动的仪器、设备的折旧费或租赁费,以及仪器、设备的运行维护、调整、检验、维修等费用。

(4) 专门用于研发活动的软件、专利权、非专利技术等无形资产的摊销费用。

(5) 专门用于中间试验和产品试制的模具、工艺装备开发及制造费,不构成固定资产的样品、样机及一般测试手段购置费。

(6) 新产品设计费、新工艺规程制定费、新药研制的临床试验费以及与研发活动直接相关的技术图书资料费、资料翻译费。

(7) 勘探开发技术的现场试验费。

(8) 研发成果的论证、评审、验收费用、鉴定费用。

允许加计扣除的研发费用强调与研发活动直接相关性,比如,允许加计扣除的人员人工费用,必须是在职直接从事研发的研发人员,对于企业聘用的非在职研发人员发生的支出,可进入研发费用,但不得加计扣除。

3. 哪些研究开发费用不可以加计扣除?

(1) 企业发生的研究开发费用,凡由国家财政拨款并纳入不征税收入部分,不得在企业所得税税前扣除,也不得享受研发费用加计扣除。

(2) 企业依法取得知识产权后,在境内外发生的知识产权维护费、诉讼费、代理费、"打假"及其他相关费用支出,从管理费用据实列支,不得享受研发费用加计扣除。

(3) 企业未设立专门的研发机构或企业研发机构同时承担生产经营任务的，研发费用和生产经营费用未合理划分的，不得享受研发费用加计扣除。

(4) 企业未在年度所得税汇算清缴申报前向主管税务机关报送规定的相应资料进行研究开发费用加计扣除备案，或申报的研究开发费用资料不真实、不齐全，不得享受研发费用加计扣除。

(5) 企业为在职直接从事研发活动人员缴纳的补充养老保险、补充医疗保险费用，不得享受研发费用加计扣除。

(6) 外聘研发人员的劳务费用，包括工资、薪金、奖金、津贴、补贴、五险一金等费用，不得享受研发费用加计扣除。

(7) 与企业生产经营混用，非专门用于研发活动的仪器、设备的折旧费或租赁费、运行维护、调整、检验、维修费用，软件、专利权、非专利技术等无形资产的摊销费用，中间试验和产品试制的模具、工艺装备开发及制造费用，不得享受研发费用加计扣除。

(8) 委托外单位进行开发的研究开发费用，由委托方按照规定计算加计扣除，受托方不再加计扣除，受托方未向委托方提供该研发项目的费用支出明细情况的，委托方不得享受研发费用加计扣除。

(9) 实行核定征收企业所得税的居民企业，及全部非居民企业，不得享受研发费用加计扣除。

4. 委托研发应如何进行研发费用加计扣除？

国税发〔2008〕116 号 第六条规定，对企业委托给外单位进行开发的研发费用，凡符合条件的，由委托方按照规定计算加计扣除，受托方不得再进行加计扣除。对委托开发的项目，受托方应向委托方提供该研发项目的费用支出明细情况，否则，该委托开发项目的费用支出不得实行加计扣除。

对委托开发的项目，受托方应向委托方提供该研发项目的《企业研究开发费用支出明细表(委托开发项目填报)》，否则，该委托开发项目的费用支出不得实行加计扣除。同时需要注意委托外部研究开发的项目成果应为企业拥有，且与企业的主要经营业务紧密相关。委托外部研究开发费用的发生金额应按照独立交易原则确定。

5. 集中研发应如何进行研发费用加计扣除？

研发形式为集中开发的研发项目，其实际发生的研究开发费，可以按照合理的分摊方法在受益集团成员公司间进行分摊，享受研发费用加计扣除。

企业集团采取合理分摊研究开发费的，企业集团应提供集中研究开发项目的协议或合同,该协议或合同应明确规定参与各方在该研究开发项目中的权利和义务、费用分摊方法等内容。如不提供协议或合同,研究开发费不得加计扣除。

企业集团采取合理分摊研究开发费的,企业集团集中研究开发项目实际发生的研究开发费,应当按照权利和义务、费用支出和收益分享一致的原则,合理确定研究开发费用的分摊方法。

企业集团采取合理分摊研究开发费的,企业集团母公司负责编制集中研究开发项目的立项书、研究开发费用预算表、决算表和决算分摊表(分摊表应根据研发费加计扣除口径进行归集分摊)。

6. 企业享受研发费用加计扣除政策的关键环节有哪些?

根据规定,企业享受研究开发费用税前加计扣除政策一般包括项目确认、项目登记和加计扣除3个环节。

项目确认环节指企业研究开发的项目需向政府(省辖市、县及县级市)以上科技部门或经信委申请项目确认,政府科技部门或经信委进行审核并出具《企业研究开发项目确认书》后,由政府科技部门或经信委等部门连同申请资料一同提交同级主管税务机关。

项目登记环节指税务机关取得《企业研究开发项目确认书》后,对无异议或不予登记的项目,向企业出具《企业研发项目登记信息告知书》,告知项目登记号或不予登记的原因。

加计扣除环节指已取得税务机关登记并发放《企业研究开发项目登记信息告知书》的企业,享受研究开发费用加计扣除时,应在企业所得税年度纳税申报前按规定进行备案。

7. 亏损企业能否申请研发费用加计扣除?

亏损企业只要符合国税发〔2008〕116号第二条规定的条件,就能够享受研发费用加计扣除优惠政策。至于企业是否申请,要看企业的未来五年内是否能够盈利?如果企业预计未来五年内盈利,可以申请研发费用加计扣除,增加企业当年的亏损额,可以按税法的规定进行弥补。

8. 研发失败是否可以享受研发费用加计扣除?

研发费用加计扣除的税收优惠政策是为鼓励企业多投入研发,只要企业在研发中真实投入,无论成功与否,其实际发生并符合规定、按研发费用加计扣除口径进行归集,企业就可以享受研发费用加计扣除的税收优惠。

9. 非高新技术企业能够享受研发费用加计扣除优惠政策吗？

《国家税务总局关于印发〈企业研究开发费用税前扣除管理办法(试行)〉的通知》(国税发〔2008〕116号)第二条规定，研发费用加计扣除适用于财务核算健全并能准确归集研究开发费用的居民企业。从文件规定来看，申请研发费用加计扣除需要满足三个条件：一是，申请研发费用加计扣除的企业必须是居民企业，非居民企业不可以申请；二是，企业财务核算健全；三是，企业要能准确归集研发费用。只要满足以上三个条件，企业就可以享受研发费用加计扣除。因此，非高新技术企业只要满足上述条件，也可以享受该优惠政策。对于非居民企业、核定征收企业或者财务核算健全但不能准确归集研发费用的企业不能享受研发费用加计扣除税收优惠。

10. 研究开发中形成的样品要冲减研究开发费用吗？

企业研发产品试生产形成样品或产品，并实现对外销售的，销售收入是否冲减研究开发费用，国家税务总局尚未明确规定。

大连国税《企业研究开发费用加计扣除备案审核工作规程》(大国税函〔2010〕25号)规定：对于企业研发活动中形成试制品或研发品的，其试制品或研发品所直接消耗的材料、燃料和动力等费用符合加计扣除规定的，其试制品或研发品所直接消耗的材料、燃料和动力等费用可加计扣除。如果试制品或研发品事后对外销售的，对于已享受加计扣除税收优惠的部分予以追回。

11. 企业研究开发费用是否可以跨年享受加计扣除？

国税发〔2008〕116号文件第十二条明确“企业实际发生的研究开发费，在年度中间预缴所得税时，允许据实计算扣除，在年度终了进行所得税年度申报和汇算清缴时，再依照本办法的规定计算加计扣除”，即企业当年度发生的研究开发费用，只允许在所得税汇算清缴前申报加计扣除，所得税汇算清缴后不再享受加计扣除。

12. 企业财务如何核算研究开发项目发生的费用支出？

执行企业会计制度和小企业会计制度的企业应在“管理费用”科目下专设“研究开发费用”二级科目，在“研究开发费用”二级科目下按照研究开发项目和费用种类分别核算。

执行新会计准则的企业应在成本类会计科目中专设“研发支出”科目，在“研发支出”科目下专设“费用化支出”和“资本化支出”二级科目，按照研究开发项目和费用种类分别核算。

三、研发费用加计扣除案例分析

1. 即征即退税款对应支出申报研发费用加计扣除

某软件企业在申报2012年度研发费用加计扣除时，将软件产品的即征即退税款50万元用于再次研发，后准备对该退税款形成的研发支出申报研发费用加计扣除，按照要求报备各种资料至税务机关，主管税务机关以此部分支出是否可加计规定不明确为由，不予批准。

分析：

根据《财政部、国家税务总局关于进一步鼓励软件产业和集成电路产业发展企业所得税政策的通知》(财税〔2012〕27号)第五条规定，符合条件的软件企业按照《财政部 国家税务总局关于软件产品增值税政策的通知》(财税〔2011〕100号)规定取得的即征即退增值税款，由企业专项用于软件产品研发和扩大再生产并单独进行核算，可以作为不征税收入，在计算应纳税所得额时从收入总额中减除。根据《中华人民共和国企业所得税法实施条例》第二十八条规定，企业的不征税收入用于支出所形成的费用或者财产，不得扣除或者计算对应的折旧、摊销扣除。国家税务总局关于印发《企业研究开发费用税前扣除管理办法(试行)》的通知(国税发〔2008〕116号)第八条规定，法律、行政法规和国家税务总局规定不允许企业所得税税前扣除的费用和支出项目，均不允许计入研究开发费用。

因此，企业享受软件产品增值税即征即退政策所退还的税款，用于软件产品的研发，不能享受加计扣除政策。

2. 委托研发，受托方未全额提供研发支出明细，委托方全额申报加计扣除

A电子商务公司2013年委托B集团公司研发一电商平台项目，共支付研发费用650万元，在企业所得税汇算清缴时，加计50%扣除应纳税所得额375万元；而B集团公司提供的研发费用支出明细清单总额仅有280万元，公司按照375万元申报了加计扣除，主管税务机关认为不符合加计扣除的相关规定，要求补缴所得税及滞纳金。

分析：

《企业研究开发费用税前扣除管理办法(试行)》国税发〔2008〕116号文第六条规定：对委托开发的项目，受托方应向委托方提供该研发项目的费用支出明细情况，否则，该委托开发项目的费用支出不得实行加计扣除。

所以,A 电子商务公司应该凭 B 集团公司所提供的研发项目的费用支出 280 万元申报加计扣除。

3. 研发费用和生产经营费用划分不清,不得申报研发费用加计扣除

A 公司是一家中药生产企业,在生产中药产品的同时,2009 年开展新药的研制,但是未设立专门的研发机构。研究人员在研发新药时要使用中药材,因为中药材在很多药的配方中会有重复的药材使用,所以该企业在使用药材时并没有对生产使用数量和研发使用数量进行分类分别核算。

企业在 2010 年企业所得税汇算清缴期内到主管税务部门进行研发经费加计扣除备案时,将本年总消耗原材料 1 700 万,扣除按照以往年度产品耗材比率计算生产所需的中药原材料 1 500 万元后,其余的 200 万耗材计入研发费用要求加计扣除,但是主管税务机关提出该部分支出不能加计。

分析:

《企业研究开发费用税前扣除管理办法(试行)》国税发〔2008〕116 号文第九条规定"企业未设立专门的研发机构或企业研发机构同时承担生产经营任务的,应对研发费用和生产经营费用分开进行核算,准确、合理地计算各项研究开发费用支出,对划分不清的,不得实行加计扣除"。

主管税务机关认为,A 公司按照以往年度产品耗材比率计算生产所需的中药原材料,剩余材料全归集为研发费用,属于研发费用和生产经营费用划分不清,该部分费用不得申报研发费用加计扣除。

第四节　技术经纪相关政策法规一览

一、国家法律法规一览

(一) 国家法律法规

1. 中华人民共和国合同法
2. 中华人民共和国专利法
3. 中华人民共和国商标法
4. 中华人民共和国著作权法
5. 中华人民共和国反不正当竞争法
6. 中华人民共和国科技进步法

7. 中华人民共和国促进科技成果转化法

8. 中华人民共和国会计法

9. 中华人民共和国商业银行法

10. 中华人民共和国个人所得税法

11. 关于促进科技成果转化的若干规定

12. 实施《国家中长期科学和技术发展规划纲要(2006—2020)》若干配套政策

(二) 国家规范性文件

1. 关于促进科技成果转化有关税收政策的通知

2. 技术合同认定登记管理办法

3. 技术合同认定规则

二、长三角地区相关政策法规一览

(一) 上海市

1. 上海市科学技术进步条例

2. 上海市科学技术奖励规定

3. 上海市科学技术奖励规定实施细则

4. 上海市促进高新技术成果转化的若干规定

5. 上海市技术转让实施办法

6. 关于贯彻《上海市促进高新技术成果转化的若干规定》财税政策实施细则

7. 上海市技术经纪发展促进资金管理办法(试行)

(二) 安徽省

1. 安徽省科学技术进步条例

2. 安徽省促进科技成果转化条例

3. 安徽省专利保护和促进条例

4. 安徽省技术市场管理条例

5. 安徽省科学技术奖励办法

6. 安徽省科学技术奖励办法实施细则(试行)

7. 安徽省人民政府关于印发进一步扶持高新技术产业发展若干规定的通知

(三) 江苏省

1. 江苏省科学技术进步条例

2. 江苏省促进科技成果转化条例

3. 江苏省关于鼓励和促进科技创新创业的若干政策

4. 江苏省科技成果转化专项资金管理办法

（四）浙江省

1. 浙江省科学技术进步条例

2. 浙江省促进科技成果转化条例

3. 浙江省专利保护条例

4. 浙江省技术市场管理条例

三、长三角地区技术经纪人管理制度

1. 上海市技术经纪人管理办法

第一章　总则

第一条　为繁荣技术市场，促进技术经纪人队伍的发展，规范技术经纪人的行为，维护技术市场秩序，加速科技成果的转化，根据《经纪人管理办法》、《上海市技术市场条例》等法规、规章的规定，制定本办法。

第二条　本办法所称技术经纪人，是指依照本办法规定在技术经纪活动中，以科技成果转化为目的，为促成他人技术交易而从事活动，并取得佣金的公民、法人和其他经济组织。

第三条　技术经纪人从事技术经纪活动，应当遵循自愿、公平、等价有偿、诚实信用的原则。

第四条　技术经纪人的合法权益受国家法律保护，任何单位和个人不得侵犯。

第五条　凡在本市从事技术经纪活动的技术经纪人都应遵守本办法。

第六条　上海市技术经纪资格认定工作由上海市科学技术委员会（简称市科委）会同上海市工商行政管理局（简称市工商局）统一管理。

第二章　资格认定

第七条　同时具备下列条件的人员，可申请参加技术经纪资格培训：

（一）具有完全民事行为能力的本市公民；

（二）在上海有固定的住所；

（三）具有大专以上文化程度及三年以上工作经验的专业技术人员；

（四）具有从事技术经纪活动所需要的专业知识及中介活动技能；

（五）申请技术经纪资格之前连续三年以上没有犯罪和经济违法行为。

第八条　技术经纪人应当经培训考试合格，取得工商行政管理部门颁发的《经纪资格证书》；凭取得的《经纪资格证书》并经专门考试合格，取得《技术经济资格证书》，方可从事技术经纪活动。

第九条　上海市技术经纪资格培训考核工作根据国家科学技术委员会和国家工商行政管理局的教学大纲制定，由市科委会同市工商局组织实施。

第十条　鼓励各类有能力从事技术中介活动的人员，参加技术经纪资格培训考核，创办技术经纪组织，利用自己的专业知识和中介活动技能，对技术市场的开拓和科技成果推广作出贡献。凡从事技术经纪活动的企业或个人，必须按照有关规定取得相应资格证书。

第三章　技术经纪组织

第十一条　技术经纪人事务所是由具有《技术经纪资格证书》的人员依法合伙设立的经济组织。技术经纪人事务所由合伙人按照出资比例或者协议约定，以各自的财产承担责任。合伙人对技术经纪人事务所的债务承担连带责任。

第十二条　技术经纪人事务所应当具备下列条件：

（一）有自己的名称、地址；

（二）有一定的资金；

（三）有四名以上具有《技术经纪资格证书》的从业人员；

（四）合伙人之间订有书面协议；

（五）有组织章程和服务规范；

（六）法律、法规规定的其他条件。

第十三条　技术经纪公司是以其全部资产对债务承担有限责任的企业法人。

设立技术经纪公司应当符合下列条件：

（一）有自己的名称和固定的业务场所；

（二）具有相应的组织机构和章程；

（三）注册资本在十万元以上；

（四）有与其经营规模相适应的五名以上专职经纪人员，其中具有《技术经纪资格证书》的人员不得小于四名。

（五）符合《公司法》及有关法律、法规规定的其他条件。

第十四条　符合下列条件的人员，可以申请领取个体工商户《营业执照》，成为个体技术经纪人。

（一）有固定的业务场所；

（二）有一定的资金；

（三）取得《技术经纪资格证书》；

（四）有技术经纪人的从业经验；

（五）符合《城乡个体工商户管理暂行条例》的其他规定。

个体经纪人以自己的名义从事经纪活动，并以个人全部财产承担无限责任。

第十五条　取得技术经纪资格的人员，应进入技术经纪组织，从事技术经纪活动。

第十六条　具有《技术经纪资格证书》的其他行业现职人员经所在单位同意，可以在技术经纪人事务所或技术经纪公司兼职从事技术经纪活动。

第十七条　技术经纪人事务所、技术经纪公司、个体技术经纪人的设立，应由创办人向市科委提出申请并报送下列材料：

（一）申请报告书；

（二）组织机构名称和地址；

（三）组织章程和代理原则；

（四）创办人及专职人员资格证明材料；

（五）其他必要的证书或材料。

市科委依照《上海市技术市场条例》的规定对符合资质条件的，发给《技术交易服务许可证》，取得《技术交易服务许可证》的技术经纪人，应当到工商行政管理部门办理登记，领取营业执照后，方可从事技术经纪活动。

第十八条　技术经纪组织具体任务是：

（一）组织技术经纪人员学习国家法律、法规和有关政策；

（二）组织技术经纪人员开展技术交流、洽谈活动；

（三）保护技术经纪人员的合法权益；

（四）签订技术经纪协议或合同；

（五）开具佣金发票并依法交纳税收和行政管理费；

（六）为技术经纪人员提供活动场地、通讯设备、市场信息和其他有关服务。

第四章　技术经纪活动

第十九条　在技术经济活动中，凡国家允许进入市场流通的技术商品和服务项目，技术经纪人均可进行活动；凡国家限制自由买卖的技术商品和服务项目，技术经纪应当遵守国家有关规定在核准的经营范围内进行技术经纪活动；凡国家禁止流通的商品和服务项目，技术经纪人不得进行技术经纪活动。

第二十条　技术经纪组织主要从事以下业务活动：

（一）为科技成果产业化、商品化进行经纪、代理服务；

（二）为开展“四技服务”进行经纪活动；

（三）接受委托代理；

（四）为技术项目引进进行经纪代理服务；

（五）为技术进出口进行经纪代理服务；

（六）其他技术经纪活动。

第二十一条　技术经纪人在承办业务中，除即时清结者外，应当根据实际情况与委托人签订书面经纪合同、委托代理合同，并载明主要事项。

第二十二条　技术经纪人完成技术经纪活动后有权按照合同约定收取佣金。收取的佣金不得违反国家法律、法规和政策。

第二十三条　技术经纪人在开展技术经纪活动中，应当遵守以下规则：

（一）提供客观、公正、准确、高效的服务；

（二）真实反映委托双方的履约能力、知识产权状态；

（三）妥善保管当事人交付的样品、保证金、预付款等财物；

（四）诚实守信，为当事人保守商业秘密；

（五）建立档案制度，及时将业务成交量载入档案；

（六）法律、法规规定的其他行为规则。

第二十四条　技术经纪人不得从事下列行为：

（一）明知委托人或者相对人没有履行合同能力，而为其进行中介的；

（二）超越其核准的经营范围，签订虚假合同；

（三）提供不实的信息或隐瞒与技术经纪活动有关的重要事项，损害委托人或者相对人利益的；

（四）采取胁迫、欺诈、贿赂和恶意串通等手段，促成交易；

（五）伪造、涂改、买卖各种商业交易文件和凭证；

（六）向当事人索取佣金以外的酬劳；

（七）兼职技术经纪人接受与所在单位有竞争关系的当事人委托，促成交易；

（八）法律、法规禁止的其他行为。

第五章　技术经纪人监督管理

第二十五条　技术经纪人违反法律、法规及本办法规定，给当事人造成经济损失的，应当承担赔偿责任。

第二十六条　技术经纪人歇业，被撤销或因其他原因终止经纪活动的，应书面向市科委备案，同时向工商行政管理部门办理注销登记。

第二十七条　市科委和工商行政管理部门依法对登记注册的技术经纪人实行年度检验制度。

第二十八条　技术经纪人违约或违反本办法规定的，视情节轻重，由市科委会同工商行政管理部门依法予以处罚。触犯刑法的，移送司法部门查处。

第二十九条　市科委和工商行政管理部门依据法律、法规的规定对辖区内从事技术经纪活动的公民、法人和其他经济组织进行监督检查，技术经纪人应当接受检查、提供检查所需要的合同、凭证文件、账册、报表及其他有关资料。

第三十条　技术经纪人与委托人发生争议，可以协商解决，也可以依照双方约定或者事后达成的仲裁协议，向仲裁机构申请仲裁。未作约定，事后又未达成仲裁协议的，可以向人民法院起诉。

第三十一条　支持技术经纪人建立自律组织，逐步实现技术经纪人的自我教育、自我管理和自我服务。

第六章　附则

第三十二条　本办法由市科委与市工商局制定并负责解释。

第三十三条　本办法自公布之日起施行。

2. 江苏省技术经纪人资格认定办法(试行)

第一章　总则

第一条　为推动技术经纪人队伍建设，规范技术经纪人行为，维护技术市场秩序，推进技术转移工作，根据《中华人民共和国技术合同法》及《江苏省促进科技成果转化条例》等规定，结合本省实际，制定本办法。

第二条　本办法所称技术经纪人，是指依照本办法规定在技术经纪活动中，以促进科技成果转化为目的，为促成他人技术交易而从事居间、行纪或者代理等经纪业务活动，并取得佣金的公民、法人和其他经济组织。

第三条　技术经纪人从事技术经纪活动，应当遵守国家法律、法规，遵循诚实信用和有偿服务的原则。

第二章 技术经纪人资格认定

第四条 江苏省技术经纪人资格认定工作，在江苏省工商行政管理局和江苏省科学技术厅指导下，由江苏省经纪人协会技术经纪专业委员会(筹)、江苏省技术市场协会技术经纪人专业委员会(以下简称技术经纪人专业委员会)具体负责实施。

第五条 申请技术经纪人资格，应当具备下列条件：

(一) 具有完全民事行为能力；

(二) 在江苏有固定的住所；

(三) 具有大专以上文化程度；

(四) 具有从事技术经纪活动所需要的专业知识及中介活动技能；

(五) 近三年没有犯罪和经济违法行为。

第六条 技术经纪人资格一般认定程序

申请人提出书面申请，参加江苏省技术经纪人培训班并考试合格，由技术经纪专业委员会颁发《江苏省技术经纪人从业人员资格证书》。

第七条 技术经纪人资格其他认定程序：

符合以下三个条件之一并提供一个以上服务案例的，可参加技术经纪人资格认定，认定合格者颁发《江苏省技术经纪人从业人员资格证书》。

(一) 具有本科以上学位或者具有中级以上职称的；

(二) 已在江苏省内注册，从事技术转移业务的企业负责人；

(三) 从事技术转移服务业务及相关管理工作满 5 年的。

第八条 本办法认定的有效服务案例必须具备以下条件：

(一) 技术经纪人促成经技术供需双方确认的技术转让、技术开发、技术咨询、技术服务合同；

(二) 技术合同必须在江苏省技术合同登记机构认定备案；

(三) 技术经纪人专业委员会对申请人在技术交易过程中所做工作的真实性核实无误。

第三章 技术经纪活动

第九条 技术经纪人主要从事以下业务活动：

(一) 为科技成果产业化、商品化进行经纪服务；

(二) 为技术转让、技术开发、技术咨询、技术服务提供经纪服务；

(三) 为技术、项目进出口提供经纪服务；

（四）其他技术经纪活动。

第十条　技术经纪人在开展技术经纪活动中，应当遵守以下原则：

（一）提供客观、公正、准确、高效的技术中介服务；

（二）真实反应委托双方的履约能力、知识产权状态，不得提供不实信息或隐瞒与技术经纪活动有关的重要事项，签订虚假合同；

（三）应当根据实际情况与委托人签订书面合同，并载明佣金等主要事项；

（四）诚实守信，为当事人保守商业秘密；

（五）兼职技术经纪人不得接受与所在单位有竞争关系的当事人委托，促成交易；

（六）法律、法规禁止的其他行为。

第十一条　鼓励各类有能力从事技术中介活动的人员，参加技术经纪从业资格考核，创办技术经纪组织，利用自己的专业知识和中介活动技能，为技术市场的开拓和科技成果推广作出贡献。

第四章　技术经纪人监督管理

第十二条　凡在江苏从事技术经纪活动者，参加技术经纪人专业委员会，应当持有江苏省技术经纪人从业人员资格证书，接受技术经纪专业委员会的监督管理，并遵守各项规章制度。

第十三条　技术经纪人资格证书有效期为三年，到期年审时，技术经纪人需至少提交一个有效的技术经纪案例，经核实后办理年审手续。

第十四条　技术经纪人违反法律、法规及本办法规定，给当事人造成经济损失的，应当承担赔偿责任。

第十五条　技术经纪人与委托人发生争议可以协商解决，也可以依照双方约定或者事后达成的仲裁协议，向仲裁机构申请仲裁。未作约定，事后又未达成仲裁协议的，可以向人民法院起诉。

第十六条　技术经纪人专业委员会建立技术经纪人业绩评价体系和诚信服务档案，不断完善服务规范。

第五章　奖励与扶持

第十七条　各级科技部门应当大力培育和发展技术经纪人。

第十八条　技术经纪人取得资格证书，从事技术经纪活动两年以上，完成五个技术经纪案例，获得较好的社会效益和经济效益，经综合评议，可授予技术经纪师资格证书；取得技术经纪师三年以上，完成十个技术经纪案例，获得显著的社会效益和经济效益，经综合评议，可授予高级技术经纪师资格证书。

第十九条　技术经纪专业委员会负责对全省技术经纪人业绩进行年度评价和表彰。

第六章　附则

第二十条　本办法由技术经纪专业委员会制定并负责解释。

第二十一条　本办法自公布之日起施行。

第五章 技术经纪知识题库

第一节 技术经纪知识填空题及答案

1. 2012年11月召开的"十八大"明确提出：科技创新是提高社会生产力和综合国力的战略支撑，必须摆在国家发展全局的核心位置。

2. 技术转移在广义上定义为：是指技术在国家、地区、行业内部之间以及技术自身系统内输入与输出的过程。技术转移包括技术成果、信息、能力的转让、移植、产业化、引进、交流和推广普及等。

3. 我们常见的创新有以下几个方面：技术创新、产品创新、产业创新、制度创新、社会活动方式创新。

4. 技术市场是我国市场体系的重要组成部分，是连接科研和生产的桥梁和纽带，属于市场体系中的生产要素市场。

5. 实施创新驱动发展战略，就是要推动以科技创新为核心的全面创新，坚持需求导向和产业化方向，坚持企业在创新中的主体地位，发挥市场在资源配置中的决定性作用和社会主义制度优势，增强科技进步对经济增长的贡献度，形成新的增长动力源泉，推动经济持续健康发展。

6. 实施创新驱动发展战略，对我国加快发展现代产业体系，培育战略性新兴产业，加快传统产业转型升级具有战略意义。

7. 进入21世纪，作为社会生产力解放和发展的最重要标志——科学技术创新，越来越决定着一个地区、一个国家、一个民族未来的经济、社会、民生等各方面的发展进程。

8. 技术市场的技术中介方，即技术中介服务机构和技术经纪人。其基本作用是为技术商品交易双方牵线搭桥，并对技术商品进行宣传、评估、鉴定，对技术交易过程进行组织、协调、监督。

9. 科技部与教育部、中科院实施的"国家技术转移促进行动"，科技部实施的“科技服务体系火炬创新工程”等，均为形成完备的技术市场体系作出了巨大贡献。

10. 技术经纪，或称为“技术中介”，是指中介方以知识、技术、经验和信息为另一方与第三方订立合同进行联系、介绍、组织工业化开发，并为履行合同提供服务活动。

11. 项目筛选的主要原则有：导向性原则、效益型原则、可控性原则。

12. 专利价值分析指标体系，从专利自身属性角度共分法律、技术和经济三个指标。

13. 信息搜集的原则有：准确性原则、全面性原则、时效性原则。

14. 市场分析是指通过必要的市场调查和市场预测手段来实现目标。

15. 市场需求分析是技术产业化是否成功的前提，是技术价值的决定基础，也是技术经纪前期策划的主要内容。

16. 市场预测是指根据过去的经验或在市场调查的基础上，了解产品的现实市场和潜在市场，运用一定的方法预测出技术项目实施产业化后市场的发展状况。

17. 投资项目的资金构成一般可分为借入资金和自有资金。

18. 可行性研究是指在调查的基础上，通过技术分析、财务分析和国民经济分析，对各种投资项目的技术可行性与经济合理性进行的综合评价。

19. 在项目财务中，研究技术项目投资、生产成本和项目寿命周期等不确定性因素的变化，分析它们所引起的项目各经济效益指标的变化和变化程度，称为不确定性分析。

20. 敏感性分析是指从定量分析的角度研究有关因素发生某种变化对某一个或一组关键指标影响程度的一种不确定分析技术。

21. 专利独占许可是指专利权许可给他人后，只有被许可人才能使用该专利，其他任何人(包括专利权人自己)均不能使用该专利。

22. 项目可行性研究中财务动态评价方法常用净现值法(NPV)和内部收益率法(IRR)等。

23.《专利法》规定，发明和实用新型专利，应当具备新颖性、创造性和实用性。

24.《专利法》规定，发明专利权的期限为20年，实用新型专利权和外观设计专利权的期限为10年，均自申请日起计算。

25.《专利法》规定，两个以上的申请人分别就同样的发明创造申请专利的，专利权授予最先申请的人。

26. 专利按持有人所有权分为有效专利和失效专利。

27. 谈判按主题可分为单一型谈判和统筹型谈判。

28. 技术开发合同一般包括委托开发合同和合作开发合同。

29. 特许经营是许可证贸易的一种变体，OEM 合作方式属于生产特许。

30. 一般认为，专利有效期距离其法定终止时间越近，该专利有效价值越低，专利技术使用费越低。

31. 技术合同是当事人就技术开发、转让、咨询或者服务订立的确立相互之间权利和义务的合同。

32. 技术开发合同分为委托开发合同和合作开发合同两个基本类型。

33. 技术转让合同包括专利权转让、专利申请权转让、技术秘密转让、专利实施许可合同。

34. 技术咨询合同包括就特定技术项目提供可行性论证、技术预测、专题技术调查、分析评价报告等合同。

35. 1999 年施行的《中华人民共和国合同法》将原有的《经济合同法》、《涉外经济合同法》、《技术合同法》进行了“三法合一”。

36. 我国技术合同法律规范体系包括《合同法》、《技术合同认定登记管理办法》、《技术合同认定规则》、《最高人民法院关于审理技术合同纠纷案件适用法律若干问题的解释》、《技术合同示范文本》等法律规范文本。（任选三个即可）

37. 技术合同的双方当事人可以在书面合同中协议选择被告住所地、合同履行地、合同签订地、原告住所地、标的物所在地人民法院管辖，但不得违反诉讼法中的级别管辖和专属管辖。（任选三个即可）

38. 合同可以约定选择采用协商解决、调解解决、仲裁解决或者诉讼解决四种解决方法中的一种或多种。

39. 非法垄断技术、妨碍技术进步或者侵害他人技术成果的技术合同无效。

40. 一般来说，技术开发合同与技术服务合同的判定，主要基于合同客体的不同。

41. 知识产权是一种无形财产权。

42. 著作权人的人身权利主要包括发表权、署名权、修改权、保护作品完整权。

43. 职务作品是公民为完成法人或者其他组织工作任务所创作的作品。

44. 我国专利法规定，发明专利的保护期限为20年，自申请日起计算。

45.《专利法》规定："发明或者实用新型专利权的保护范围以其权利要求的内容为准，说明书及附图可以用于解释权利要求。"

46. 我国商标法对商标注册原则采用的是自愿注册、强制注册相结合的原则。

47. 由法人或者其他组织主持，代表法人或者其他组织意志创作，并由法人或者其他组织承担责任的作品，法人或者其他组织视为作者。

48. 专利权的特点表现为独占性、地域性、时间性。

49. 专利申请的原则有专利申请的单一性原则、先申请原则和优先权原则。

50. 著作权法规定，受委托创作的作品，著作权的归属由委托人和受托人通过合同约定，合同未明确约定或没有订立合同的，著作权属于受托人。

51. 随着人才、技术、资金、信息等各类资源在全球范围内快速流动，全球化已经成为现代科技发展和经济发展最为突出的特征。

52. 在日本，政府、大学以及民间力量是技术转移体系的主要组成部分。

53. 德国弗朗霍夫研究协会是欧洲最大的应用科学导向的研究组织，采取以合同研发为核心的市场化运作模式，同时得到政府支持。

54. 从生态环境学角度来看国际技术转移，在进行国际技术转移时，不能只顾短期的经济效益，一定要注意技术的可持续发展性。

55. 对发达国家与发展中国家来说，国际技术转移过程中的技术输出方往往是发达国家及其跨国公司，它们往往利用手中掌握的高技术，对作为技术引进国的发展中国家提出各种不平等的要求或进行种种政治上的压迫。

56. 高技术导致的毁坏性和污染性的严重后果，归根到底是由于西方发达资本主义国家片面追求利润最大化的原因。

57. 针对本国20世纪90年代在以信息技术为代表的高新技术竞争中有所落后的状况，法国政府于1999年7月制定了《创新与科研法》，旨在促进科技界与企业界的交流，促进创新。

58. 跨国公司主要通过公司内部和公司外部两种途径进行技术转移。

59. 科学技术作为推动政治、经济发展原动力，其作用越来越重要。因而，对科技成果进行保护的知识产权制度也成为建立国际新秩序的核心问题。

60. 国际技术转移是多学科的复杂的系统过程。因此，在进行国际技术转移时要注意到其对各个学科，诸如经济、政治、文化、社会、生态、军事(选填三个)等方面的全面性影响，不能只注重其经济上的效果，而忽略了其他方面影响。

61. 金融学是从经济学分化出来的、研究资金融通的学科，主要包括四大学术专业领域：银行学、证券学、保险学和信托学。

62. 传统的金融学研究领域大致有两个方向：宏观层面的金融市场运行理论和微观层面的公司投资理论。

63. 与金融相关性最强的交叉学科主要有三个，它们分别为金融工程学、演化金融学(或行为金融学)和法和金融学。

64. 我国现代金融体系主要包括金融调控与金融监管体系、金融组织体系和金融市场体系。

65. “一行三会”是中国人民银行、中国银行业监督管理委员会、中国证券监督管理委员会、中国保险监督管理委员会这四家金融管理和监督部门的简称，它构成了中国金融业分业监管的格局。

66. 金融行业自律组织体系包括中国银行业协会、中国证券业协会、中国期货业协会、中国证券投资基金业协会、中国保险行业协会、中国银行间市场交易商协会。

67. 金融市场体系由货币市场、资本市场、外汇市场和黄金市场四个部分组成。

68. 国外金融创新对科技以及本地经济的支持作用主要从四个方面得以体现：政府的推动政策、风险投资市场、风险信贷市场、资本市场。

69. 在市场经济条件下，产权的属性主要表现在三个方面：产权具有经济实体性、产权具有可分离性、产权流动具有独立性。

70. 内部融资的主要方式有：科研经费、自有资金；外部融资的主要方式有：银行贷款、风险投资、发行债券、上市融资。

71. 企业的目的，只有一个有说服力的定义，那就是创造客户。

72. 产品体验分解开来，大概分为三个层面：功能、服务、平台，这三个层面是递进的关系。

73. 未来学家托夫勒 30 年前，他就在《第三次浪潮》一书中预言，产品经济和服务经济之后的下一个浪潮是体验经济。

74. 云计算(Cloud Computing)是指：用虚拟技术建造的数据中心或“超

级计算机”,并以免费或按需租用方式把计算和存储提供给软件开发者,提供更强大的计算能力、存储和带宽。

75. 互联网精神是指:开放、平等、协作、分享。

76. 技术的变迁促使管理从计划、控制和指挥,变成资源分配、协调和激励。

77. 网上技术交易运行管理过程中最主要的三个方面是:网上信息资源管理、技术交易管理和市场运作。

78. 技术交易平台的信息资源管理是基于现代网络技术和通信技术的条件下进行的,一般经历信息收集、组织、存储、检索等一系列程序。

79. 技术转移信息服务平台采用将知识管理的核心流程分解为知识定义、知识获取、知识存储和知识共享 4 个核心流程。

80. 一个真正意义上的技术交易服务平台必须能够承担完成网上技术交易的功能,也就是在网络环境下完成技术交易的电子商务的过程,在这个过程中技术是作为一种商品的。

81. 按照业务的性质划分,经纪活动可以分为居间活动、代理活动和行纪活动三种。

82. 国家工商总局对经纪人的定义是:“在经济活动中,以收取佣金为目的,为促成他人交易,而从事居间、行纪或者代理等经纪业务的公民、法人和其他经纪组织。”

83. 因为经纪业范围很广,按照经纪人从事的业务细分为现货经纪人、期货经纪人、证券经纪人、保险经纪人、房地产经纪人、文化体育经纪人、技术经纪人等。

84. 与一般经纪人不同,技术经纪人所经纪的对象是技术商品。即,技术是商品的内核,它包括新工艺、新配方、技术秘密、专利等,具有一定的价值,同时又能满足用户需求的无形产品。

85. 技术经纪人从业资质的管理一般包括:技术经纪人培训、技术经纪人从业资格认定、技术经纪人登记注册、技术经纪人行为监督等几个方面。

86. 技术经纪人开展技术经纪业务,应坚持“真实、守法、互利、平等”的原则。

87. 伦敦证券交易所是世界上历史最悠久的证券交易所之一,它的成立时间可以追溯到 1773 年。

88. 技术经纪人对信息的加工过程包括:信息收集、信息筛选、信息分类整理。

89. 概括地说，技术经纪人应该从知识、心理、社会交往、职业道德四个方面提供自身的执业素质。

90. 我们只有把握好技术商品在生产、流通、消费三个领域的特殊性，才能有效地进行技术经纪服务活动。

第二节　技术经纪知识选择题及答案

1. ________的《经济发展理论》提出“创新理论”。(B)

A. 亚当·斯密　　B. 约瑟夫·熊彼特

C. 马克思　　D. 马歇尔

2. 2012年11月召开的“________”明确提出：科技创新是提高社会生产力和综合国力的战略支撑，必须摆在国家发展全局的核心位置。(A)

A. 十八大　　B. 十七大　　C. 十六大　　D. 十五大

3. 2013年9月，中共中央政治局以实施创新驱动发展战略为题举行第九次集体学习。中共中央总书记习近平在主持学习时强调，实施________决定着中华民族前途命运。(C)

A. 科技成果转化　　B. 科技创新

C. 创新驱动发展战略　　D. 技术转移战略

4. 创新已然成为中华民族伟大复兴征程上的重要一环，建设创新性国家，在群众中、________中、行业中发动创新，把中国由过去的生产国变化为创新国是我国未来的战略目标。(C)

A. 政府部门　　B. 市场

C. 企业　　D. 干部

5. 我国制定了《国家中长期科学和技术发展规划纲要________年》，这份纲要明确指出，自主创新能力是中华人民共和国科技进步取之不尽、用之不竭的源动力。(D)

A. 2003—2020　　B. 2004—2020

C. 2005—2020　　D. 2006—2020

6. 技术市场的构成必须具备三个要素：技术市场的主体、________和技术市场的内容。(C)

A. 技术市场的政策　　B. 技术市场的组成

C. 技术市场的客体　　D. 技术市场的要求

7. 技术市场的技术中介方，即技术中介服务机构和技术经纪人。其基本作用是为________交易双方牵线搭桥，并对技术商品进行宣传、评估、鉴定，对技术交易过程进行组织、协调、监督。(B)

A. 技术　　B. 技术商品

C. 技术成果　　D. 专利

8. 市场经济需要用法律来规范和调整，技术市场也不例外，相关政策法规的陆续出台，促进了技术市场运作的规范化和法制化。目前，我国已形成以________、《科技成果转化法》和《合同法》为主要框架的法律体系。(C)

A.《技术转移示范机构管理办法》

B.《技术市场管理办法》

C.《科学技术进步法》

D.《技术合同认定登记管理规则》

9. 在我国，负责对国内技术市场进行布局筹划、发展规划和机制规范等管理的机构是国家科技部，具体职能部门是其下设的火炬中心的。(B)

A. 技术转移处　　B. 技术市场管理处

C. 成果转化办公室　　D. 国内合作处

10. 下面哪段话的说法有误？(B)

A. 技术经纪，或称为“技术中介”，是指中介方以知识、技术、经验和信息为另一方与第三方订立合同进行联系、介绍、组织工业化开发，并为履行合同提供服务活动。

B. 技术经纪提供的是“一对一”的技术服务。

C. 技术经纪提供全程服务，即贯穿洽谈、签约、履约的全过程，不仅周期长，而且内容丰富、复杂，是一种“多角化”的服务。

D. 技术经纪，是科技中介服务体系的重要组成部分，是科技中介服务活动的重要服务方式，也是国家创新体系不可或缺的元素。

11. 对一项技术因素的分析，技术经纪人可以通过了解技术的真实性、________、经济性、先进性和可推广性等方面入手。(B)

A. 时效性　　B. 可用性　　C. 全面性　　D. 交叉性

12. 项目财务分析的目标主要有技术项目的盈利能力、偿债能力、财务生存能力和________。(C)

A. 营运能力　　B. 发展能力

C. 抗风险能力　　D. 市场竞争能力

13. 以下哪一项不属于敏感性分析中选择的主要参数？（A）

A. 政策因素　　B. 初始技术

C. 经营成本　　D. 达产期

14. 以下哪一项不属于概率分析的方法？（D）

A. 效用函数法　　B. 期望值法

C. 模拟分析法　　D. 市场统计法

15、技术市场的客体是________。（C）

A. 技术市场的买方　　B. 技术市场的卖方

C. 技术商品　　D. 技术中介方

16. 以下哪一项属于项目筛选的主要原则？（A）

A. 导向性原则　　B. 全面性原则

C. 时效性原则　　D. 准确性原则

17. 下列哪些属于财务评价静态指标？（ABCDE）

A. 总投资收益率　　B. 项目资本金净利润率

C. 投资回收期　　D. 利息备付率

E. 偿债备付率

18. 下列哪些属于市场预测中的不可控因素？（BCD）

A. 价格环境因素　　B. 政治法律环境因素

C. 经济环境因素　　D. 技术环境因素

E. 经营方式因素

19. 下列哪些属于项目财务偿债能力指标？（ABCD）

A. 借款偿还期　　B. 资产负债率

C. 流动比率　　D. 偿债备付率

E. 财务内部收益率

20. 以下哪一项不属于可行性研究的意义？（C）

A. 确定项目是否符合技术先进

B. 确定项目经济是否合理

C. 确定项目实施的可行性

D. 判断技术的竞争力

E. 判断投资和资金回收的安全性

21. 专利实施许可合同属于________。(B)

A. 技术开发合同　　B. 技术转让合同

C. 技术咨询合同　　D. 技术服务合同

22. 实用新型专利保护期限是________。(A)

A. 10 年　　B. 8 年　　C. 15 年　　D. 20 年

23. 下列哪类许可一般情况下不允许专利权人实施?(C)

A. 排他性许可　　B. 强制许可

C. 独占许可　　D. 普通许可

24. 国家财政资助的科研成果转让需要通过________。(B)

A. 协议转让　　B. 国有产权交易所挂牌交易

C. 公开拍卖　　D. 科技中介服务

25. 下列哪类技术转让形式不同于其他三类?(D)

A. 专利权转让　　B. 专利申请权转让

C. 专利许可　　D. 技术秘密转让

26. 专利强制实施许可的对象是________。(AB)

A. 发明专利　　B. 实用新型专利

C. 外观设计专利　　D. Know-how　　E. 无效专利

27.《专利法》对发明的定义是________。(ACD)

A. 产品　　B. 原理　　C. 方法

D. 新的技术方案　　E. 思路

28. 下列哪些活动不属于技术开发?(ABD)

A. 仿制　　B. 应用

C. 引进技术的二次开发　　D. 软科学研究

E. 带有明确科研目标的自然资源的开发利用活动

29. 商业计划书常用于________。(BCD)

A. 政府立项审批　　B. 融资

C. 公司介绍　　D. 项目介绍

E. 立项备案

30. 技术交易服务包括________。(ABCDE)

A. 技术交易场所服务　　B. 技术交易经纪服务

C. 技术交易咨询服务　　D. 技术评估服务

E. 技术信息服务

31. 我国现行法律体系中，对技术合同有直接规定的是哪个法律？(C)

A.《物权法》 B.《担保法》

C.《合同法》 D.《对外贸易法》

32. 甲、乙、丙三方合作开发一项发明创造，合同中未约定权属问题。完成后，甲、乙要求申请专利，但丙不同意，则：________。(A)

A. 甲、乙不能去申请专利

B. 甲、乙可以去申请专利，被授予专利权后，归甲、乙共有

C. 甲、乙可以去申请专利，被授予专利权后，归甲、乙、丙共有

D. 丙应当把专利申请权转让给甲、乙

33. 技术服务的内容不包括下列哪项？(D)

A. 产品设计服务

B. 工艺服务

C. 测试分析服务

D. 工程承揽

34. 下列哪项有助于技术合同的实际操作？(D)

A. 对合同当事人的权利规定得过于抽象

B. 对义务或履行条件规定得不明确、不具体

C. 对违约责任条款规定不清

D. 对损失赔偿设定计算依据

35. 技术合同无效的情形不包括下列哪项？(B)

A. 非法垄断技术

B. 进行技术改进

C. 妨碍技术进步

D. 侵害他人技术成果

36. 技术开发合同在下列情况下可以解除________。(A)

A. 作为合同标的的技术已经由他人公开

B. 任何一方可以决定

C. 技术开发合同违法

D. 技术开发合同损害公共利益

37. 甲企业与乙企业签订一份技术转让合同，经双方协商，达成如下协议，该协议中的哪些条款是有效的？(C)

A. 乙企业作为受让企业，不得在受让技术的基础上开发与其相竞争的

技术

B. 乙企业作为受让企业，只能从甲企业购买实施该技术的机器、设备和原料

C. 乙企业作为受让企业，可接受甲企业以外其他企业的培训

D. 乙企业作为受让企业，不得对该受让技术知识产权的有效性提出异议

38. 以下不属于技术合同登记的好处是________。(C)

A. 享受国家有关促进科技成果转化规定的税收、信贷和奖励等方面的优惠政策

B. 加强国家对技术市场和科技成果转化工作的指导、管理和服务

C. 提高技术合同的数量，提升科技工作的质量

D. 加强国家对技术市场的统计和分析工作，为政府制定政策提供依据

39. 下列哪一类主体无权在技术合同成立后向所在地区的技术合同登记机构提出认定登记申请？(C)

A. 技术开发的研究开发人

B. 技术转让合同的让与人

C. 技术咨询合同的委托人

D. 技术服务合同的受托人

40. 技术合同当事人就合同履行地点达不成协议，下列哪项处理原则是错误的？(B)

A. 技术开发合同，在研究开发方所在地履行

B. 技术转让合同，在出让方所在地履行

C. 技术咨询合同，在顾问方所在地履行

D. 技术服务合同，在委托方所在地履行

41. 关于知识产权的专有性，下列说法错误的是________。(D)

A. 未经知识产权所有者许可，在规定地域内，任何人不得利用此项权利

B. 未经知识产权所有者许可，在规定地域外，他人可以利用此项权利

C. 经知识产权所有者许可，在规定地域内，他人可以利用此项权利

D. 未经知识产权所有者许可，在规定地域外，任何人不得利用此项权利

42. 根据 WIPO 对知识产权的定义，以下哪些属于知识产权的范围________。(ABCD)

A. 版权　　B. 著作权　　C. 专利权　　D. 商业标记

43. 版权的邻接权是作品传播者的权利，不包括________。(D)

A. 表演者权　　B. 录制者权

C. 出版者权　　D. 署名者权

44. 著作者权属于下列哪项权利________。(A)

A. 民事权利　　B. 行政权利

C. 公民权利　　D. 债权

45. 以下哪些属于版权的邻接权________。(CD)

A. 著作权　　B. 版权

C. 表演者权　　D. 出版者权

46. 我国专利法所称的发明不包括的内容是________。(A)

A. 对自然规律的发现和揭示

B. 与自然规律有关的创新

C. 利用自然规律的结果

D. 对自然规律的研究

47. 外观设计是指________。(A)

A. 对产品的形状、图案或者其结合以及色彩与形状、图案的结合所作出的富有美感的并适于工业应用的新设计

B. 对产品的形状、构造或者构造的结合所提出的适于实用的新的设计

C. 是产品的形状、图案或者色彩的新组合

D. 是对产品外观所作的具有实用意义的革新

48. 专利权的法律特征有________。(ABCD)

A. 专利权须经主管机关依法授予

B. 专利权的保护对象是发明、实用新型和外观设计，具有非物质性的特点

C. 专利权所保护的技术和外观设计必须具备新颖性

D. 专利权具有法定时间性和地域性

49. 下列关于商标的认识中正确的是________。(ABCD)

A. 商标是一种商业标记

B. 商标的使用者和所有者有特定范围

C. 商标标识的对象是商品或服务

D. 采用商标的目的是为了区分商品的来源或服务的提供者，便于推销商品或推广服务。

50. 下列属于我国商标法规定的商标构成要素的是________。(ABC)

A. 文字、图形、符号　　B. 立体实物

C. 声音　　D. 气味

51. 下列哪个国家的技术局隶属于商务部?(B)

A. 日本　　B. 美国　　C. 英国　　D. 法国

52. 全球技术贸易额的增速远远超过全球贸易总额的增速的原因是什么?(D)

A. 世界专门性技术市场的日益扩大

B. 技术转移的方式多样、灵活,技术投资可代替产品贸易

C. 经济全球化的纵深发展

D. 以上都是

53. 下列哪项不是国际技术转移的负面效应?(B)

A. 国际技术转移容易引发文化摩擦

B. 国际技术转移可带来国家间的持续互动

C. 国际技术转移容易引发社会分化

D. 国际技术转移可带来生态环境问题

54. 技术转移效率评价体系构建与下列哪些事项无关?(C)

A. 计划项目立项　　B. 科技人员评价

C. 科技新闻的报到　　D. 科技机构组织运营

55. 关于技术来源的多极化趋势加强,说法错误的是________。(D)

A. 发达国家间的技术转移增多

B. 发展中国家间的技术转移增多

C. 新兴工业化国家和一些具有长期工业发展经验的发展中国家间的技术转移增多

D. 发达国家与资源型发展中国家的技术转移增多

56. 以下哪个选项不是技术转移公共服务平台?(B)

A. 美国国家技术信息服务中心(NTIS)

B. 中国知网(CNKI)

C. 英国伦敦技术网络(LTN)

D. 日本科学技术振兴事业团(JST)

57. 下列关于科技中介机构发展趋势的表述,错误的是________。(D)

A. 资源共享　　B. 能力互补

C. 利益均沾　　　　　　　　　　　D. 依赖政府支持

58. 关于英国科技评估中的同行评议的方式，说法正确的是________。(D)

A. 邀请政府官员进行评估

B. 对各待评项目设立统一的评价指标

C. 采用定量分析为主，定性分析为辅的方法

D. 进行大量的数据采集与调查

59. 美国联合碳化物公司进行的具有高污染风险的农药技术转移——在印度博帕尔市建立农药厂，结果由于泄漏事故造成生态灾难，给印度人民带来了巨大损失，这属于国际技术转移中的何种风险？(C)

A. 政治风险　　　　　　　　　　　B. 经济风险

C. 生态风险　　　　　　　　　　　D. 文化风险

60. 国际技术层次的总趋势是技术层次相对固定化，以下理解正确的是________。(A)

A. 生产技术呈现从"中心国家"转移"半边缘国家"，再到"边缘国家"的递进模式

B. 发达国家的技术有被发展中国家赶超的趋势

C. 发展中国家对外国直接投资的控制力普遍加强

D. 发展中国家的技术水平有了较大提升

61. ________年，美国金融学教授约翰·芬尼迪(John Finnerty)首次给出了金融工程的正式定义。(C)

A. 1990　　　　B. 1995　　　　C. 1998　　　　D. 2001

62. 1994年，我国成立了__________、中国进出口银行和中国农业发展银行三家政策性银行，分别从事"两基一支"(基础设施、基础产业、支柱产业)、机电产品和成套设备出口、粮棉油收购融资等政策性业务。(D)

A. 建设银行　　　　　　　　　　　B. 招商银行

C. 光大银行　　　　　　　　　　　D. 国家开发银行

63. 目前，中国已注册两家证券交易所，即上海证券交易所和深圳证券交易所。证券交易所的设立和解散，由________决定。(B)

A. 党中央　　　　　　　　　　　　B. 国务院

C. 证券监督委员会　　　　　　　　D. 人民银行

64. 在全球科技银行业务创新领域，最著名的当属美国硅谷银行。它始

创于________年，成立时注册资本为______万美元。现有银行资产______亿美元。(D)

A. 1987、500、50　　B. 1983、50、500

C. 1985、500、50　　D. 1983、500、50

65. 破解中国技术转移的困局需要确立激励创新的产权制度和形成竞争性环境的市场制度。实践表明：研发、小试中试、产业化三个阶段的经费投入比例大致为________。(A)

A. 1∶10∶100　　B. 1∶5∶20

C. 1∶20∶100　　D. 1∶30∶200

66. ________年国家知识产权局为进一步推广和深化全国知识产权质押工作，共推出了________批国家知识产权质押融资试点单位。(C)

A. 2007，二　　B. 2008，三　　C. 2009，二　　D. 2008，三

67. 深圳前海微众银行是国内第一家民营银行互联网金融机构，它是于________试营业。(A)

A. 2012 年 1 月　　B. 2013 年 12 月

C. 2014 年 12 月　　D. 2015 年 1 月

68. 我国境内新办软件生产企业经认定后，自获利年度起，第______年和第二年免征企业所得税，第三年至第______年减半征收企业所得税；国家规划布局内的重点软件生产企业，如当年未享受免税优惠的，按______的税率征收企业所得税。(D)

A. 一，二，20%　　B. 一，二，10%

C. 一，二，10%　　D. 一，五，10%

69. 国家需要重点扶持的高新技术企业，减按________的税率征收企业所得税。(B)

A. 10%　　B. 15%　　C. 17%　　D. 25%

70. 凡在我国境内投资于符合国家产业政策的技术改造项目的企业，其项目所需国产设备投资的________可从企业技术改造项目设备购置当年比前一年新增的企业所得税中抵免。(D)

A. 10%　　B. 15%　　C. 25%　　D. 40%

71. 现代管理学之父彼得·德鲁克对企业存在的目的做了定义："如果我们要知道企业是什么，我们必须从理解企业的________开始。"(A)

A. 目的　　B. 要素　　C. 概念　　D. 计划

72. “以用户为中心，其他一切纷至沓来”(Focus on the user and all else will follow)是________十大座右铭中的第 1 条。(C)

A. 亚马逊　　B. 阿里巴巴　　C. 谷歌　　D. 雅虎

73. 互联网与移动互联网对商业的重构，不在于它们是不是一种新技术或新工具，而是对________的重写改写。(A)

A. 商业逻辑　　B. 商业渠道

C. 商业意义　　D. 商业战略

74. 互联和移动互联带来的最大冲击是快速和变化。在这样一个时代，企业管理的目标不再是成本和绩效，而是________。(B)

A. 人才　　B. 创新　　C. 规划　　D. 战略

75. 互联和移动互联时代，管理学的使命也不再是控制和稳定，而是培养组织______的能力。(C)

A. 技术创新　　B. 储备人才　　C. 应对变化　　D. 制定战略

76. 在现在这个被称作大数据和云计算的时代，______不仅是频发的，而且也是企业竞争力的重要指标，发生在人与人、人与组织、组织与组织之间。(A)

A. 协同　　B. 创新　　C. 共享　　D. 沟通

77. 云计算关键资源是数据，是结构化，发展方向是______，系统不仅自己能够学习，而且可以指导用户学习，甚至为用户提供决策依据。(D)

A. 系统化　　B. 海量化　　C. 信息化　　D. 智能化

78. 网上技术交易体现了市场的________原则。(C)

A. 自愿　　B. 平等　　C. 公平　　D. 诚实信用

79. ______是知识管理的重要目标，它可以帮助组织实现整体知识规模的拓展、知识质量的提升。(B)

A. 知识共享　　B. 知识创新

C. 知识存储　　D. 知识获取

80. 中国________网上技术市场是经科技部批准的全国首家网上技术市场，被誉为“永不落幕的市场”。(D)

A. 深圳　　B. 江苏　　C. 上海　　D. 浙江

81. ________，国家工商行政管理局颁布了我国第一部规范经纪人活动的全国性行政规章《经纪人管理办法》。(A)

A. 1995.11.13　　B. 1995.12.1

C. 1996.1.1　　　　　　　　D. 2004.8.28

82. ________需在工商行政管理部门注册登记，领取营业执照后方能开展经纪活动。(B)

A. 一般经纪人　　　　　　　B. 法人经纪人

C. 专业经纪人　　　　　　　D. 经纪人

83. 经纪人在________活动中主要是协助委托人与相关方签订合同。合同约定委托方与相关方的权利义务，经纪人对合同不承担风险责任。(A)

A. 居间　　B. 代理　　C. 行纪　　D. 经纪

84. ________工商行政管理局颁发了新中国成立以来第一个《经纪人管理办法》，开始对经纪人进行规范化管理。(D)

A. 上海　　B. 深圳　　C. 北京　　D. 珠海

85. 技术经纪事务所申请注册登记应具备的条件包括：有固定业务场所，有一定资金，有________名以上具有技术经纪从业资格的技术经纪人，合伙人之间订立书面合作协议。(C)

A. 1　　B. 2　　C. 3　　D. 5

86. 技术经纪公司申请注册登记应具备的条件包括：具有相应的组织机构和固定场所，有一定的资金，有________名以上具有技术经纪从业资格的技术经纪人，符合《公司法》的其他规定。(D)

A. 1　　B. 2　　C. 3　　D. 4

87. 2014年国务院取消和调整对________的职业资格许可和认定工作。(B)

A. 金融经纪人　　　　　　　B. 房地产经纪人

C. 保险经纪人　　　　　　　D. 劳动力经纪人

88. ________是以委托人的名义，在委托人的授权范围内，独立地向第三方表达其意见，或接受第三方的意思表示，其法律后果由委托人承担。(A)

A. 技术代理人　　　　　　　B. 技术经纪人

C. 技术中介人　　　　　　　D. 技术行纪人

89. 重庆市工商行政管理局于________年批准成立全国第一家经纪人合法经营的场所——重庆市工业贸易品中心交易所，并开始培养技术经纪人。(B)

A. 1988　　B. 1986　　C. 1987　　D. 1985

90. ________是指经纪人受委托人委托，以经纪人自己的名义与第三方进行交易，并承担相应法律责任的活动。(C)

A. 居间　　B. 代理　　C. 行纪　　D. 经纪

第三节　技术经纪知识问答题及答案

1. 实施创新驱动发展战略的当前任务是什么？

答：(1) 着力推动发展，更多依靠创新驱动，坚持把科技摆在优先发展的战略位置，把科技创新作为经济发展的内生动力，激发全社会创造活力，推动科技实力、经济实力、综合国力实现新的重大跨越。

(2) 着力推动科技创新与经济社会发展紧密结合，让市场真正成为配置创新资源的力量，让企业真正成为技术创新的主体。

(3) 着力增强自主创新能力，努力掌握关键核心技术，提升国家创新体系整体效能。

(4) 着力完善人才发展机制，打通人才流动、使用、发挥作用中的体制机制障碍，最大限度支持和帮助科技人员创新创业。

(5) 着力营造良好政策环境，引导企业和社会增加研发投入，加强知识产权保护工作，完善推动企业技术创新的税收政策。

(6) 着力扩大科技开放合作，充分利用全球创新资源，在更高起点上推进自主创新，并同国际科技界携手努力为应对全球共同挑战作出应有贡献。

2. 在国际市场日益开放的环境下，国际技术转移有哪些特点？

答：(1) 国际技术转移方式的多样化；

(2) 国际技术转移的系统性和网络化；

(3) 国际技术转移的管制化；

(4) 国际技术转移的软性化。

3. 技术经纪与一般经纪的区别在哪里？

答：(1) 技术经纪是为特定的目的的进行，仅指中介方为技术供需双方订立和履行技术合同进行的服务。

(2) 技术经纪提供全程服务，即贯穿洽谈、签约、履约的全过程，不仅周期长，而且内容丰富、复杂，是一种"多角化"的服务。

(3) 技术经纪是以技术知识为基础提供服务，它在本质上属于技术服务。

4. 简述商务策划的四个主要环节是什么?

答:商务策划主要包括文案撰写、技术交易模式与方式选择、技术营销策略、商务谈判策略与组织等四个环节。

5. 科技成果转化与技术转移的区别有哪些?

答:科技成果转化是对处于一定研发阶段的科技成果进行后续的研究、试验、试制,使之转化为实用的可以直接应用于生产实际的技术,即把科技成果转化成为生产力的过程。科技成果转化包括了科技成果的应用和推广、科技成果的工艺化、科技成果的产品化、科技成果的商业化和科技成果的产业化几层含义。科技成果转化是一个沿时间轴由不同转化阶段构成的一个纵向序列。技术转移是技术在不同主体或不同区域的传递或转让,是一个沿着空间轴的由不同主体连接成的横向移动。科技成果转化的过程往往伴随着技术的转移:显性的技术转移或者隐性的技术转移能够促进科技成果的转化,但并不是每一次技术转移,或者并不是所有的技术转移都能促进科技成果的转化。

6. 在国际市场日益开放的环境下,国际技术转移呈现出哪些特点?

答:(1) 国际技术转移方式的多样化;

(2) 国际技术转移的系统性和网络化;

(3) 国际技术转移的管制化;

(4) 国际技术转移的软性化。

7. 技术市场的含义?

答:技术市场是我国市场体系的重要组成部分,是连接科研和生产的桥梁和纽带,属于市场体系中的生产要素市场。

技术市场同其他商品市场一样,也有狭义和广义之分。狭义的技术市场是指技术商品交易的场所,如技术交易会、技术集市等。狭义的技术市场,是一种有形市场。广义的技术市场是指技术商品交换关系的总和,它包含了从技术商品的开发到技术商品的应用的全部过程,涉及与技术开发、技术转让、技术咨询、技术服务相关的技术交易活动及相关主体之间的关系。

8. 什么是技术市场的三要素?

答:技术市场的三要素包括技术市场的主体、技术市场的客体和技术市场的内容。

9. 网上技术市场的特点有哪些?

答:网上技术市场作为新的技术商品交易方式,与传统的技术交易方式有很大的不同。

(1) 交易过程电子化。网上交易市场的交易双方使整个技术商品的交易过程都在网上以电子文件的形式进行，结算使用的是电子货币，改变了传统交易的书面文件和转账结算方式。

(2) 交易市场虚拟化。网上交易市场的交易是虚拟市场上进行的。这个市场没有房屋、展台、销售人员，也没有实物商品，但它可以每天42小时、365天不间断地营业。在整个技术交易过程中，技术商品的买卖双方不需要直接见面，只通过网络形式进行交流，就可以完成交易程序。

(3) 交易对象特定化。网上技术市场的交易对象限定是互联网的用户，技术商品的买卖双方都必须上网才能进行交易。由于互联网的用户遍布世界各地，因此网上的客户又是广泛的，比任何一个有形市场要大得多。

(4) 交易高效化。网上技术市场技术商品交易的整个过程都是在网上进行，与传统的交易方式相比，极大地缩短了交易时间，降低了交易成本，实现"足不出门，买卖兴旺"的愿望。

10. 简要分析一下目前我国技术经纪业主要存在的问题。

答：(1) 对技术经纪业认识不足；

(2) 技术经纪业功能不足；

(3) 技术经纪人队伍不足。

11. 市场需求分析主要从哪几个方面进行分析？

答：(1) 需求现状及发展趋势；

(2) 竞争结构；

(3) 确定市场需求规模。

12. 市场预测的基本步骤是什么？

答：(1) 明确预测目的；

(2) 调查收集资料；

(3) 分析判断；

(4) 选择预测方法，建立预测模型进行预测；

(5) 分析评价预测值。

13. 试阐述财务分析的主要内容及步骤。

答：(1) 选取财务分析基础数据与参数；

(2) 计算营业收入，估算成本费用；

(3) 编制财务分析报表，主要有财务现金流量表、损益和利润分配表、资金来源与运用表、借款偿还计划表；

(4) 计算财务评价指标，进行盈利能力分析和偿还能力分析；

(5) 进行不确定性分析；

(6) 编写财务评价报告。

14. 通过哪些方面选取财务分析中的基础数据与参数？

答：(1) 财务价格；(2) 税费；(3) 利率；(4) 汇率；(5) 项目计算期；(6) 生产负荷；(7) 财务基准收益率。

15. 财务评价指标是如何分类的？

答：(1) 按是否考虑资金时间价值进行分类，可以分为静态指标和动态指标；

(2) 按财务分析的目标进行分类，可以分为反映盈利能力的指标、反映偿债能力的指标和反映财务生存能力的指标等；

(3) 按指标的性质进行分类，可以分为时间性指标、价值性指标和比率性指标。

16. 一般情况下，产生不确定性的主要原因有哪些？

答：(1) 价格的变动；

(2) 技术装备和生产工艺的变革；

(3) 生产能力的变化；

(4) 建设资金和工期的变化；

(5) 项目寿命期的变化；

(6) 政府政策和规定的变化。

17. 盈亏平衡分析中，找出盈亏平衡点的目的是为了什么？

答：判断技术项目投资方案对不确定因素变化的承受能力，为技术项目决策提供依据。

18. 试阐述敏感性分析的作用。

答：(1) 确定影响项目经济效益的敏感因素；

(2) 使决策者全面了解建设项目技术方案可能出现的经济效益变动情况，以减少和避免不利因素的影响，改善和提高项目的技术效果；

(3) 区别敏感度大或敏感度小的方案，选择敏感度小的，即风险小的技术项目投资方案；

(4) 为技术项目投资决策者预测可能出现的风险程度，并对原方案采取某些控制措施或寻找可替代方案，为最后确定可行的技术项目投资方案提供可靠的决策依据。

19. 试阐述敏感性分析的步骤。

答：(1) 确定敏感性分析指标；

(2) 计算该技术方案的目标值；

(3) 选取不确定因素；

(4) 计算不确定因素变动时对分析指标的影响程度；

(5) 找出敏感因素，进行分析和采取措施，以提高技术方案的抗风险的能力。

20. 请阐述概率分析的步骤。

答：(1) 列出各种欲考虑的不确定因素；

(2) 设想各不确定因素可能发生的情况；

(3) 分别确定各种可能发生情况产生的可能性；

(4) 计算目标值的期望值；

(5) 求出目标值大于或等于零的累计概率。

21. 项目建议书与可行性研究报告的区别有哪些？

答：项目建议书的批复是可行性研究报告的重要依据之一；可行性研究报告是项目建议书的后续文件之一。

(1) 研究的任务不同。机会研究阶段的项目建议书是为发现市场投资机会提出项目(立项准备)所作的研究分析，主要是论证项目的必要性和建设条件是否具备；而可行性研究报告必须进行全面深入的技术经济论证，做多方案比较，推荐最佳方案，或者否定该项目并提出充分理由，为最终决策提供可靠的依据。

(2) 基础资料和依据不同。项目建议书基本的依据是国家的长远规划、行业及地区规划、产业政策，与拟建项目有关的自然资源条件和生产布局状况，项目主管部门的有关批文，初步的市场预测资料；而可行性研究报告除了以批准的项目建议书作为依据外，还有详细的设计资料和经过深入调查研究后掌握的比较翔实确凿的数据与资料作为依据。

(3) 内容繁简和深浅程度不一样。项目建议书只要求一个大概的轮廓，内容概略简洁；而可行性研究报告必须详细深入，分析细致，内容翔实。

(4) 投资估算的精度要求不一样。项目建议书与实际发生的投资额差距较大，误差允许控制在±20%以内；而可行性研究报告对建设投资和生产成本应该进行分项详细估算，其误差应该控制在±10%以内。

(5) 上报的研究成果内容不同。机会研究和初步可行性研究阶段的研究成果包括：项目建议书，附上市场初步调查报告、建设地点初选报告、初步勘查报告等文件；而可行性研究阶段的成果包括：可行性研究报告，附上市场调查报告、厂址选择报告、地址勘查报告、资源调查报告、环境影响评价报告和自然灾害预测资料等文件。

22. 商业计划书包括哪些内容？

答：(1) 公司概况：成立背景及历史沿革、主要技术、产品(服务)、发展现状等。

(2) 市场分析：市场细分及市场定位、客户定位及驱动因素、市场容量及增长速度等。

(3) 产品(服务)：核心技术、产品特点、服务模式及体系等。

(4) 营销策略：产品策略、价格策略、渠道策略、促销推广策略等。

(5) 竞争分析：对行业(上下游供应链)的分析、对国内外主要竞争对手的分析、对自身的分析和竞争策略等。

(6) 业务模式：技术或产品(服务)价值分析(满足客户需求)、产业价值链分析(行业或产业价值链分析)、价值链定位分析、盈利模式分析等。

(7) 业务发展状况：在技术/产品研发方面取得的成绩、在市场拓展方面取得的成绩等。

(8) 公司股权结构：公司的股权结构及历次变更情况、公司股东的背景情况及对股东的评价等。

(9) 公司治理结构：公司股东会和董事会的组成、公司股东会和董事会的运作状况、管理者对股东会和董事会的评价等。

(10) 管理团队：管理团队主要成员的简历、对管理团队成员的评价等。

(11) 公司组织结构：公司的组织结构及职能分工、公司组织运作的基本状况及评价等。

(12) 公司战略规划：公司的宗旨与使命、价值观与核心理念、近期/中期/远期目标、发展策略及实施步骤、三年内的业务规划等。

(13) 融资计划：公司的融资规模及准备出让的股权比例、资金使用计划、对投资人的退出计划等。

(14) 财务分析：公司的历史财务报表、未来三年的财务预测、公司的价值评估、投资人可能获得的收益预测等。

(15) 风险分析：市场风险、产品/技术风险、经营风险、管理风险、财务风险、社会风险等。

(16) 其他信息：需要披露的对投资人有价值的信息。

23. 市场调查内容包括哪些？

答：不同的交易主体有着不同的要求，但一般都围绕技术、工艺、产品、品牌、定价、市场、政策等信息开展，分为企业外部环境调查和自身条件与能力调查两大方面。开展调研工作过程中可结合 PEST 分析和五力模型分析方法对企业外部的宏观环境进行深度全面剖析。运用 SWOT 分析方法对企业自身优劣势进行对比分析，了解企业面临的机会和挑战，有助于科学地制定发展战略。

24. 简述企业五种竞争力分析。

答：五力分析属于中观层面的环境分析，主要用来分析本行业的企业竞争格局以及本行业与其他行业之间的关系。行业竞争者这股力量是所有竞争里最强大的一种力量，通过价格、品牌传播、服务、渠道网络、创新能力等手段不断夺取市场份额，造成行业的不平衡发展。潜在入侵者是同行业竞争中一股重要力量，也许拥有更强大的技术能力和优势资源，希望夺取一定市场份额，势必行业产能不断扩大，导致产品价格走低，同时又反向引起行业共性生产资料价格上抬，这样就压缩了行业的盈利空间。替代品的竞争体现了不同行业之间的竞争，需要行业内所有企业共同采取措施面对竞争。需方的诉求是高性价比产品或服务，是以牺牲行业利润为代价，但并非完全如此，还要衡量买方购买力和观察后续动作才能确定应对措施。供方的诉求与需方的诉求恰恰相反，作为行业供应商，他们希望抬高售价、降低质量来谋取或巩固利益。

25. 简述什么是 SWOT 分析。

答：SWOT 分析中“S”代表竞争优势，包括技术技能优势、人力资源优势、组织体系优势、竞争能力优势等；“W”代表竞争劣势，相应地特指技术技能、人力资源、竞争能力的退化；“O”代表潜在发展机会，包括客户群增加、需求增加、纵向整合、市场扩张等；“T”代表外部威胁，包括替代品威胁、新竞争者进入、汇率不利变动、行业周期性负面影响、销售增长率下降等。

26. 简述什么是 PEST 分析。

答：PEST 分析架构中，“P”代表政治与法律环境，一般包括环境保护法律分析、就业政策与法规、垄断与竞争相关法律、公司与政府之间的关系等等；“E”代表经济环境，一般是指行业周期、货币利率、汇率、通货膨胀与紧缩、税收、就业与失业等等；“S”代表社会、文化与自然环境，包括教育水平、自然与地理环境、生活方式与消费结构、宗教与文化、收入分配等等；“T”代表宏观层面的技术环境，如政府对科研投入水平、劳动生产率、行业技术发展水平、技术开发与转让活跃程度等等

27. 谈判组织工作有哪些？

答：(1) 组织谈判首先需要事先确定谈判主题和预期目标。按照谈判主题可分为“单一型谈判”和“统筹型谈判”。“单一型谈判”只有一个主题，在这类谈判中双方必须明确一个可以通过共同协商达成的“变量值”。“统筹型谈判”不只一个主题，在这类谈判中双方不再紧盯着某个特定“变量值”展开博弈，而是通过系列“变量值”之间的博弈组合，尽最大可能寻求满足双方利益诉求的方案。

(2) 谈判需要组建强有力的专业团队，这些团队成员需要具备相关专业背景和较强业务能力，更需要对交易全过程非常熟悉，对谈判主题和内容意见一致，而且分工明确。从专业角度看，谈判团队成员除了需要具有公司决策权的高层人员参与之外，还应配置具有研发、销售、法律、财务等专业背景的技术人员和管理人员。从项目运营角度看，谈判团队成员还需增配负责企业日常生产运营的高级管理人员，这点对于典型的生产制造企业很重要。对于跨国商务谈判，语言翻译人员的选择非常重要，既要充分考虑翻译人员语言学背景和能力，还要考虑翻译人员对本次谈判所涉及技术和行业特点的熟悉程度。

(3) 谈判需要选择适宜的时机。在谈判主题确定、团队成员确定、材料准备完毕的情况下，还要选择最佳时机。这里的时机既指宏观政策环境变化带来的机会，也指受微观环境影响而出现的机会。相当部分技术交易活动与宏观政策、眼前利益、个人情感因素等有关。

(4) 谈判注意谈判地点的选择，可选择技术卖方指定地点，也可选择买方指定地点，还可选择技术经纪人推荐地点。

28. 谈判常用策略有哪些？

答：(1) 刚柔相济策略。在谈判过程中，谈判双方的态度既不宜过分强硬，也不可过于软弱，前者容易刺伤对方，导致双方关系破裂，后者则容易受制于人，此时采取“刚柔相济”的策略会比较奏效。

(2) 唱红白脸策略。谈判中有人充当“红脸”角色，坚持强硬立场，有人扮演“白脸”角色，保持温和态度。“红脸”是大刀阔斧、长驱直入地击中对方

敏感部位，针对性强、不留情面，即使争得面红耳赤也不退让半步。“白脸”则相反，保持温和态度，表达方式婉转，说话处处留有余地。

(3) 拖延回旋策略。谈判中时常会遇到一些态度强硬、咄咄逼人的对手，他们往往表现出居高临下、狂妄自大。对于这类趾高气扬的对手，适宜采取拖延交战、虚与周旋的策略。通过多个回合的拉锯战，迫使其感到疲劳生厌，逐渐丧失锐气，趁机扭转之前谈判中所处的被动局面，等对手精疲力竭的时候发动总攻，这种策略往往十分奏效。

(4) 以退为进策略。避免使用针锋相对的方式予以回应，选择认真倾听，听完对方所有的陈述、条件和要求后分析并抓住其致命弱点，发起进攻迫其就范。有时一方选择在局部问题适度让步以换取另一方在全局问题上的让步。

(5) 设定局限策略。谈判中常常遇到设定合作期限、合作范围、特定对象等合作条款，可以根据谈判进程灵活应用这些策略以达到预期目的。例如，一方为了催促另一方尽快结束谈判并签署合同，往往抛出事先设定的最后期限，起到暗示提醒的作用。双方谈判过程中，一方如果觉得谈判不顺，话不投机，可以有技巧性地释放信息暗示另一方更换特定对象来改变谈判进程。

(6) 留有余地策略。谈判中如果其中一方提出的某些要求，另一方即使能全部满足也不必立即作出全面且真实的回应，而是有所选择地回应部分要求，留有一定余地，有利于在后续谈判中继续占据主动地位。

(7) 合作双赢策略。谈判双方相互体谅，相互尊重，将心比心，在满足自身最低期望前提下顾及对手期望，选择合作而非对抗，使谈判得以顺利进行并取得皆大欢喜的结果。

29. 谈谈谈判预期目标设定方法与内涵。

答：谈判目标按期望水平可分为四种：

(1) 最优期望目标，特征如下：

① 是对谈判者最有利的理想目标；

② 是单方面可望而不可即的；

③ 是谈判进程开始的话题；

④ 会带来有利的谈判结果。

(2) 实际需求目标，即谈判双方根据主客观因素，经过科学的预测和计算，纳入谈判计划的目标，特征如下：

① 属于内部机密，一般在谈判过程中的某个微妙阶段才提出；

② 是谈判者的最后防线，如果达不成这一目标，谈判可能陷入僵局或暂停；

③ 一般由谈判对手提出，采购人员可适当作出决策；

④ 关系到谈判方主要或全部经济利益。

(3) 可接受目标，即可交易目标，是经过综合权衡、满足谈判双方部分需求的目标，对谈判双方都有较强的驱动力。在谈判实战中，经过努力可以实现。但要注意的是不要过早暴露，被对方否定。这个目标具有一定的弹性，谈判中都抱着现实的态度。特征如下：

① 是谈判人员根据各种主客观因素，经过科学论证、预测和核算之后所确定的谈判目标；

② 是己方可努力争取或作出让步的范围；

③ 该目标实现意味着谈判成功。

(4) 最低限度目标，即是通常所说的底线，也就是最低要求。如果达不到，谈判方一般会放弃，它是谈判方的机密，一定严格防护。特征如下：

① 是谈判者必须达到的目标；

② 是谈判的底线；

③ 受最高期望目标的保护。

30. 技术交易合同主要条款有哪些？

答：(1) 合同约定的技术内容、形式、要求、应达到的技术指标和参数等，包括项目应达到的技术经济指标、目的、适用范围及效益情况、成果提交方式和数量。

(2) 技术合同执行的计划进度，或按时间或按重点事件来计划项目的执行进度。

(3) 经费预算与报酬及其支付方式，合同标的额度以及根据合同约定支付给中介方的费用和支付方式。

(4) 利用合同经费购置的设备等产权归属约定，尤其是合作研发项目，务必在合同中明确约定设备、仪器等资产的产权归属。

(5) 合同履行的地点、期限及方式。

(6) 技术情报和资料的保密要求。

(7) 技术协作和技术指导的内容，可以根据实际情况要求对方或第三方提供协作要求。

(8) 风险责任承担方式,任何项目都有风险,为此需要约定风险责任共同承担方式。

(9) 技术成果归属的约定,与设备、仪器一样,通过使用合同经费产生的科研成果的产权归属也应有明确规定。

(10) 合同验收标准和方式。

(11) 违约金或损失赔偿额的计算方法。

(12) 合同争议的解决方式。

31. 技术合作开发合同与技术委托开发合同有何区别?

答:合作开发合同与委托开发合同具有明显的区别。合作开发合同的当事人在开发过程中一般都是共同参加研究开发工作,当然各方可以共同进行全部的研发工作,也可以约定进行分工,分别承担不同阶段或不同部分的研究开发,在合同中享有和承担着类似的权利和义务;而委托开发合同的当事人之间的权利义务是相对的,当事人一方进行物质投资和经费投入,另一方从事研究开发工作,委托人的主要义务也就是开发人权利,而开发人的主要义务即委托人所享有的权利。与此相联系,二者的合同主体也不同,一般来说,针对具体的技术开发内容,合作开发合同的当事人各方都具有相应的研究开发能力,而委托开发合同的当事人,一般只有一方具有相应的研发能力。在研究开发成果归属上,合作开发所取得的成果一般由当事人共有的;而委托开发合同除当事人另有约定以外,申请专利的权利属于开发人。

32. 技术合同起草的前置工作包括哪些?

答:做好法律知识的储备;与技术合同涉及的相关各方进行充分沟通,思考可能发生的情况;确定合同的性质及合同的准确名称;根据合同内容和类别,查找合同范本;全面思考,并掌握规范性的法律语言。

33. 技术合同起草中的注意事项有哪些?

答:注意合同内容不能违反技术合同订立的基本原则;注意技术合同起草中的权利义务条款设计要对等;注意用词严谨,体现法律专业性;注意合同名称与合同内容相一致;注意合同的可操作性;充分考虑合同发生纠纷的可能情况;等等。

34. 按照《技术合同认定规则》,哪些合同标的属于技术咨询合同?

答:科学发展战略和规划的研究;技术政策和技术路线选择的研究;重大工程项目、研究开发项目、科技成果转化项目、重要技术改造和科技成果推广项目等的可行性分析;技术成果、重大工程和特定技术系统的技术评估;特定技术领域、行业、专业技术发展的技术预测；就区域、产业科技开发与创新及特定技术项目进行的技术调查、分析与论证；技术产品、服务、工艺分析和技术方案的比较与选择；专用设施、设备、仪器、装置及技术系统的技术性能分析；科技评估和技术查新项目；等等。

35. 技术合同的风险是什么？包括哪些内容？

答：技术合同的风险是指导致技术合同订立的目的无法全面实现或与预定的合同目的发生偏离的所有不利事由。这种事由即可能归责于合同一方或双方当事人的事由，又包括不可归责于合同双方当事人的事由。技术合同的风险在合同订立过程中和合同履行过程中甚至合同履行结束时都可能存在。有些风险是可以预见和防范的，而有些风险却很难预见和防范或者是能够预见但防范成本很高。

技术合同风险包含了法律风险和事实风险两个方面。在技术合同审查时，技术经纪人要进行事实判断和法律后果判断，这两个判断贯穿于合同审查的每个环节。首先要就审查的对象、内容进行事实上的判断，预测可能会发生什么样的风险，在作出事实判断后，再考虑导致风险的事由发生以后，是否可以归责到合同当事人，当事人应该承担什么样的法律责任等法律后果。

36. 如何区分技术服务合同与加工承揽合同？

答：技术服务合同与加工承揽合同的判定，主要基于实现合同目的运用手段的技术程度和最终形成的成果形式。技术服务合同的实现需要一方当事人提供技术支持而进行的专业技术工作，成果形式一般表现为载有技术信息的方案、图纸等，而加工承揽合同的实现一般是凭借常规的物质生产资料和普通的劳动就能完成的特定工作，成果形成一般表现为实物。

37. 技术合同的文本条款风险有哪些？

答：技术合同的文本条款的风险主要体现在三个方面：一是文本用语含糊不清，导致歧义；二是文本前后整体性、协调性和一致性不强，导致前后矛盾；三是对合同履行的关键性条款约定不明，导致当事人可能在履行过程中发生争议。对技术合同文本的风险防范主要依赖于技术经纪人的专业水平和谨慎审查的态度。

38. 简述技术合同认定登记的作用。

答：技术合同认定登记对技术合同当事人和我国科技管理主管部门都具有重要的作用。《技术合同认定登记管理办法》规定，通过技术合同认定登记，可以享受国家有关促进科技成果转化规定的税收、信贷和奖励等方面的优惠政策。未申请认定登记和未予登记的技术合同不得享受。通过技术合同认定登记,可以加强国家对技术市场和科技成果转化工作的指导、管理和服务,使技术交易更加规范,减少技术交易纠纷的产生,净化技术市场环境。通过技术合同认定登记,可以加强国家对技术市场的统计和分析工作,为政府制定政策提供依据。

39. 技术合同认定登记的流程有哪些?

答：准备申请登记的材料;选择登记机构;提出申请;审查受理和登记;核定技术性收入。

40. 当事人以技术成果向企业出资,约定权属与未明确约定权属情况下,利益分配有何不同?

答：当事人以技术成果向企业出资但未明确约定权属,接受出资的企业主张该技术成果归其享有的,人民法院一般应当予以支持,但是该技术成果价值与该技术成果所占出资额比例明显不合理损害出资人利益的除外。当事人对技术成果的权属约定有比例的,视为共同所有,其权利使用和利益分配,按共有技术成果的有关规定处理,但当事人另有约定的,从其约定。当事人对技术成果的使用权约定有比例的,人民法院可以视为当事人对实施该项技术成果所获收益的分配比例,但当事人另有约定的,从其约定。

41. 试论知识产权的特征。

答：知识产权,是指人们基于自己的智力活动创造的成果和经营管理活动中的经验、知识而依法享有的权利。知识产权作为无形财产权的本质属性,决定了它具有以下基于特征：知识产权的国家授予性;知识产权的专有性;知识产权的地域性,即知识产权作为一种专有权在空间上的效力并不是无限的,而是受到地域的限制,即具有严格的领土性,其效力只限于本国境内,知识产权的时间性。

42. 简述授予专利权的发明和实用新型应当具备的实质条件。

答：① 新颖性：是指申请日以前没有同样的发明或实用新型在国内外出版物上公开发表过,在国内公开使用过以及其他方式为公众所知,也没有同样的发明或者实用新型由他人向国务院专利行政部门提出过申请并且记载在申请日以后的专利申请文件中。新颖性是一个法律概念,对新颖性的判断所依据的时间标准、地域标准以及公开的形式,由专利法予以明确规定了。② 创造性：专利法第 22 条第 3 款规定：创造性是指同申请日前已有的技术相比,该发明有突出的特点和显著的进步,该实用新型有实质性特点和进步。

③ 实用性：是指该发明或者实用新型能够制造或者使用，并且能够产生积极效果。判断标准是：可实施性；再现性；有益性。

43. 简述著作权人享有哪些著作人身权利

答：著作权人的权利，是指著作权法律规范所确认和保护的著作权人所享有的专用权利。这些专用权利包括人身权和财产权两部分。著作人身权，又称精神权利，是指作者对其著作享有的各种与人身相联系而没有直接财产内容的权利。它包括发表权、署名权、修改权、保护著作完整权。① 发表权，即决定著作是否公之于众的权利。② 署名权，即表明作者身份，在著作上署名的权利。③ 修改权，即修改或者授权他人修改作品的权利。④ 保护作品完整权，即保护著作不受歪曲、篡改的权利。

44. 试述商标权终止的原因。

答：依照我国商标法的规定，撤销的事由主要有以下几种：① 违法撤销，即商标注册人违反商标法的规定，因而被商标局撤销其注册商标的情形。② 不当注册撤销，即商标注册不当，因而被商标局撤销注册商标，或者经商标评审委员会裁定撤销注册商标的情形。③ 争议撤销，即在先注册的商标对已经注册但核准不满 1 年的商标有争议的，可以申请争议裁定，商标评审委员会撤销注册商标的情形。

45. 简述不授予专利权的项目有哪些？

答：1. 违反国家法律、社会公德或者妨害公共利益的发明创造不授予专利权。2. 不授予专利的项目：① 科学发现；② 智力活动的规则和方法；③ 疾病的诊断和治疗方法；④ 动物和植物新品种；⑤ 用原子核变换方法获得的物质。

46. 如何理解商标权的禁止权？

答：商标权的禁止权是指商标注册人所享有的禁止他人擅自使用与其注册商标相混同的商标的权利。商标权是一种排他性的权利，注册商标所有人在发现他人从事侵犯其商标行为时，有权通过行政程序请求行政保护或通过司法程序获得司法救济，以维护自身的合法权益。禁止权的效力及于在同一种或类似的商品或服务上使用与商标权人注册商标相同或近似商标的行为。

47. 何为企业知识产权管理？一般有哪些管理模式？各有什么优点？

答：知识产权管理，是知识产权战略制定、制度设计、流程监控、运用实施、人员培训、创新整合等一系列管理行为的系统工程。企业知识产权管理包括集中管理和分散管理两种。① 集中管理模式，是指企业内部涉及知识产权管理的所有权利，统一集中由知识产权管理部门来行使。即知识产权管理部门全面负责处理所有与企业业务有关的知识产权事务，具体包括两个方面：一是专利、商标、商业秘密、著作权等各种知识产权的集中统一管理，二是总公司及其子公司的知识产权归属的集中统一管理。优点：具有权责分明、命令统一、决策迅速、高效管理等优点，有利于企业对知识产权进行系统的管理，真正将知识产权制度有效地运用到企业生产经营等各个环节之中；有利于正确运用知识产权制度来维护企业的合法权益，提高企业在国内外市场竞争中的有利地位。② 分散管理模式，是指企业内部的知识产权管理职权分散在企业内各部门、各业务单元之中分别行使。设立知识产权领导小组全面组织协调企业知识产权工作。具体包括两个方面：一是各种专利、商标、商业秘密、著作权等知识产权隶属于不同部门，如企业研发部门，负责专利、专有技术、技术秘密等事务。二是总公司及其子公司各自管理其所属知识产权，如总公司管理总公司的知识产权，子公司均自行管理其所属知识产权。优点：可根据企业不同的知识产权类型，在企业相应部门设置岗位，做到有的放矢、责任明确。

48. 简述知识产权资本化的方式。

答：根据我国现行的政策和法律规定，推行和实施知识产权资本化的具体途径主要有以下几种：一是将知识产权转让或许可贸易的净收入部分，按照提取不低于20%比例金额，直接折算成股份或者出资比例，奖励给职务发明人或者设计人。二是将知识产权实施转化成功投产后连续3～5年中，从实施该项知识产权新增留利中按照提取不低于5%的比例金额，直接折算成股份或者出资比例，作为给职务发明人或者设计人、主要实施者的报酬。三是以专利知识产权作为无形资产作价入股方式组建股份制企业时，可将其所占35%以下注册资本总股份中的一定比例的股份，直接奖励给职务发明人或设计人，使其成为新企业股东之一。四是在企事业单位进行股份制改造时，可以从知识产权等无形资产评估价值中，提取一定比例的数额，折算成股份或者出资比例，奖励或分配给职务发明人、设计人；或者是从近几年国有净资产增值部分中拿出一定比例作为股份，奖励给有贡献的职工特别是科技人员（当然包括职务发明人、设计人）和经营管理人员。这种途径的实质，也就等于在事实上承认了职务发明人、设计人对企事业单位知识产权拥有部分权利，并分享其收益。五是企业承认职务发明人、设计人对职务知识产权拥有部分知识产权，并以股权或职权的形式来赎买这部分知识产权，使其法人化，并有效地构筑起公司的知识平台，其结果是极大地鼓舞了知识劳动者进行知识产权创造的积极性和创造性。

49. 何为知识产权纠纷？如何应对知识产权诉讼？

答：知识产权纠纷是指知识产权人因行使知识产权或不特定第三人侵犯自己的知识产权与不特定第三人产生的争议。常见的知识产权纠纷有：归属权纠纷，是指主体之间谁是真正的知识产权人、谁应该具有知识产权所发生的争议，包括是单方知识产权人还是共同知识产权人等纠纷。侵权纠纷，是指知识产权人与不特定第三人因侵权行为发生的争议，如未经知识产权人许可，擅自使用其知识产权导致双方发生的纠纷。合同纠纷，是指知识产权转让、许可使用等合同中各方当事人因合同而引起的争议，如受让方超越合同授权导致双方发生的纠纷。行政纠纷，是指当事人对知识产权行政管理机关所作出的决定不服而引起的争议，如对有关行政机关的处理决定不服而产生的纠纷。

解决知识产权纠纷的主要方法有协商、调解、行政处理、仲裁和诉讼五种。协商是指双方当事人在知识产权纠纷发生后，在自愿互谅的基础上，按照有关法律的规定，通过直接的协商和谈判，自行达成和解协议，从而使纠纷得到解决的活动。调解是指知识产权纠纷发生后，经双方当事人申请，由人民法院、仲裁机构或调解人从中协调，使双方当事人在自愿协商的基础上，互作让步，达成协议，从而使纠纷得到解决的活动。行政处理是指知识产权纠纷有关的当事人或者不特定第三人请求知识产权行政管理机关处理其知识产权纠纷或与知识产权有关的侵权等违法行为的活动。仲裁是指知识产权纠纷双方当事人在自愿基础上达成协议，将纠纷提交仲裁机构审理，由仲裁机构作出对争议双方均有约束力的裁决的解决纠纷的制度。当事人可以根据仲裁裁决或调解书要求对方承担责任或履行义务，也可请求人民法院强制执行。诉讼是指在人民法院进行的涉及知识产权的各种诉讼的总称，包括知识产权民事诉讼、知识产权行政诉讼和知识产权刑事诉讼。

50. 何为知识产权评估？具有哪些方法？

答：知识产权评估，就是指知识产权评估机构的注册资产评估师依据相关法律、法规和资产评估准则，对知识产权评估对象在评估基准日特定目的下的知识产权价值进行分析、估算并发表专业意见的行为和过程。依据评估方法的不同，知识产权评估又可以分为定量评价和定性评价两种。定量评价方法是指按照数量分析方法，收集和处理数据资料，通过构建模型等，从客观量化角度对知识产权进行价值评价。定量评价强调数量计算，它具有客观化、标准化、精确化、量化、简便化等鲜明的特征。然而，由于一些内容勉强量化后，只会流于形式，并不能对评价结果作出恰如其分的反映。因此，定量评价方法容易忽略那些难以量化的重要的影响知识产权价值的因素。较为常见的知识产权定量评估方法主要包括四种：成本法、市场法、收益法和实物期权法。所谓定性评价，是指将每个评价要素量化为若干个定性评价指标并形成指标体系，然后根据各项指标的重要程度采用要素加权法进行百分制定量加权，作出价值判断的方法。尽管定性评价能够帮助我们更好地认识知识产权的状况，但其有时会导致评价结果模糊笼统，弹性较大，难以精确把握。

51. 美国调整技术转移的法律法规主要分为哪几个类别？

答：一是调整知识产权的权属方面的法案，二是加强技术转移运作方面的法案，三是促进小企业技术创新进步方面的法案，四是加强合作研究方面的法案，五是保护国家安全利益的法案。

52. 日本的技术研究开发体制由政府科研机构、大学和民间企业组成，其基本分工如何？

答：日本的技术研究开发体制由政府科研机构、大学和民间企业组成，其基本分工是：大学从事科学研究即基础研究，政府各部门所属国立研究所主要从事应用和发展研究，企业的研究开发机构主要进行发展研究。

53. 国际技术转移的特征有哪些？

答：① 国际技术转移的速度逐步加快，规模逐渐扩大，领域不断拓宽，其发展趋势已由梯度式发展进入到跳跃式发展；② 国际技术转移的结构也在快速升级，技术转移载体趋向软件化，技术转移内容趋向信息化，技术转移传播趋向网络化，技术转移渠道趋向多元化，技术转移形式趋向多样化；③ 技术来源的多极化趋势加强，国际技术转移由单向性向双向性发展；④ 技术转移已成为推动经济发展的重要动力，高技术产品成为世界贸易发展的主导力量；⑤ 国际科技合作与交流不断加强，在数量和质量上都已进入新的发展阶段。

54. 国际技术转移新趋势有哪些？

答：① 知识产权保护机制日益成熟；② 国家对技术转移的干预逐步加强；③ 技术经营成为国际技术转移的重要形式；④ 专利投资公司等跨国公司成为技术转移市场主体。

55. 网络信息技术快速发展的今天，发达国家是如何对发展中国家形成文化主导的？

答：由于技术和文化在深层次上有着密不可分的联系，所以发达国家在技术转移过程中主动利用其掌握的优势地位对技术受方发展中国家进行文化殖民。西方发达国家通过网络信息技术对发展中国家文化进行侵蚀，非常便利。一方面是以美国为首的西方文化通过网络在全球迅速膨胀，形成文化传播的单向度倾向；另一方面，那些欠发达国家和地区的民族文化则在网络时代处于弱势和日益边缘状态。西方发达国家通过网络技术传播的西方文化产品和价值观念，时刻在动摇着发展中国家人们既有的生活方式、行为准则，从而造成人们价值标准混乱和精神困惑。

56. 中国该如何加强技术转移公共服务平台建设？

答：要加快建设以信息服务平台、技术交易服务平台、工程化中试平台、专业技术服务平台、创业孵化服务平台为主要内容的国家公共服务平台，从国家的角度对科技成果转化服务资源进行战略重组与优化，运用共建共享机制，构建布局合理、功能齐全、开放高效的技术转移与科技创业保障系统，为提升企业创新能力、改善创业环境提供科技支撑；协调政府部门技术转移工作的组织与机制，集成资源，促进产学研合作与交流，增加科技成果的有效产出和加速重要科技成果的推广应用，从而提高国家创新体系的效率；为企业，尤其是中小企业创业和技术创新提供更多方便和低成本进入市场的条件，为促进社会生产力发展创造良好的创新环境。

57. 中国政府资金应如何支持技术转移？

答：一是设立国家和地方技术转移专项资金，支持中小企业和民营科技企业的成果转化；二是设立引进国外技术消化吸收专项资金，鼓励引进技术的二次转化；三是组织实施产学研合作计划，引导和促进产学研合作，进行成果转化。

58. 中国应如何进行中介机构的组织和建设？

答：建设一个全国性的组织形式和科学的运作模式，通过资源共享、能力互补、利益均沾，将全国优秀的中介机构组织起来，发挥其各自的优势及聚合的力量，以组织网络化、功能社会化、服务产业化为方向，真正实现以市场为中心的服务机制，使科技中介服务体系建设尽快跃上一个新的台阶。培植一批具备综合服务能力的大型科技中介机构，通过服务能力和服务业绩在产学研及社会各界树立科技中介队伍的良好形象。同时，还要广泛吸纳社会各界力量加入建设和发展科技中介队伍的行列，加强国家对各类机构的宏观调控，实现统一有序的自主经营、自负盈亏的中介服务体系。

59. 如何理解国际知识产权制度的发展呈多样化局面？

答：一方面，知识产权制度逐步健全、趋向成熟；另一方面，知识产权对象不断完备、范围扩大。具体表现为专利法律技术体系日渐成熟，专利法、知识产权制度的国际准则逐步完善，产权保护日益广泛、严格和国际化。知识产权制度赋予了科学技术成果以商业价值，并将之纳入经济发展运行机制。

60. 从辩证法角度，应如何看待发展中国家对发达国家技术的引进？

答：进行国际技术转移并不是一项简单的经济工作，必须全方位地考虑其效应，特别要注意从技术可持续发展性的角度来考虑国际技术转移，在技术转移之前要对技术进行充分的评价，防止引进具有很大负面作用的所谓"先进技术"。但是也不能因为国际技术转移具有一些负面影响而倾向于闭关自守，要善于引进国外先进技术。

61. 简述我国金融体系存在的主要问题。

答：我国的金融体系经历了多次的改革，但四个主要问题影响其金融体系高效运转：① 中国经济发展方式不合理，长期高度依赖投资，且行业间存在严重的不均衡，导致经济结构与金融结构的不匹配，影响金融体系的稳定性和运行效率；② 融资结构扭曲，国内直接融资与间接融资比例严重失衡，金融体系风险向银行集中；③ 直接融资体系内结构失调，债券市场与股票市场发展不平衡；④ 金融体系资源配置效率依然低下，财政是资金分配的主渠道，国有银行、国有企业经营效率低下，形成大量不良贷款，促使金融整体配置效率低下。

62. 简述工业革命对金融创新的影响。

答：第一次工业革命引发了证券交易与证券市场的发展与金融创新；第二次工业革命促使金融跨国的资源配置能力和风险管理能力不断提升，促进国家之间的相互联系更为紧密；第三次工业革命，电子商务成为引领全球的新趋势，以互联网技术与新能源使用为基础的科技创新与金融创新相互塑造、深度融合、一体化发展。

63. 简述美国资本市场的结构特征。

答：美国的资本市场形成了包括纽约证券交易所、纳斯达克证券交易所、场外电子柜台交易市场、粉红单市场以及灰色市场在内五个层次构成的正金字塔资本市场结构。

位于顶端的纽约证券交易所有 2 700 多家上市公司，次一级的纳斯达克证券交易所有 3 200 多家；再次一级的场外柜台交易系统有 4 000 多家上市公司；粉红单市场有 6 000 多家上市公司；而居于底部的灰色市场有 60 000 多家上市公司。

这种正金字塔状多层次市场可以让不同企业，不论其品质高低、规模大小、行业异同，都有借助于资本市场机制优化自身资源配置的机会和通道。

64. 简述国内知识产权的三种融资模式。

答：① 无资产抵押、无第三方担保的纯知识产权质押贷款。江苏 2006 年将企业 5 项软件产品著作权在国家知识产权局进行登记质押于南京银行名下，作为贷款担保，获得了其贷款 200 万元。

② 银行＋信用担保公司＋创投公司。2006 年前后，上海、北京、天津、成都等地积极制定相关政策，设立创业投资风险补助基金，建立政策性担保公司，初步构建了由天使投资、风险投资、债权融资、股权融资、上市融资等组成的梯形融资体系，使中小企业知识产权投融资服务得到进一步改善。

③ 科技投融资平台。武汉、苏州等地纷纷在科技型中小企业密集的高新区内，打造科技金融服务平台，为本地科技型中小企业的技术成果提供多层次的融资服务。它们通过放大引导基金作用，创投机构数量和规模迅速增加。

65. 简述金融租赁的主要特征。

答：① 金融租赁涉及三方当事人，需签订两个或两个以上的经济合同。

② 承租人对租赁物和供货商具有选择的权利和责任。

③ 租赁设备的所有权与使用权分离。

④ 金融租赁是融资和融物相结合的交易，融通资金起主要作用。

⑤ 承租人要分期支付租金以偿付本息。

⑥ 金融租赁合同是不可随意撤销的合同。

⑦ 租赁期内设备的保养、维修、保险和过时风险均由承租人负责。

⑧ 租赁期满，设备的处理一般有三种选择：续租、留购、退租，选择的方式一般在合同中注明。

66. 简述网络银行与传统银行的区别。

答：网络银行与传统银行的区别如下图：

	网络银行	传统银行
线下网点	没有或者只有少量实体网点	有大量实体网点
获取用户方式	主要依赖于网络传播和推广	主要依赖于线下传播和推广
服务方式	主要依赖于线上服务、自助服务	主要依赖于线下服务、人工服务、自助服务，提供线上服务
运营成本	运营成本低	运营成本高

67. 简述中国科技金融的创新趋势。

答：① 成为金融创新的重要参与者，我国科技金融的建设中政府的支持与推动成为必然；② 必须加强科技银行与本土银行的创建；③ 科技金融的发展与我国经济园区建设关系密切，园区必须加强科技金融服务平台建设。经济园区的发展促进了科技金融的完善，而科技金融的发展也有助于经济园区的进一步发展。

68. 简述我国科技金融发展中需要关注的主要问题。

答：① 关注政府与市场的关系问题。② 科技与金融的深度融合问题。③ 对创新重要性的定位问题。创新是科技金融的动力源。④ 科技产业园区与金融市场的关系问题。应依托园区创设，培育多层次、多元化的金融市场服务体系，促使金融深度服务于园区企业。⑤ 风险管理与绩效评价的建设问题。科技金融的绩效评价应体现科技金融所体现的创新空间、核心技术贡献率、市场空间、成长性以及社会责任等。

69. 简述我国税收优惠的特点。

答：自我国 1979 年改革开放后，税收政策积极与产业转移进程相配套。税收优惠主要体现在对企业的所得税优惠方面，这种优惠的特点是：

首先，我国税收走的是一条“以优惠促转移”的发展道路。我们产业转移每走一步，都相应制定了一套税收优惠办法，不仅国家税务总局明文颁布一系列优惠措施，且各地区都可出台税收优惠政策，导致凡是涉及产业升级转移的企业，不分行业、产业、区域都可以享受税收的优惠；从采取的优惠手段来看，减免税和优惠税率直接优惠多，而加速折旧、特殊费用扣除等间接优惠较少。

其次，产业转移的各种税收优惠表现出明显的地区倾斜。我国的对外开放是由沿海向内地逐步推进的，经历了一个由经济特区——沿海开放城市——沿海经济开放区——内地的开放过程，因此产业转移也呈现相应的态势。各地区不仅经历产业转移的时间有先后顺序，而且还分别实行不同程度的优惠政策：从沿海到内地，税收优惠措施逐渐减少，当然对经济不发达地区实行产业转移的企业，在法定免税、减税期满后，还可以减少一些企业所得税。

最后，税收优惠还呈现以科技为导向的特点。如属于先进技术特质的产业转移，可以享受更多的税收优惠，体现了国家鼓励发展先进技术和先进技术企业的特点。

70. 简述技术转移中的财税优惠政策。

答：在公共财政框架下，技术转移中的财税优惠政策主要有两种：一是财政支出，二是税收优惠。

财政支出主要是发挥财政资金对技术转移的引导作用，激励企业开展技术创新和引进技术消化吸收和再创新，其重点在于通过投资、补贴、担保等措施支持和鼓励企业技术创新。财政支出突出了在自主创新策略中政策的民主性、自主性和直接性，但是财政支出刚性明显，而且政策大多限于支持方面，财政承担的风险较大。

税收政策更着重于营造技术转移创新的环境，着重于市场化的创新领域，税收政策的间接性特征明显，体现了政府对微观经济主体自主创新活动的引导与配合。税收政策的灵活性较强，不仅可以奖励，还可以惩罚。同时，税收政策趋于一种事后支持，体现了政府与企业、市场的合力作用，风险也较小。只有税收激励和财政支持的合理搭配，形成促进企业自主创新的合力，才能更加有利于创新型国家战略的实现。

71. 请谈谈你对互联网思维的理解。

答："互联网思维"不是一个新的理论，它只是一种观念，一种让商业等回归到以人为本的观念。当"开放、平等、协作、分享"的互联网精神还没有成为全社会的共识的时候，当商业世界仍然充满"控制"、"生产者转世"、"虚伪"和"冷漠"的时候，"互联网思维"就不仅仅是一股吹向传统商业的互联网清风，还裹挟着巨大的力量，让传统世界的人们闻风色变。

自工业革命以来的250年间，机器思维或者说工业思维，一直是社会的主导思维，中心化、集中化、标准化、控制化等工业品生产领域的概念不仅成为社会管理的方法，也是商业运作的基础。

但是，互联网恰恰是去中心化、异质、多元和感性的，它天生就有民主的特性，正好可以解构工业思维的去中心化、集中控制和标准化的理念。

72. 简述云计算虚拟化的特点，并列举其他特点。

答：(1) 超大规模。(2) 虚拟化。(3) 高可靠性。(4) 通用性。(5) 高可扩展性。(6) 按需服务。(7) 优质价廉。(8) 潜在的风险。

云计算的虚拟化是指支持用户在任意位置、使用各种终端获取应用服务。所请求的资源来自"云"，而不是固定的有形的实体。应用程序在"云"中某处运行，但实际上用户无需了解、也不用担心应用程序运行的具体位置。只需要一台笔记本或者一个手持终端，就可以通过网络服务来实现需要的一切，当然也包括超级计算这样的任务。

73. 目前技术交易网络化存在哪些障碍？

答：技术交易网络化存在的障碍主要有：① 安全障碍。一个是网络安全，一个是交易技术的安全。其主要内容有：安全支付机制提供不可否认的商业交易，保证经过因特网传递的数据的完整性，上网交易技术的适合性，即认证性、保密性、不可否认性、接入控制、可用性、安全协议、防火墙和知识产权保护。② 技术障碍。包括网络商务性技术的可靠性与通行速度，以及交易技术的市场化程度。由于软件、线路、系统以及通信服务的不可靠，现有因特网带宽拥挤导致速度下降，给上网交易带来了风险。再者，由于交易技术的市场化程度低也带来了交易上的麻烦。③ 信息基础设施障碍。世界上信息基础设施的发展极不平衡，这就影响了网络交易的普及性。各种传输网络、信息传输设备、信息技术以及远程控制技术的发展差异，致使落后地区面临愈加落后的威胁，加上终端设备的远未普及，给网上技术交易的范围带来了诸多限制。④ 其他。诸如人们的观念、政府与企业的认识、经济基础、法律、管理、金融等一系列的问题，都在制约着网络技术交易的发展。但是，无论如何，技术交易网络化将是一个无法阻挡的潮流。

74. 如何理解网络技术交易加速了科技创新的市场化？

答：由于网络技术交易打破了时空上的局限，使科技成果得以迅速地进入市场，转化为生产力。这包括两个过程，一是科技创新的加速，一是成果转化过程的加速。因为有了市场的检验与约束，使科技创新本身更直接地体现于经济贡献，彻底改变了以往为出成果而搞科研的状况，这就鼓励了一部分超前的科技创新得以迅速发展，以此成为市场的前锋，带动整体的跃进。受经济时效机制的约束，技术交易快捷、有效地达成后，即要迅速地转化为经济效益，这才达到了市场化的最终目的。

75. 为什么说网上技术交易降低了交易成本？

答：交易成本的降低包括两方面的内容。其一是由于时空界限的打破，使技术创新迅速发挥作用，其价值与价格相比得到了提高，相当于降低了成本。其二是交易费用的降低。交易费用即因交易而发生的一系列费用，包括标的支出、出差费、场地费、管理费、市场费等等。由于因特网的使用费极低，在网上建立服务站点，注册域名都极为便利，且这种网上电子商务活动极大地减少了中间环节，使技术交易双方都更为直接。这对于技术交易市场而言，不但免去了大量的基建投资，且提高了工作效率。

76. 技术交易门户网站的设计总体思路是什么？

答：通过信息技术手段，实现技术转移中心内部办公服务的电子化、信息化；通过信息技术手段对技术成果转移项目进行筛选、跟踪管理，贯彻以服务为中心的思想；在相关信息数据的采集、加工、整理工作的基础上，通过技术交流统计分析系统，为有关部门提供技术交易信息，为技术市场和经济发展进一步的分析决策提供支撑；为技术转移中心的技术转移服务提供强有力的技术信息、技术评估服务基础。

系统以灵活扩充为设计原则，整个架构可以实现灵活的数据采集、分析、输入输出，实现业务流程的定制与业务的系统规范化管理。系统提供充分的变更与扩展能力，系统管理、信息交换接口可以可视化、灵活、方便地定义，可在浏览器环境下调整或定义流程等。对技术交易信息等业务工作的灵活扩展、业务流程规范运行、技术转移的服务质量和效率的提高提供支撑。

77. 技术交易门户网站的设计原则是什么？

答：系统设计要求满足技术转移业务应用和未来发展要求，应体现整体性、易用性、可扩展性、安全性和跨平台性等要求。

(1) 整体性。认真分析、统筹规划，既要分清不同的业务功能，又要注意信息的关联和交互。

(2) 易用性。应该采用简单、浅显、易理解的词汇来表达事物，避免使用晦涩难懂的专业术语；在整个系统范围内应采用统一的用户界面风格，如色彩搭配、页面布局、导航方式等，能够提供在线帮助功能。

(3) 可扩展性。采取模块化设计，可以平滑升级，任意组合；能够方便地扩充功能；能够适应不断增长的用户量需求。

(4) 安全性。用户根据授权访问资源；分级权限管理满足操作内容授权应用；数据传输采取国际标准的商用加密手段；系统应具有良好的跨平台性和可移植性，将密码认证和身份认证结合，认证与授权机制相结合，为不同的用户提供适合的访问权限。

(5) 低耦合性。系统设计采用结构化和模块化的设计方法，使系统逻辑结构清晰，易开发维护。在功能划分时，使各模块尽可能相对独立，减少相关性，以易于扩充、维护和修改；考虑到未来扩展需要，同时考虑系统建设的阶段性，降低功能模块的耦合度，有利于系统功能扩展；系统采用"模块树状分布结构"进行功能划分，即管理平台显示各个功能模块标识，使用树状结构图进行子功能和自分类功能的标识以方便管理和维护。

78. 信息服务支持流程的典型特征有哪些？

答：技术转移信息系统运营维护的服务流程具有以下典型特征：

① 服务过程对客户的透明性。客户提交服务需求由事件管理流程响应，最后由事件管理流程给出反馈。客户提交服务需求之后，不需要对服务的处理过程进行协调或管理，或是了解详细的服务过程，客户只需要确认服务需求是否能得到实时解决即可。当然，如果客户希望了解服务的进度，也可以向服务台询问。服务台对所有的服务进行监控和管理。

② 服务支持的层进升级与逐级反馈。事件管理流程的执行过程中，若发现需要问题管理才能完成服务支持，则提交问题记录并启动问题管理流程。问题管理流程在解决问题的过程中，若发现必须通过变更才能解决问题，则提交变更请求，随即进入变更请求管理流程。变更管理流程需要配置管理流程的支持，变更请求成功实施后，关闭变更，回到问题管理流程。问题得以解决后，事件处理流程也可以随即关闭，整个服务流程结束。

79. 技术转移信息服务具有一定的规范，请简述信息服务的基本原则。

答：技术转移信息服务应在遵守相关法律法规和行规的前提下，遵循以下基本原则：真实性原则，提供真实信息，不得提供虚假信息；告知原则，根据真实性原则，提供平台组成的基本情况、服务标准和费用标准，全面、及时、准确地提供服务过程中的各种信息；客户中心原则，应以客户为中心，全面挖掘其需求，按照客户的需求开展技术转移信息服务活动；公平、公正原则，应公平、公正地提供技术转移信息服务，除法律规定披露、客户要求或同意披露的内容外，平台对于技术转移服务活动中所接受的信息和生成的信息承担保密义务，应妥善保管客户提供的相关信息和资料，保护知识产权，不能非法占有、使用，或者向他人披露、转让委托人的科技成果。

80. 谈谈中国浙江网上技术市场"突出企业技术创新主体地位"的创新特色。

答：中国浙江网上技术市场坚持以技术需求拉动技术供给，以技术买方市场拉动技术卖方市场的新的市场机制。改变目前国内网上技术成果交易会以成果和技术供方为主，以大专院校、科研机构等技术卖方为主的传统形式，突出企业技术创新主体的地位。以全省企业技术难题招标、政府科技项目招标为主，形成强大的技术买方市场，以此吸引国内外高校、科研机构、中介机构和科技人员的积极参与，构造产学研结合的桥梁，带动技术供方市场和技术中介服务市场的形成，从而加快了浙江企业尤其是广大中小企业的技术创新步伐，进一步促进浙江省经济和社会的全面发展。

81. 简述居间、代理、行纪活动的异同。

答：居间、代理和行纪这三种类型的经纪活动之间既有联系，又有区别。从本质上来说，这三种经纪活动都是以获取佣金为目标的中介服务活动；但三者之间又存在一定的区别，主要在于：以何人身份从事经纪活动；活动的职权范围；与委托人之间的关系以及法律责任的归属等方面。

特征 类型	以何人名义从事经纪活动	活动的职权范围	与委托人之间的关系	责任归属
居间	自己的名义	仅媒介交易，介入程度浅	无固定关系	交易者
代理	委托人名义	委托人授权范围，有时可代为签约	合同期内固定关系	委托人
行纪	自己的名义	委托人授权范围	合同期内固定关系	行纪人

82. 简述技术经纪人与技术代理人的异同。

答：技术代理人是以委托人的名义，在委托人的授权范围内，独立地向第三方表达其意见，或接受第三方的意思表示，其法律后果由委托人承担。其具有法律意义上的代理人的性质。代理人的行为都是以被代理人的名义进行的，代理人能够在委托人授权的范围内独立地表达自己的意志。

技术经纪人与技术代理人有很多相似之处，主要表现为他们的行为都是受人委托的，具有法律意义，在从事代理行为中，可以独立地表达自己的意志。但两者在法律地位上又有所区别：

(1) 技术经纪人是以主体的身份从事于技术市场活动，是一种独立营业者的身份。而技术代理人在技术市场中从事经纪业务时不是主体身份，只是其委托方的代理人，而独立地处理有关事务。

(2) 技术经纪人作为技术市场的主体，享有独立营业者的权利，但也同时需要承担相应的市场风险。技术代理人则不同，他一般不需要承担市场风险。

83. 经纪人应具备的能力特征有哪些？

答：(1) 经纪人是具备民事行为能力的经营者。经纪行为必须具备独立承担民事责任的能力。经纪行为人需要对经纪行为产生的后果承担一定的民事责任。作为具体的行为人，经纪人必须年满18周岁，具备独立承担民事责任的能力。经纪从业人员必须具备一定的素质和相应的知识结构，要通过政府有关部门统一组织的培训、考试，获得行政主管部门认定的资格证书后，才能从事经纪业务活动。法人经纪人需在工商行政管理部门注册登记，领取营业执照后方能开展经纪活动。

(2) 经纪人为供需双方达成交易提供中介服务。经纪人作为处于中介地位的第三方，为委托人与相关方建立民事法律关系提供服务，而不直接从事以自己盈利为目的的交易活动。因此，经纪人应该竭尽所能提供委托人所需要的交易机会、资源、市场等无形的经纪产品；同时，为交易双方提供平等的服务。

(3) 经纪人的经营收入主要是佣金。经纪人的活动是有偿的，它具有经营的特点。经纪人从事经济活动的直接目的是为了获得经济利益。佣金，是具体经济利益的体现，也是经纪人从事经纪活动的合法收入。以获取佣金为目的是经纪行为与其他公益性中介行为的重要区别。除了佣金，经纪人也可能会得到委托方支付的有关活动费用、奖励或者赠与等。

(4) 经纪人无需承担交易风险。经纪人在居间活动中主要是协助委托人与相关方签订合同。合同约定委托方与相关方的权利义务，经纪人对合同不承担风险责任。但是，经纪人需要承担经纪服务的相关责任，严格按照委托方的要求在委托范围内开展经纪活动。

84. 简述技术经纪区别于其他经纪活动的典型特征？

答：(1) 技术特征。与一般经纪人不同，技术经纪人所经纪的对象是技术商品。技术是商品的内核，它包括新工艺、新配方、技术秘密、专利等，具有一定的价值，同时又能满足用户需求。虽然技术经纪的核心是技术，但在实际的经纪活动中，我们一般将技术“物质”化，以产品的形式实现技术的交易。因此，技术经纪人必须具有一定的科学技术知识。

(2) 服务特征。技术经纪人主要向科研单位、高校、企业等技术交易主体提供技术中介服务。为了促进科技成果的产业化，技术经纪人的服务内容极其丰富，如：供求信息发布、市场调研、技术评估、技术谈判、资金融通、人员培训等。技术经纪人通常由懂技术、通经济、谙法律等方面的专业人才组成。

(3) 传播科技信息。技术经纪人广泛收集科技商品供求信息，进行科技成果的集成、配套、系统组装，将科技信息反馈给买卖双方。同时，技术经纪人应该通过科技交流会、信息发布会等形式，将这些信息技术发布、传播，实现科技信息的跨区域流动。

85. 简述技术经纪人发展新趋势。

答：(1) 团队化。随着技术经纪中介服务组织形式的多样化、细分化，服务业务的国际化、一体化，服务渠道的信息化、网络化，独立从事技术经纪的组织和个人人数将迅速增加，但个体执业的技术经纪人数量会急剧减少。社会的发展，需要技术经纪人团队作战。

(2) 网络化。技术经纪将形成全国性的覆盖网，技术经纪活动网络将以环渤海、长三角、珠三角、一路一带等经济活跃地区为中心，以国内各中心城市、科技进步的大城市为依托，借助科技园、技术转移示范机构等载体迅速发展。服务网络体系的建立，将更有利于技术经纪活动的跨区域协作。

(3) 信息化。每一次科技变革对经纪人而言，意味着获得了为经纪市场重新洗牌的历史性机遇。特别是以互联网为代表的信息技术对证券经纪市场的影响充分说明了这一点。而现在，互联网技术也在深刻地影响着技术经纪市场。其中，具有代表性的科易网、浙江网上技术市场等都是互联网平台与技术经纪相结合的产物。互联网金融的迅猛发展，将为技术交易全领域的结算服务提供可能。

(4) 规范化。技术经纪行业的发展，将催生一支高素质、高水平的技术经纪人队伍，为社会提供满意的技术经纪服务，将带动技术经纪人执业资格的培训需求。从业人员的迅速扩增将推动社会建立完善、规范的技术经纪活动管理制度体系，逐步将技术经纪人的所有活动纳入规范的制度管理范畴。

86. 简述技术经纪人的知识素质要求。

答：知识素质是指人在先天禀赋的基础上通过交易和时间获得的智力方面的能力，是技术经纪人必备的基本素质之一。技术经纪人必须掌握基本科技知识，对所经纪的专业技术领域熟悉和精通，并达到一定的专业水平。对技术商品的研究、开发、实验、试制、生产的全过程有所了解。技术经纪人所经纪的对象是技术商品，从事的活动是经济中介活动。因此，技术经纪人必须懂得经济学知识，掌握有关金融、财会、统计、管理等方面的知识，熟悉企业吸收技术成果应用于生产的过程，了解企业的产品质量和管理活动。技术经纪人必须具备市场知识，能够用多种市场调研、预测的方法去分析现实的经济活动，对其作出比较恰当的评价和判断，把握技术商品的供求动态和发展趋势。技术经纪人必须了解和掌握有关法律基本知识，特别是经济法知识。要熟悉《民法通则》、《公司法》、《合同法》、《专利法》等技术交易管理法律和法规，以及洽谈签订技术合同的知识。

87. 解释“经纪”概念所包含的内容。

答：(1) 需求。需求是指具备购买欲望和购买能力的要求。在市场经济条件下，需求都是在生产、生活中的自然反映，需求是商品生产的指针，由需求所引发的商品生产到商品供给以满足人们的需求，便形成了一个完成的商品交易闭环。

(2) 中介。中介是指提供中间媒介的各种活动。非营利中介多由政府组织提供，如我国政府设立的中国创新驿站、技术转移服务联盟等。营利性中介主要是在再生产过程中提供信息、服务流通渠道的媒介活动，并从交易过程中收取佣金。

(3) 需求方与供给方。当交易的主体因为中介方能够提供更加准确的服务和掌握更多的信息而要求中介方代理其从事相关活动时，特定的委托代理关系便形成了。中介方为了满足需求方的需求，提供对象化的服务，寻找能够与需求方进行交易的供给方。

(4) 契约精神。中介与供需双方建立的关系是一种契约关系。无论契约大小，口头的还是书面的协议，经纪活动都需要遵守契约中约定的内容，开展相关活动。

88. 简述技术经纪人和技术中介人的差异。

答：(1) 服务的前提有差异。技术中介服务，强调必须以委托为前提。也就是说，必须经过委托，才能进行技术中介服务。因此，技术中介人就处于被动地位。而技术经纪人既可以通过接受委托而进行技术中介活动，更多的情况是根据掌握的技术信息，主动地为技术交易各方进行中介活动。这样，技术经纪人就不是完全处于被动地位，而是具有一定的主观能动性。

(2) 服务的阶段性有差异。现有的技术经纪人服务，是为技术成果商品化的全过程服务。而技术中介服务，只是技术交易前的服务，当交易完成的时候，中介服务也随之而完成，且不提供履行技术合同的约定服务。这样技术经纪服务和技术中介服务就有了较为明显的阶段性差异。

(3) 服务的范围有差异。技术经纪人服务，包括技术商品的生产环节、技术商品的流通和交换环节、技术商品的消费环节(即履行技术合同的过程等)；而技术中介服务，只包括技术商品流通和交换环节，而不包括技术商品生产和消费环节。

(4) 合同或协议订立时间上有差异。技术合同法实施条例中虽然规定："委托方和中介方可以在合同成交前就中介方的活动经费达成书面协议，委托方与第三方不能就订立合同达成一致的，委托方应当向中介方支付活动经费。"但是，这些在技术中介活动中却难以执行得通，委托方向中介方支付活动经费的则更少。

技术中介人在实际交易中很容易被技术交易的双方抛弃，其原因是在于，技术中介合同的订立，是在订立技术合同时才能订立，且随着技术合同的终止而终止。这样就形成了技术中介服务在先，而订立技术中介合同滞后的情况；而在技术经纪服务中，应该是先订立协议，而后进行中介服务。利用先订立合同和预付定金，而后再进行技术经纪服务的办法来保护技术经纪人的利益，从而促进技术经纪人队伍的发展壮大。

89. 简述我国改革开放以来技术经纪发展的几个重要时刻?

答：70 年代末 80 年代初，在沿海地区，特别是珠三角地区出现经纪人。主要在深圳、汕头、东莞、中山等地出现了从事引进外资的居间活动和从事进口商品交易的经纪人。

到了 80 年代末，随着改革开放的深入，人们对经纪人在市场经济中的巨大作用有了新的认识。各级主管部门开始积极探索扶持经纪人发展的方法和途径。如重庆市工商行政管理局于 1986 年批准成立全国第一家经纪人合法经营的场所——重庆市工业贸易品中心交易所，并开始培养技术经纪人。

1990 年以后，上海、深圳两地证券交易所相继成立，我国期货经纪业开始了试点工作。这一时期，一些省市的经纪事务所、经纪公司相继成立。

1992 年，邓小平同志"南巡"后，我国经纪人建设从理论到实践都得到了极大的发展。1992—1993 年间，共出版各类经纪人书籍达 70 多种。珠海工商行政管理局颁发了新中国成立以来第一个《经纪人管理办法》，开始对经纪人进行规范化管理。

1995 年 11 月 13 日，国家工商行政管理局颁布了我国第一部规范经纪人活动的全国性行政规章《经纪人管理办法》，将经纪人管理纳入政府管理的规范轨道。

90. 简述现阶段从事技术经纪工作面临的主要困难。

答：(1) 介入难；(2) 收费难；(3) 缺乏科学、合理的科技成果评价机制；(4) 科技管理政策缺乏有效的激励机制；(5) 缺乏复合型、高水平的专业技术经纪人才。

参 考 文 献

[1] 科技部火炬高技术产业开发中心. 中国技术市场三十周年发展报告(上册)1984—2014[M]. 2014

[2] 科技部火炬高技术产业开发中心. 中国技术市场三十周年发展报告(下册)1984—2014[M]. 2014

[3] 科技部火炬高技术产业开发中心. 中国技术市场三十周年论文选编(砺耘集)[M]. 2014

[4]《2013 年上海市技术市场统计年报》

[5]《2013 年安徽省技术市场交易统计与分析报告》

[6] 江苏省技术市场协会编. 2013 年江苏省技术市场统计数据分析报告[M]. 2014

[7] 浙江省科学技术厅编. 中国浙江网上技术市场运行实例 [M]. 2003

[8] 长三角区域创新体系建设联席会议办公室. 技术经纪人培训教材[M]. 上海科学技术出版社,2007

[9] 高新技术企业认定实务手册(试用版)[M]. 立信会计出版社,2014

[10] 江苏省高新技术创业服务中心. 江苏区域站点技术经纪人培训教材[M]. 2013

[11] 孙邦清. 技术合同实务[M]. 知识产权出版社,2005

[12] 张晓凌,侯方达. 技术转移业务运营实务[M]. 知识产权出版社,2012

[13] 杨跃承. 从七个方面推动我国技术市场创新发展[N]. 科技日报,2014-07-02

[14] 张士运. 技术转移体系建设理论与实践[M]. 中国经济出版社,2014

[15] 郭涛. 技术市场开放 30 年机遇 VS 挑战[N]. 中国高新技术产业导报,2014-06-02

[16] 李志军. 我国技术市场的现状、问题与对策[J]. 中国社会科学院研究生院学报,1996(3)

[17] 杨贺. 技术产权交易市场运行机制研究[J]. 中国高新技术产业,2014(30)

[18] 陈晓东. 技术产权价值实现机制研究[D]. 暨南大学博士学位论文,2005

[19] 吴伟,王浣尘,陈明义. 技术商品转让方的价格策略[J]. 上海交通大学学报,2003,4:582-584

[20] 郭燕青. 技术转移与区域经济发展[M]. 经济管理出版社,2004

[21] 梁剑,宋一帆,陈雨柯. 技术合同履约的机制及困境分析[J]. 科学管理研究,

2011,29(2)

[22] 梁剑.技术合同之交易成本分析[J].现代财经(天津财经大学学报),2009(11)

[23] 王经亚,陈松.德国技术转移体系分析及借鉴[J].经济研究导刊,2009(8)

[24] 仪德刚等.世界主要发达国家基于CTI的技术转移成功经验评析[J].中国软科学,2006(6)

[25] 刘民义.英国促进技术转移和产学研的分析及启示[J].科技成果管理与研究,2010(5)

[26] 黄顺武.跨国公司技术转移对我国技术进步的效应分析[J].投资研究,2004(4)

[27] 余长林,王瑞芳.知识产权保护与国际技术转移的关系研究进展[J].财经问题研究,2009(3)

[28] 陈汉梅.发展中国家国际技术转移的模式及问题[J].当代论坛,2011(9)

[29] 李志军.当代国际技术转移新特点及中国的对策[J].中国高校科技与产业化,2008(4)

[30] 蔡声霞,高红梅.发展中国家国际技术转移模式的分类及评价[J].科技进步与对策,2008(9)

[31] 谢阳群,魏建良.国外网上技术市场运行模式研究[J].商业研究,2007,2:1-6

[32] 李志军.英国技术集团(BTG)的技术转移[J].调查研究报告,2003,52:1-17

后　　记

为了进一步活跃和繁荣技术市场，促进区域技术经纪人资格互认及工作互动，培养和造就一支高水平的执业技术经纪人队伍，根据 2014 年长三角区域创新体系建设联席会议办公室工作安排，在江苏省科技厅科技机构与条件处的指导与支持下，结合近几年工作实践，我们组织编写《技术交易实务》一书，与《技术经纪实训教程》相配套，作为技术经纪人执业资格培训的辅导教材，有利于技术经纪人理论与实践结合、系统地学习技术转移服务知识。

本书收集、摘录众多素材和文献资料，整理汇编长三角地区技术交易及主要技术交易机构发展情况、技术交易案例、技术经纪知识题库，简述发展技术市场的相关科技政策。

上海科学技术开发交流中心、安徽省科技研究开发中心、江苏省高新技术创业服务中心承担了《技术交易实务》资料收集、整理、摘录等任务，共同参与、共同编写、共同审定、共同使用、版权共享，体现了平等、合作、共赢的原则。

本辅导教材的编写出版，得到了江苏省科技厅景茂处长，以及上海科学技术开发交流中心、安徽省科技研究开发中心、江苏省高新技术创业服务中心领导的大力支持，在此一并表示衷心感谢。

编者

2015 年 4 月